SOLO PER
I MIEI FIGLI

JACQUELINE PASCARL

SOLO PER
I MIEI FIGLI

Traduzione di
Annalisa Carena

PIEMME

Titolo originale: *Since I Was a Princess*

Redazione: *Edistudio, Milano*

I Edizione 2009

15033 Casale Monferrato (AL) - Via Galeotto del Carretto, 10
info@edizpiemme.it - www.edizpiemme.it

Ai miei quattro incredibili, unici, adorabili figli.
Sappiate che ovunque vi condurrà la vostra vita,
io vi porto nel cuore con orgoglio.
Non rinunciate mai a ciò che sapete giusto e vero,
o a coloro che amate e rispettate.

Nota dell'Autrice

Si è principesse nell'animo, non per privilegio reale. Ogni bambino del mondo ha diritto all'infanzia, e a essere principe o principessa nel cuore di qualcuno. La protezione dei genitori, l'educazione, l'innocenza e l'autostima contribuiscono enormemente alle prospettive di un giovane, all'immagine che ha di se stesso e del suo posto nel mondo – senza di esse rischiamo tutti di fallire.

Prologo

MAGGIO 1999

«Vivi sempre nella speranza...»

Il pianto mi colpì allo stomaco, poi risalì verso il petto, in quella zona sopra i seni dove si manifestano dolore e compassione.

Prima ancora di capire da dove veniva, riconobbi in quel lamento l'espressione senza tempo della perdita e della sofferenza. Conoscevo bene la sua origine; la sua intensità e la sua profondità mi erano familiari. Avevo prodotto lamenti simili anch'io in passato. Era un appello al quale non c'era risposta o soluzione, né io me l'aspettavo. Le sue vibrazioni si estesero alle mie tempie e alla mia nuca, per poi coagularsi in un grosso, tenace groppo alla gola. Mentre avanzavo a fatica sul terreno sassoso del campo profughi, pensai che era strano, ma in un certo senso confortante, che l'espressione sonora di una tragedia non cambiasse da un settore dell'umanità all'altro.

Ora i gemiti di dolore erano punteggiati da grida acutissime, sovrapposte ai colpi sordi delle pale di un elicottero blindato di passaggio. Il velivolo, che probabilmente trasportava missili, una squadra di ricognizione o qualche altro carico della NATO, era solo una sagoma scura contro il cielo notturno. La fascia di territorio che stava sorvolando era incuneata fra l'area degli scontri in Kosovo e le luci della capitale macedone, Skopje, a trenta chilometri di distanza lungo la strada buia. Il nostro piccolo rifugio, a soli undici minuti dalla frontiera in territorio macedone, forniva un misero riparo a 27.000 sfollati – donne, bambini e uomini sfuggiti al conflitto armato in Kosovo e all'ostinato inseguimento delle forze militari serbe.

Stenkovec II era uno dei tre principali campi di smistamento e accoglienza in Macedonia sorti sotto l'egida dell'Alto Commissariato delle Nazioni Unite per i Rifugiati (UNHCR) e gestiti su base giornaliera da CARE International, l'agenzia umanitaria internazionale per l'aiuto e lo sviluppo. Il campo, tetro e inospitale, occupava una serie di gole profonde e labirintiche, collegate fra loro da trincee di larghezza appena sufficiente a far passare un carro armato. Era dominato al centro da una collinetta sulla quale i bambini si arrampicavano durante le ore diurne, e dove l'UNICEF si era sforzata di mettere insieme una parvenza di scuola e di asilo. Ex cava di pietra utilizzata fino a tempi recenti come deposito di armi e artiglieria pesante, era un luogo privo di alberi, acqua corrente, elettricità e sistema fognario.

La luna illuminava il quadrante malconcio del mio Swatch, le 3:27 del mattino. Avevamo smistato e scaricato gli ultimi pullman di profughi (o "sfollati interni", come si ostinavano a dire i più politicamente corretti fra noi) fino all'una passata. Da un primo conteggio risultava che circa ottocento anime erano state stipate in sei pullman, ciascuno dei quali ospitava di norma cinquantacinque passeggeri.

Seguendo il lamento, passai dietro le enormi "tende da cavalli" color kaki, così chiamate, probabilmente, perché era stato un reggimento di cavalleria a donarle alla missione umanitaria. Era qui che sarebbero stati ospitati i nuovi arrivati. Ogni essere umano avrebbe avuto a disposizione un metro quadrato per dormire, abitare e conservare tutto ciò che era riuscito a caricarsi sulla schiena o a infilare in sacchetti di plastica prima di fuggire verso la salvezza. I due metri obbligatori tra una fila e l'altra fungevano da corridoio fra le tende. Erano i requisiti minimi stabiliti nelle linee guida dell'OMS (Organizzazione Mondiale della Sanità) e dell'UNHCR per i periodi di emergenza. Questo in teoria; in pratica un centinaio di persone esauste avrebbe dormito quella notte in una tenda destinata a ospitarne trenta, gomito a gomito con completi sconosciuti nella più totale oscurità. Era una delle tante deprimenti realtà che dovevamo affrontare come operatori umanitari: vedere un'umanità disperata costretta a stiparsi come sardine.

Controllai ogni tenda, cercando di individuare la donna che piangeva. La luce della mia lampada da minatore rimbalzava su facce sorprese che ricambiavano il mio sguardo dall'oscurità. In ogni ricovero che visitavo c'erano singhiozzi, sussurri e gemiti a mezza voce, e talvolta il pianto di neonati e bambini, ma il suono che stavo cercando era a un altro livello, aveva una diversa intensità. Grovigli di funi e picchetti avanzati dalla costruzione della nostra città provvisoria ostacolavano il mio cammino; inciampai, e per non cadere mi aggrappai alla recinzione di fil di ferro. Fu così che la trovai.

La mia torcia le illuminò i piedi, infilati in malconce scarpe marroni col tacco alto. Era seduta per terra con le ginocchia strette al petto e non reagì quando mi avvicinai. Aveva una gonna di gabardine marrone piena di macchie, a quel che potevo vedere, ed emetteva lamenti gutturali battendosi la testa con la mano. Assistere a un simile dolore, riuscire a identificarlo dall'esterno, è un'inconcepibile intrusione nel privato altrui che ancora adesso, mentre scrivo, mi dà un senso di oppressione.

Aveva i capelli castani corti e striati di biondo, mani e unghie sporche e graffiate. La camicetta che indossava doveva essere stata bianca – un abbigliamento da insegnante o da segretaria, pensai – ma ora era priva di qualche bottone e macchiata di qualcosa che sembrava sangue secco. Stimai che avesse poco più di trent'anni, all'incirca la mia età, un'età piuttosto giovane, ma anche avanzata, quando la vita ha sconvolto ogni parvenza di normalità.

Afferrai il pugno con cui si percuoteva e lo abbassai, mentre lei gettava indietro la testa. Spalancò la bocca ed espirò profondamente, singhiozzando. Un'altra donna emerse dall'ombra, una nonna, a giudicare dalla bimba aggrappata alla sua lunga giacca di maglia. Mi parlò in albanese, un torrente di frasi che non compresi. Azzardai qualche parola in bosniaco e la vecchia, con un lampo di comprensione negli occhi, chiamò un ragazzino fermo contro la parete della tenda.

La donna in lacrime si chiamava Selma, secondo il ragazzo che traduceva le parole della nonna. Due giorni prima, durante un controllo delle formazioni paramilitari serbe prima del confine, aveva subìto una perquisizione delle cavità corporee. I soldati le avevano trovato addosso un rotolo di banconote. Per punirla di aver provato a portare dei contanti fuori dal Kosovo le avevano ucciso il figlio.

Secondo il racconto, lei era in ginocchio e tentava di impedire ai criminali di strapparle il figlio di sette anni dalle braccia. Uno dei militari l'aveva afferrata per i capelli mentre un altro sollevava il bambino sopra la testa, gli appoggiava una pistola alla base del cranio e premeva il grilletto.

«I suoi occhi, i suoi occhi» la sentii singhiozzare mentre la stringevo fra le braccia, la sua testa contro la mia spalla. L'ultima immagine del figlio terrorizzato si era incisa nella sua mente con l'efficacia di un laser di precisione, devastando il suo cuore di madre per l'estrema brutalità.

Fu allora che per la prima e ultima volta violai la norma fondamentale dell'operatore umanitario: mai piangere di fronte alle persone che ti sono affidate. Vaffanculo: io stavo piangendo con lei, non per lei, e una parte delle mie lacrime era per la crudeltà degli esseri umani e per le imprese di cui erano capaci.

Non ero del tutto ignara dell'assurdità del mio viaggio in quel momento. Com'ero finita fra tanta violenza, povertà, disperazione e luminosa speranza? Mi sono chiesta spesso come mai un'australiana madre di due figli fosse diventata il denominatore comune fra un campo profughi sulle colline balcaniche, un progetto di alfabetizzazione infantile dei masai del Kenya, rudi paramedici francesi, moda parigina, pesanti stivali militari e una campagna internazionale sul rapimento di minori da parte di un genitore.

Ma la nuda verità è che ormai nulla mi stupisce più di tanto. Sorseggiare con affettazione una perfetta vodka con ghiaccio nel bar privato della Camera dei Lords e bere un torbido caffè acquattata accanto a casse di armamenti all'uranio impoverito non fa poi molta differenza, dal punto di vista del piacere della conversazione e della compagnia; del resto, ora mi limito ad accettare le bizzarrie della vita come una progressione naturale verso un punto lontano nel futuro. Anni fa dovetti fare una scelta: soffocare interamente le mie facoltà, la mia vitalità e la mia possibilità di essere felice per sprofondare in un dolore e un tormento implacabili, oppure decidere di sopravvivere e di crearmi un'esistenza nuova trasformando tutte le mie esperienze negative in una forza ostinata e positiva e seguendo la direzione in cui mi portava. Quella è stata *l'unica* decisione veramente importante che ho preso dopo essere stata principessa.

1

CHE CI FA UNA BELLA RAGAZZA COME TE…

Era un impulso malsano, pericoloso, e mentre frugavo sul fondo della mia sacca per estrarne tremante il piccolo album di fotografie di famiglia sapevo già che l'avrei rimpianto. Le immagini che conteneva mi trascinavano in un turbine di emozioni. Mi tenevano in vita e mi irridevano con la loro semplicità e felicità, ricordandomi una vita che non era più mia, dei figli che non potevo più abbracciare e un tempo ormai lontano. Il piccolo album che avevo tra le mani era l'amuleto personale della mia perseveranza, il mio futuro e il mio passato. Ormai non sarei più riuscita a dormire, ma ne valeva la pena per quella testimonianza di ciò che un tempo mi era stato concesso, di una normalità che avevo conosciuto.

Stesa immobile sul letto a guardare le luci degli elicotteri da combattimento che ogni tanto transitavano davanti alla mia finestra, aspettai che l'alba mi liberasse dai miei sgradevoli pensieri. Riflettei su come gli anni che seguono una tragedia possano passare in un batter d'occhio, o col protratto e tormentoso dolore di un'amputazione che non guarisce e va in cancrena. Tutto dipende dall'atteggiamento mentale della persona che conta i minuti. Per me, quell'esperienza temporale attraversava entrambe le dimensioni a seconda delle mie relazioni, di ciò che mi circondava e delle mie attività. La perdita dei miei due figli mi aveva devastato e galvanizzato portandomi a livelli inimmaginabili di sofferenza e di resistenza. Avevo finito per comprendere che la mente umana ricorda momenti o giorni, ma l'impronta psicologica dominante è quella delle emozioni e delle occasioni, mancate e distrutte.

Decisioni che avevo preso a diciassette anni, quando la mia vita fu sconvolta da uno studente di architettura straniero dall'aria gentile che aveva frequentato la Grammar School di Geelong, alma mater del principe Carlo, costrinsero qualche decennio dopo me e i miei figli a subire le conseguenze della mia ostinazione.

Il giovane tranquillo che avevo conosciuto e di cui mi ero innamorata era alto, bello e moro come da copione; inoltre si era rivelato il nipote del defunto sultano di Terengganu e un principe reale per nascita. Ora capisco perché Bahrin fu attratto da me – si era già sposato una volta, e aveva divorziato, da una compagna di università sua coetanea che lo aveva lasciato per un giardiniere australiano.

In me, un adolescente con un'infanzia travagliata che cercava solo una famiglia da amare, aveva trovato una ragazza da plasmare per ottenere la principessa che voleva. Di genealogia piuttosto recente, priva di genitori che potessero interferire, e perennemente fuori posto per via del mio miscuglio di origini etniche (nata in Australia con ascendenze francesi, irlandesi, inglesi e cinesi in famiglia) in un Paese a quei tempi xenofobo, desideravo ardentemente essere accettata, ed era proprio questo quel che lui mi offriva: una piena accettazione in seno all'islam e un posto solido nella sua famiglia.

Instaurammo una strana vita matrimoniale all'interno della famiglia di Bahrin, un ramo della dinastia reale malese di Terengganu, uno stato molto ricco di cui la famiglia reale sfruttava le riserve di gas, petrolio e minerali, oltre che il legname delle foreste pluviali. Io ero un incrocio, e lui era convinto che le componenti del mio sangue avrebbero rafforzato le sue. I dieci anni di differenza fra noi sembravano irrilevanti all'epoca della nostra unione, ma come in tante belle fiabe, le attrattive del nostro matrimonio svanirono rapidamente quando le nostre diversità culturali divennero palesi. Io mi ribellavo ai suoi tradimenti e alle sue violenze fisiche, e a lui non piaceva la mia ribellione. L'altro problema era che una volta diventata madre, sebbene fossi ancora adolescente, la mia malleabilità si dissolse e acquistai un cervello – molto occidentalizzato – che con le sue provocazioni faceva ribollire il sangue blu di mio marito.

Il mio principe diventò sempre più violento con me, ma la goccia che fece traboccare il vaso fu il suo matrimonio poligamo con una discinta cantante di nightclub, un paio di settimane prima che nascesse la nostra figlia minore. A quel punto i bambini e io tornammo a Melbourne, la mia città natale.

Dopo una lunghissima battaglia legale al Tribunale della famiglia australiano su quale fosse il foro competente per la causa (il principe avrebbe voluto farmi deportare dal mio luogo di nascita perché comparissi di fronte a una corte islamica in Malesia), Bahrin mi affidò volontariamente la piena custodia dei bambini, lasciandomi libera di costruirmi una nuova vita in Australia con loro.

Contrariamente a quanto riportato da vari organi di stampa all'epoca, il principe non fu trattato ingiustamente sul piano legale o emotivo ed ebbe libero accesso, sia pure a determinate condizioni, ai nostri figli.

Iddin e Shahirah vissero con me in Australia rispettivamente dall'età di due anni e di cinque mesi. Eravamo felici e indipendenti, in netto contrasto con la mia vita difficile in una casa reale islamica. Nei primi anni dopo il divorzio feci la cameriera, la dattilografa, l'insegnante di ballo e più tardi la consulente di pubbliche relazioni, barcamenandomi fra la cura dei figli e la necessità di guadagnare, ma dando priorità ai bambini e al tempo che passavamo insieme. I soldi erano contati, ma i piccoli e io vivevamo felici in una vecchia casa bizzarra che avevo ristrutturato con le mie mani.

C'era allora nell'esistenza dei miei figli qualcosa che non potrei definire che leggerezza, erano radiosi, allegri, ridenti. Ricordo che mi arrampicavo con loro sul vecchio albicocco del giardino dondolandomi dai rami, e facevamo dei picnic al parco. Suppongo che all'epoca stessimo crescendo insieme, dato che io ero una madre single di appena ventidue anni. Passavamo pomeriggi sfrenati a rotolarci nel fango e a fare immersioni nella vasca da bagno e a trasformare le scatole di cereali in cappelli e navi spaziali. Ma soprattutto eravamo insieme, e per quanto modesto fosse il mio reddito, i miei figli non soffrivano mai la fame e non erano mai sporchi, e avevano amore e coccole in abbondanza. Penso che fosse questo, dopo tutti quegli anni di separazione da Iddin e Shah, che mi mancava di più: le coccole, l'impulso struggente e viscerale di annusare l'odore dei tuoi figli quando ti abbracciano, e la consapevolezza che il debole battito del cuore che avverti quando si stringono a te ha avuto inizio nel tuo corpo.

Iddin e Shahirah avevano sette e cinque anni quando mi risposai nel 1990, cinque anni dopo aver lasciato il loro papà. Iain Gillespie era l'emblema della leggerezza e dell'allegria rispetto al mio passato, la quintessenza del Pifferaio Magico e del Peter Pan che erano mancati nella mia infanzia. Era documentarista e giornalista, con dei figli adolescenti. Fra loro e i miei bambini fu amore a prima vista, e iniziammo una vita felice e trafelata in un verde sobborgo di Melbourne. Gite in bicicletta, fine settimana nella fattoria di famiglia di Iain, chiassose cene con gli amici e una vita domestica frenetica – cos'altro ci si poteva aspettare con cinque figli spesso insieme in casa, e ogni tanto qualche amichetto che si fermava a dormire da noi? Forse eravamo troppo contenti e soddisfatti del nostro quotidiano, perché quando il rapimento si abbatté su di noi come una ghigliottina, il cuore della nostra famiglia venne meno con l'allontanamento dei suoi due membri più piccoli.

Ricordo l'abisso di vuoto e di sbigottimento che si aprì, la combinazione di sofferenza psicologica e logorio fisico che costringe il tuo corpo a vomitare incessantemente, scosso da spasmi di dolore e di disperazione senza rimedio. Tutto questo andò in scena per mesi sotto i riflettori dei media e con tutta la drammaticità di un poliziesco televisivo, poiché il prestigio della casa reale e il mio ruolo di reporter e giornalista televisiva e radiofonica erano come sangue fresco per un branco di squali. Ci fu un assalto famelico, mentre io smuovevo mari e monti per localizzare i miei figli in territorio australiano, e poi per scatenare una bufera politica che costringesse il governo ad adoperarsi per far tornare Shah e Iddin dalla Malesia. I miei figli avevano la doppia cittadinanza al momento del loro rapimento. Erano entrambi australiani e malesi, dato che erano nati a Terengganu ed erano stati registrati come cittadini australiani da mio marito e me presso la sede diplomatica australiana.

Presentai petizioni, feci pressioni per interpellanze parlamentari, corteggiai membri dell'opposizione, feci telefonate notturne a leader sindacali ed ex primi ministri, che a volte si comportarono da stronzi di fronte alle mie richieste d'aiuto, e altre volte risposero alle mie chiamate a tarda ora fornendomi saggi consigli. E i giornali e gli altri mezzi di comunicazione, onnipresenti e perversi nella loro ricerca di nuovi risvolti, a un certo punto decisero che ero troppo noiosa e si misero contro di me per un punto o due di indice di ascolto. La nostra famiglia diventò carne da macello per i giornali popolari, ma io mi rendevo conto che era in gran parte necessario per sostenere la giusta causa.

Ero costretta ad andare avanti, a presentarmi al pubblico con la mia faccia migliore per ottenere la simpatia e l'appoggio di cui avevo bisogno nelle sfide politiche internazionali che affrontavo lottando per i miei figli. Certi giorni mi detestavo quando di fronte allo specchio ricorrevo a un trucco pesante per nascondere le ombre scure sotto gli occhi, mi lavavo i denti e mi spazzolavo i capelli che cadevano a ciocche dalla mia testa (avevo rapidamente sviluppato una forma di alopecia) prima di affrontare un'altra tempesta mediatica.

«Tesoro, le belle donne attirano più simpatie di quelle brutte» mi diceva Iain qualche volta. I telespettatori non volevano vedere ogni sera sui loro schermi una donna insonne e sull'orlo del suicidio, dovevo rivolgermi a uomini e donne comuni, e odiavo dover fare simili calcoli mentre non desideravo altro che piangere per i miei figli perduti con l'accappatoio sporco addosso. La disperazione ti conduce per molte strade e fa di strani soggetti i tuoi migliori amici. Fama, notorietà e celebrità ti assegnano i più bizzarri compagni di viaggio finché la direzione in cui volevi andare non è più che un vago ricordo.

Ma il dolore e il desiderio dei tuoi figli, quella è un'altra cosa, impari a dare l'impressione di farcela, a mettere gli altri a loro agio, a non crollare turbandoli con il tuo strazio. Lo strazio però rimaneva, il dolore era sempre presente, anche se ero nel mio letto nella lontana Macedonia. Era come se un gigantesco cavatorsoli avesse asportato un grosso pezzo della mia anima, e al suo posto fosse cresciuta una membrana tesa come un tamburo, che vibrava al minimo sussurro che mi ricordasse i miei cari scomparsi.

Anche il rimpianto rimaneva; rimpiangevo le occasioni e i momenti perduti, tutte le conquiste cui non avevo assistito e i segreti infantili che non avrei mai potuto condividere. Rimpiangevo l'opportunità mancata di fare da madre e da guida, e sentivo persino la mancanza dei calzini sporchi e delle stanze in disordine che non avrei mai visto. La morte sottrae a un genitore il suo futuro e soffoca i suoi sogni; il rapimento tortura un genitore con un futuro vuoto, e con tutte le potenzialità che non ha visto attuarsi.

Negli anni precedenti, prima di ritrovarmi in mezzo a un conflitto armato nell'ex Jugoslavia, la mia vita si era rivelata un territorio inesplorato da affrontare senza bussola e senza mappa, ma a posteriori mi rendevo conto di quanto quel viaggio mi avesse portato lontano.

Quando uno sconosciuto mi chiedeva del mio passato, snocciolavo in due parole la spinosa storia della mia famiglia, quasi in tono di sfida.

«Il 9 luglio 1992 i miei due figli, Iddin e Shah, sono stati rapiti, e da allora non li ho più visti né ho più parlato con loro.»

2

LA VITA CONTINUA

Dal giorno in cui erano stati rapiti dal mio ex marito Bahrin, avevo disperatamente cercato di riavere i miei figli. Ma il governo laburista australiano stava negoziando un trattato di difesa con la Malesia per ampliare l'uso di una base aerea a Butterworth, sull'isola di Penang, e Iddin e Shahirah erano stati sacrificati sull'altare della diplomazia strategica e delle esercitazioni militari.

Ero stata accusata di sfruttare la stampa per sostenere la loro causa, e di questo non mi pentivo. Avevo scelto di continuare la mia crociata sui mezzi di comunicazione e con ogni altra via che riuscissi a individuare, aggrappandomi nel contempo alla fragile speranza che qualche notizia della mia incessante battaglia raggiungesse Iddin e Shahirah nella loro clausura in Malesia, affinché sapessero che li amavo e non avrei mai rinunciato a lottare per il loro ritorno.

La mia esperienza nei media, e quella delle persone che mi erano più vicine, si prestava a questa linea di condotta. Fossi stata un medico, me ne sarei stata forse con le mani in mano davanti a mio figlio ferito in un incidente, senza prestargli un primo soccorso, aspettando oziosamente l'arrivo di un'ambulanza? Sfruttai le uniche competenze che avevo per aiutare i miei figli.

Alla fine sarebbe venuto il momento di dare voce anche ad altri figli e genitori, usando quelle stesse competenze.

Sfuggire al tormento e al dolore per il rapimento di Iddin e Shahirah era fuori discussione. Potevo tentare di lenire la mia sofferenza per qualche nanosecondo, ma il vuoto nella mia esistenza era insanabile. Permeava ogni aspetto della mia vita, spiava ogni momento di intimità con mio marito Iain, e mi sbeffeggiava quando svolgevo i miei compiti più quotidiani. Caricare la lavatrice era un autentico schiaffo: la mancanza degli abiti dei bambini mi urlava che la vita avrebbe dovuto fermarsi. E invece non si fermava, malgrado tutti i miei tentativi di fuggirla. La vita – nei suoi meccanismi quotidiani, prosaici – sembrava un tradimento e un distacco dal dolore e dalla confusione che i miei figli, ne ero certa, stavano provando.

Erano confusi e spaventati? Cercavano di confortarsi a vicenda? Piangevano fino a crollare addormentati ogni notte? Quando il governo australiano mi fece sapere che i bambini erano «in Indonesia e diretti in Malesia», mossi cielo e terra, assoldando avvocati in varie isole indonesiane nel tentativo di bloccare legalmente il tragitto del mio ex marito attraverso l'arcipelago, ma i miei sforzi si rivelarono inutili e soprattutto furono vanificati dal rifiuto ostinato delle autorità di precisare l'esatta posizione dei miei figli, sebbene i servizi segreti e il ministero degli Esteri la conoscessero.

Se devo essere onesta e scavare dentro di me fino agli elementi più oscuri e dolorosi del mio subconscio, mi rendo conto che cominciavo a rinchiudermi in una vita emotiva in cui l'estraneità alle frasi di tutti i giorni corrispondeva a una solitudine assoluta, anche quand'ero circondata dagli altri. Nella mia lista della spesa non c'erano più annotazioni come «comprare i cornflakes» oppure «prendere l'unguento per il raffreddore di Iddin», e quella normalità mi mancava terribilmente. Non riuscendo a mantenere rapporti normali nel contesto della famiglia perduta, cominciai a ridisegnare i confini, a ricontestualizzare il carattere delle mie relazioni affettive. Alcune parti di me si indurirono come uva avvizzita sulla vite. Altre cominciarono a reagire alla pressione dell'invisibile filo di rame che mi soffocava, impedendomi di essere ciò che ero stata nell'*altra* vita e negandomi la possibilità di sfuggire all'ingannevole malleabilità del suo metallo. Era una morsa che mi consentiva di crescere solo nella direzione che *essa* aveva deciso, e quella direzione mi indusse a cercare altri genitori con un dolore e un isolamento pari ai miei.

Sentivo che la conoscenza mi avrebbe rafforzato e sostenuto, e i depositari di quella conoscenza dovevano essere altri genitori di bambini rapiti.

Con una rassegnata saggezza molto rara per me in quel periodo, e su consiglio di un'amica perspicace, Marie Mohr, compresi che era venuto il momento di parlare con un professionista indipendente che mi aiutasse a uscire dall'abisso di dolore apparentemente senza fine in cui ero sprofondata. D'istinto avevo anche cominciato a rendermi conto che avevo bisogno di aiuto per "invecchiare" mentalmente i miei figli perduti, per accettare lo scorrere del tempo e capire meglio le manifestazioni dei traumi che avrebbero subìto.

Se volevo assolvere al mio ruolo di madre in futuro, dovevo comprendere le fasi del loro sviluppo.

La realtà era che io stessa mi trovavo sull'orlo di un crollo emotivo, caricandomi di impegni fino ad avere i nervi a fior di pelle. Stavo contemporaneamente scrivendo il mio primo libro, *La principessa schiava*, lavorando intensamente alla fase di ricerca e organizzazione di un film da girare in vari paesi, e conducendo la mia vita a un ritmo frenetico. Facevo tutto ciò su cui riuscivo a mettere le mani, in modo da non avere un momento libero per pensare e poter crollare esausta nel letto ogni notte. Inoltre stava diventando più difficile ignorare le crepe evidenti nel mio matrimonio, crepe che, con la loro collocazione bizzarra e casuale, cominciavano a ricordare l'intonaco di un palazzo devastato da un terremoto. Forze che in parte avevo creato io stessa, per tirare avanti dopo il rapimento, mi stavano precipitando in un baratro da cui sapevo di non poter risalire se non avessi preso provvedimenti.

A causa degli abusi sessuali che avevo subìto da bambina per mano di mia madre e del mio patrigno, e delle loro successive macchinazioni, ero molto restia a sfogare le mie angosce più del necessario. Ma quando iniziai le mie sedute con la dottoressa Julie Jones due volte alla settimana, trovai la lucidità sufficiente per vedere la mia vita nel suo complesso, e capire in quale condizione volevo trovarmi una volta raggiunta la meta e il giorno in cui avrei potuto riabbracciare i miei figli.

La possibilità di esprimere le mie emozioni con Julie – svincolata dagli obblighi sociali – fu come l'acqua per un assetato nel deserto. Finalmente libera dalle convenzioni e dalle cautele che avevano segnato tutte le mie conversazioni dopo il rapimento dei bambini, provai sollievo nell'analizzare i tormenti che turbavano il mio sonno e criticare le banalità che la gente si sentiva in dovere di esprimere nei miei confronti. Cosa potevo dire di fronte al compatimento dipinto sul volto di uno sconosciuto, a una mano pietosa che sfiorava la mia, all'indimenticabile frase pronunciata con voce tremula: «So come si sente, mi è appena morto il gatto»? (Nel profondo, mi rendevo conto che il dolore è una cosa relativa – solo le emozioni più intime della persona che simpatizzava con me potevano dare un valore alle sue condoglianze – quindi avevo imparato a fare un respiro profondo e contraccambiare con qualche parola di conforto.)

Per fortuna, potevo ridere e piangere con Julie sull'episodio che definimmo del "lutto felino" e su tanti altri, libera dal timore di offendere qualcuno o dal mio radicato bisogno di mostrarmi educata. Julie era una psicoterapista incredibilmente capace e intelligente, una psichiatra infantile specializzata in elaborazione del lutto, una donna comprensiva che non si scomponeva mai. Malgrado i miei dubbi iniziali, riuscì ad armarmi di una migliore conoscenza di me stessa e di nuove basi per andare avanti. La fase della mia vita che stavo per inaugurare – andare oltreoceano per documentare proprio il crimine che aveva distrutto la mia esistenza – avrebbe richiesto tutto il mio ritrovato equilibrio, ma con l'incoraggiamento di Julie raddrizzai le spalle e saltai il fosso.

3
DUE CANDELE

Sono la prima ad ammettere che imbarcarsi in quattro settimane e mezzo di riprese cinematografiche attraverso ventitré città, otto nazioni e tre continenti con un budget stretto come il corsetto di una cantante d'opera non fu probabilmente una delle mie decisioni più razionali, ma in quel momento mi sembrava logica.

Volevo realizzare un documentario coerente su cos'è il rapimento di un minore, e come viene affrontato nei vari Paesi; mostrarne le implicazioni sociali, emotive e politiche, e cercare di educare i genitori a non usare i loro figli come manganelli per scambiarsi bastonate sulla testa. Decisi di illustrare alcuni casi di rapimento di figli da parte di un genitore in varie parti del mondo, i bambini e le famiglie cui erano stati sottratti, da New York a Israele, dalla Francia all'Algeria, dal Belgio al Marocco, da Sydney al Sudafrica via Monaco, e dall'Inghilterra all'Egitto, completando l'esame con uno sguardo ai lavori del Comitato dei diritti del fanciullo delle Nazioni Unite a Ginevra.

Il titolo mi venne facilmente. Si sarebbe chiamato *Braccia vuote, cuori spezzati*. Questa semplice frase era un breve riassunto dei miei stessi pensieri, della drammatica inutilità di tutte le mie iniziative legali fino a quel momento, delle mie preghiere ai rappresentanti legali del mio ex marito perché mi concedessero una singola conversazione telefonica con Shahirah e Iddin.

Avrei dovuto lottare con me stessa per far funzionare la mia mente e il mio intelletto durante le riprese, mentre a ogni respiro la mia anima gridava: «Vi voglio bene, vi voglio bene, tornate a casa sani e salvi, bambini miei».

Così ebbe inizio la mia odissea. Per realizzare *Braccia vuote, cuori spezzati*, un documentario sfaccettato che speravo non risultasse troppo provinciale, avevo stabilito un calendario di riprese che, col senno di poi, avrebbe richiesto un paio di piedi addizionali, tre settimane in più, delle riserve di energia e un grimaldello.

Meno male che la troupe era costituita da due amici personali e da Iain (che era anche coproduttore insieme a me), visto che tutti e quattro avremmo vissuto in stretta intimità per più di un mese con due soli giorni di riposo. Visti i limiti di budget, viaggiavamo sempre in classe economica su tutti i voli – un grosso sacrificio, se si considera che due di noi superavano il metro e ottanta di statura – e dividevamo le stanze. Quando ci presentavamo all'aeroporto, sebbene le attrezzature per le immagini, le luci e il suono fossero limitate al minimo indispensabile, i nostri bagagli assommavano a diciotto colli etichettati singolarmente. Tutto il materiale era stato denunciato alle autorità internazionali di import-export, dettagliato articolo per articolo, garantito, assicurato e provvisto di carnet ATA (una cauzione doganale contro eventuali attività di rivendita illecite).

Al termine delle riprese avevamo toccato ventisei località e preso ogni tipo di aereo. Avevamo noleggiato sette automobili, affittato una decrepita limousine, rischiato la vita in una vecchia e malconcia Mercedes Benz, viaggiato su innumerevoli taxi e sfrecciato con un treno francese ad alta velocità senza perdere nemmeno un bagaglio.

Sotto molti aspetti il documentario fu un confronto con le mie paure e i miei incubi peggiori, ma era un confronto necessario, se volevo rimanere fedele ai miei figli e a ciò che un giorno avrebbero potuto sapere di me. Durante la mia odissea rimisi piede in un Paese islamico, con grande trepidazione, e passeggiai per Londra in una bella giornata di primavera in compagnia di un ragazzino che era stato rapito dal padre quattro volte, in una campagna di terrore e oppressione. Il più delle volte vedevo il mio volto in quello degli altri genitori, uno specchio davanti al quale, nei momenti peggiori, avrei preferito essere cieca.

L'enorme copertura mediatica intorno al caso della mia famiglia convinse il pubblico che io disponessi di poteri speciali o di preziosi contatti e indusse altri genitori disperati a contattarmi, chiedendo la mia assistenza oppure offrendo informazioni per il documentario. A posteriori, mi rendo conto di quanto sia strano effettuare qualunque ricerca senza usare Internet. Sembra assurdo che nel 1994 non avessi nemmeno l'e-mail. Ero attaccata al telefono a tutte le ore del giorno e della notte, seguendo piste e accumulando frammenti di storie individuali e tragedie familiari che spesso rispecchiavano la mia.

Prima che lasciassimo l'Australia, avevo preso contatto con decine di genitori in tutto il mondo che avevano perso i figli in seguito a un rapimento, ed ero stata messa a parte di alcuni dei loro momenti più bui. Ora volevo che il documentario mostrasse che nessuno di noi era solo nella sua disperazione. Avevo appreso anche il termine corretto per definirmi: ora ero ufficialmente un "genitore lasciato alle spalle".

Con mia grande sorpresa, avevo scoperto che il rapimento di figli da parte di un genitore non era affatto limitato a pochi rapporti tempestosi: le statistiche internazionali erano drammaticamente corpose e in rapido aumento.

Nel 1994 non erano molte le nazioni con un database centralizzato sul numero di bambini rapiti e trasferiti in un altro continente (oggi, nel 2007, le cose stanno cambiando e le leggi sono diventate più rigide); comunque, secondo le stime di Reunite, l'organizzazione umanitaria britannica affiliata al dipartimento del lord Cancelliere che assiste le vittime di sottrazioni di minori, il Regno Unito perdeva 1.440 bambini all'anno. È l'equivalente di quaranta asili cancellati di colpo dalla faccia della Gran Bretagna. In Francia le stime per il 1994 parlavano di un migliaio di "pratiche", termine che faceva riferimento ai cognomi e dunque celava la probabilità che in quell'anno fossero stati rapiti più fratelli o sorelle. L'Australia non aveva dati completi all'inizio degli anni Novanta, ma le cifre ufficiali andavano dagli 80 ai 100 casi all'anno. Nel 1993 più di 800 bambini erano stati portati oltre oceano dagli Stati Uniti nell'ambito dei "Rapimenti regolati dalla Convenzione dell'Aja" e i dati erano ancora più consistenti se si aggiungevano le centinaia di minori rapiti da familiari e condotti in Paesi non aderenti alla Convenzione dell'Aja.

Tredici anni dopo, il numero stimato di bambini occidentali coinvolti in casi irrisolti è ancora fermo a 30.000, come nel 1994. Molti di loro sono prigionieri di un vuoto legislativo, disseminati e nascosti in varie parti del mondo, separati da tutto ciò che hanno conosciuto e amato.

La *Convenzione dell'Aja sugli aspetti civili della sottrazione di minori* è un trattato internazionale multilaterale nato a metà degli anni Ottanta per combattere l'escalation di rapimenti di minori da parte di un genitore.

In parole povere, un bambino trasferito da un Paese firmatario della Convenzione dell'Aja a un altro Paese firmatario dev'essere riportato nel suo normale luogo di residenza. La Convenzione, che opera secondo le linee di un trattato di estradizione, non ha l'obiettivo di definire i diritti di custodia o altre questioni. La sua funzione principale è assicurare il ritorno del minore al suo domicilio abituale e assegnare ai tribunali di quel paese la competenza giurisdizionale su tutto ciò che concerne il loro benessere e la loro custodia. Gradualmente, nel corso degli ultimi quindici anni, la Convenzione dell'Aja è stata adottata e ratificata da un numero crescente di nazioni. (Nel 2007 le nazioni firmatarie erano settantasei, rispetto alle quarantuno del 1995.) Molti stati mediorientali, africani, asiatici e sudamericani non hanno ancora sottoscritto il trattato, il che significa che i minori rapiti da o portati in questi Paesi non hanno una rete legale di sicurezza che li protegga e agevoli il loro rimpatrio. Iddin e Shahirah non erano coperti dalla Convenzione dell'Aja perché la Malesia non è un paese firmatario, niente rete di sicurezza per i miei figli.

In ogni caso, anche le nazioni aderenti talvolta manifestano perplessità o semplice ostinazione di fronte a un caso previsto dalla Convenzione dell'Aja. Una parte significativa degli Stati membri dell'Unione Europea, pur avendo sottoscritto il trattato, non restituisce facilmente i bambini. Francia e Germania sono Paesi in cui è molto difficile muoversi in quest'area legislativa, poiché sembra regnare una grande confusione sulla sovranità nazionale rispetto alla precedenza dei trattati internazionali e al diritto all'autodeterminazione. Tragicamente, spesso ciò rappresenta un ostacolo alla piena applicazione della Convenzione. Anche una curiosa forma di nazionalismo, talvolta venata di razzismo o sessismo, può mettere i bastoni fra le ruote nel futuro di un bambino. È noto che non poche ex colonie e protettorati europei (come l'Algeria e il Marocco) rifiutano automaticamente di restituire un minore se il genitore che l'ha rapito è un loro cittadino: è una strana forma di quello che io definisco "contraccolpo post-coloniale".

Arrivando a New York dall'aeroporto, vedemmo gli enormi grattacieli di Manhattan e la miriade di luci riflesse nell'Hudson al crepuscolo. Poi, dal nostro albergo in centro, prendemmo un taxi per Brooklyn.

Lì, di fronte a un brutto edificio di arenaria, ci aspettava Larry Leinoff, un padre la cui bambina, Audrey Bloom-Leinoff, era scomparsa sei anni prima, nel 1988, all'età di quattro anni. Posato, con una barba sale e pepe ben curata e borse sotto gli occhi, Larry ci fece entrare nel suo salotto spartano. Si sedette e parlò di Audrey sotto l'occhio delle telecamere, con le luci dei riflettori che rimbalzavano sulle tapparelle. Le sue mani andavano continuamente alle foto malconce della figlia posate sul bracciolo della poltrona.

Marcia Bloom-Leinoff, l'ex moglie di Larry, aveva disperatamente cercato dei motivi validi per vietare ai nonni e al padre di Audrey di avere contatti con la bambina. Accuse non provate furono portate in tribunale, valutate accuratamente dalle autorità e da vari specialisti di abusi sui bambini, e giudicate infondate. Tuttavia, tenendo occupato il tribunale in mesi di indagini obbligatorie ma senza esito, Marcia ebbe il tempo di far uscire Audrey dagli Stati Uniti e portarla in Israele, dove madre e figlia si dileguarono senza più dare notizie di sé. È triste pensare quale danno le donne infliggono ad altre donne e alla società con simili illazioni. Ora Larry tiene un sito web nella speranza che un giorno sua figlia Audrey possa contattarlo, anche solo per curiosità, sempre ammesso che sappia che lui esiste.

Il mio primo incontro faccia a faccia con un altro genitore rimasto solo da molto tempo mi diede un esempio concreto dell'effetto dell'assenza prolungata di un figlio. Negli occhi di Larry potevo leggere emozioni e dolore privi di qualunque maschera.

Un fastidioso e duraturo pregiudizio vuole che siano solo i padri a rapire i figli. Ma il rapimento non è una questione di genere, spesso è una questione di potere e di vendetta.

Ripartendo da Brooklyn quella sera, mi voltai verso il finestrino del taxi in modo che gli altri non vedessero le lacrime che mi salivano agli occhi e mi rigavano le guance. Nel tragitto verso Manhattan, colonne di vapore fuoriuscivano come spettri dalle botole della metropolitana che punteggiavano le vie della città e si levavano sibilando nella fredda serata di inizio aprile, quasi un'eco della fragile speranza che i miei figli tornassero prima che anch'io avessi sei anni di struggente desiderio impressi in profondità sul mio volto.

Il mattino dopo, alzatami di buon'ora dopo un sonno agitato, mi tuffai per le vie di New York stringendomi addosso il soprabito nero e calcandomi il cappello a cloche sulle orecchie, e mi confusi coi pendolari che emergevano dalle stazioni della metropolitana. Quel giorno non c'erano riprese in programma fino a tarda ora, quindi potevo concedermi il lusso di stare un po' da sola in compagnia dei miei pensieri. Dalla 38ª svoltai nella Quinta Avenue in cerca di una rosticceria per soddisfare la mia voglia di un panino al salmone affumicato, e invece mi imbattei nell'imponente facciata in gotico vittoriano della cattedrale di St. Patrick. La vetrata circolare dell'enorme rosone sospeso sull'ingresso principale catturava la luce del sole rifrangendone i colori sul sagrato. Attratta verso la scalinata da uno strano impulso, notai una porta laterale aperta e mi ritrovai oltre la soglia.

Era molto tempo che non entravo in una chiesa. Con l'eccezione del Natale e del funerale della mia cara nonna, mi ero tenuta volutamente alla larga da qualunque edificio religioso cristiano, per non indurre l'opinione pubblica a concludere che la religione fosse un elemento portante della mia vita. Dopo il rapimento di

Iddin e Shah, il dibattito fra cristianesimo e Islam aveva dominato i mezzi di comunicazione a tal punto che forse avevo esagerato nel valutare come sarebbe stata interpretata la mia presenza in una chiesa. Inoltre non avevo voluto sollecitare ulteriormente la sensibilità religiosa del mio ex marito o dei suoi sostenitori, che consideravano il rapimento dei miei figli un atto di *jihad*, la guerra santa musulmana. Qui però, in una città lontana migliaia di chilometri da occhi indiscreti, ero anonima.

Non pregavo *mai*; semplicemente non ero quella che si definisce una persona religiosa. Anzi, di sicuro non ero cattolica viste le mie idee sull'aborto e sul divorzio; ma d'istinto allungai la mano verso due candele. Accostando gli stoppini di entrambi i ceri a una delle fiammelle, li aggiunsi alla lunga fila di candele votive che spandevano la loro luce tremolante nell'atrio della cattedrale. Inginocchiandomi nel banco più vicino, mormorai sottovoce una preghiera a un ente superiore che non sapevo nominare o identificare, ma della cui esistenza ero sicura.

«Ti prego riportali a casa da me, ti prego proteggili, ti prego fa' che sappiano che li amo con tutto il cuore e tutta l'anima, per sempre.»

Nacque così un'abitudine che mi accompagnò in tutti i luoghi del mondo in cui venni a trovarmi (esclusa l'Australia). Cercavo la chiesa più antica, indipendentemente dalla sua confessione, e accendevo due candele votive, sempre indotta a mormorare le stesse parole di speranza riguardo ai miei figli. Questo gesto semplice e privato divenne per me tanto un imperativo di speranza quanto un atto di sfida. Le fiammelle che ondeggiavano nei loro sostegni erano primitive e antiche, spirituali ed eterne, simbolo dell'ingegno e dell'iniziativa umane e del mio ardente desiderio di proteggere i miei figli dal gelo dell'atto compiuto contro di loro.

Scegliere di girare *Braccia vuote, cuori spezzati* non fu un modo molto efficace di combattere la mia nostalgia di Iddin e Shahirah. Ovunque andassimo non facevo che pensare ai miei figli, consapevole che per il momento non avevo altro modo per essere vicina a loro che infilarmi in tasca le loro fotografie ogni giorno mentre mi preparavo per le riprese, una sorta di talismano di fede.

Il documentario mi fece conoscere degli amici che sono stati al mio fianco e sulla mia stessa lunghezza d'onda per molti anni. Soprattutto mi fece incontrare Patsy Heymans e documentare i suoi sette anni di disperata ricerca dei suoi tre figli – Simon, Marina e Moriah – conclusasi felicemente con la loro riunificazione nel 1993.

Patsy è bionda e minuta, una donna pratica con uno spirito generoso e un curioso senso dell'umorismo. Decisamente contraria al trucco e alle frivolezze della moda, si concede come unico ornamento i suoi gioielli di diamanti. Abbinato a jeans scoloriti e T-shirt, lo sfavillio delle pietre preziose sulle sue dita e sul collo ha qualcosa di incongruo. Patsy si occupa della sua prole con amore, buonsenso e allegria in una bizzarra casa di pietra, con tanto di animali domestici, ad Ambly, un grazioso villaggio nella zona francofona del Belgio.

La prima volta che la incontrai, Patsy aveva dipinto conigli e uova di Pasqua sulle finestre, e chiunque entrasse in casa sua si sentiva avvolto da una sensazione di calore e di ospitalità. Durante l'assenza di Simon, Marina e Moriah, Patsy e il suo secondo marito Walter avevano prodotto altri tre figli: si chiamavano Olivier, Gautier e Noelie, e tutti e tre adoravano i fratelli maggiori. Avevo l'impressione di conoscerla già molto bene, dato che avevamo parlato al telefono per ore del rapimento di minori prima ancora che mettessi piede ad Ambly. Patsy è una forza trainante in Belgio e in Europa in tema di sottrazione di minori, fornendo consigli e assistenza pratica ad altri genitori i cui bambini sono scomparsi.

I figli maggiori di Patsy erano stati rapiti dal suo primo marito nel 1987, e negli anni del loro allontanamento lei aveva lottato duramente per non impazzire. Con la pura forza dei suoi nervi aveva condotto una meticolosa ricerca internazionale e una campagna di informazione sui suoi tre figli insieme al padre Jacques, un uomo di straordinaria tenacia, e all'ispettore della polizia belga Jean Dooms.

Nel 1990 il padre dei bambini fu arrestato dall'FBI a New York, estradato in Belgio e condannato a tre anni di galera. Durante quel periodo si rifiutò di rivelare dove si trovavano i suoi figli, assaporando la sua vendetta e godendo delle sofferenze di Patsy. La violenza domestica divenne un legame fra la storia di Patsy e la mia, insieme al fondamentalismo religioso riscoperto dai due padri coinvolti.

Proprio quando la speranza si andava assottigliando, seguendo una segnalazione del pubblico l'FBI riuscì finalmente a localizzare i figli di Patsy in una comunità di ebrei hassidici nello Stato di New York. Ai bambini era stato detto che la madre era morta, e il più piccolo, Moriah, non la ricordava affatto. Haim, il padre, li aveva abbandonati anni prima presso il gruppo ultraortodosso e non si era più fatto vedere.

Mentre eravamo negli Stati Uniti, avevo deciso di parlare con la comunità hassidica, tradizionalmente molto chiusa, nel tentativo di capire perché si erano resi complici di un rapimento, e in particolare se la famiglia con cui i tre bambini avevano vissuto per più di tre anni era consapevole di aver collaborato a un'azione illegale, o era stata ingannata.

La mia trasferta con la troupe a Bedford Hills, nel nord dello Stato di New York, si trasformò in una delle più strambe serate della mia vita. Dati i vincoli di budget, l'unico modo per coprire le tre ore di viaggio fu noleggiare una "limousine" dal cugino del nostro portiere d'albergo. Quando il mezzo si fermò cigolando davanti all'hotel, tutti noi salimmo e chiudemmo lo sportello, che prontamente si sganciò dai cardini e crollò sul marciapiede. Non era un buon inizio.

Dopo una rapida riparazione partimmo ragionevolmente presto dalla città, ma dopo molte ore di viaggio, notando che si stava facendo buio, cominciai a preoccuparmi del poco tempo a disposizione. Per duecentocinquanta chilometri Juan, il nostro autista del Bronx, ci aveva garantito di sapere dove stava andando, finché di colpo si fermò e ci disse che si era perso. Mi ritrovai al buio e al freddo, illuminata dai fari del nostro veicolo come un coniglietto spaventato, davanti a un cinema di legno dipinto di bianco in una cittadina dal tipico fascino "vecchia America". La speranza era che qualcuno lì dentro ci desse indicazioni per raggiungere la comunità che stavamo cercando. Per fortuna la cassiera aveva una vaga idea, e dopo lunghe discussioni ripartimmo con una cartina scribacchiata a mano sul retro di un volantino del cinema, aggrappandoci a turno alla portiera malferma che rischiava di staccarsi di nuovo dall'automobile.

La nostra escursione nel nord dello Stato di New York, tuttavia, si rivelò infruttuosa. Vagammo a passo di lumaca per strade di campagna immerse nella nebbia fino ad arrivare al remoto insediamento di Bedford Hills – una struttura di epoca vittoriana cinta da mura, un tempo adibita alla quarantena degli ammalati di tubercolosi – ma fummo sorpresi da un gruppo di uomini barbuti e vestiti di nero sbucati all'improvviso dalla nebbia che circondava gli edifici anneriti. I loro toni minacciosi e i loro gesti aggressivi dicevano chiaramente che non eravamo ben accetti. Spiegammo che avevamo un appuntamento, ma fu inutile. Non ci rimase altro da fare che risalire in macchina e tornare a Manhattan.

4

COSÌ VA LA VITA

Dalla finestra del mio albergo a Parigi – uno strano edificio irregolare in Rue de Rivoli con minuscoli balconi e pavimenti cigolanti – vidi la Tour Eiffel per la prima volta. La più romantica delle immagini. Il cielo era di quell'azzurro intenso che solo un crepuscolo europeo sa assumere e tutta Parigi aveva uno sfavillio dorato. Per qualche istante rimasi senza fiato di fronte alla bellezza e al fascino di quella magica città, poi provai una stretta al cuore e l'assenza dei miei figli diventò un vuoto palpabile nel mio corpo.

D'istinto infilai le dita nella tasca della giacca e sfiorai le fotografie di Iddin e Shah. La loro presenza spirituale, se non quella fisica, rinsaldava la mia determinazione, anche se cominciavo a sentirmi sopraffatta e svuotata dagli scontri con le autorità e dalle lacrime condivise con genitori che come me erano stati privati della gioia di veder crescere e maturare i propri figli.

Mi incamminai verso la cattedrale di Notre Dame per trovare un po' di sollievo, spinta ancora una volta dall'impulso irrazionale di cercare le candele votive nella navata e accenderne due per Iddin e Shahirah. Come sempre, mormorai il mio mantra d'amore e protezione e uscii con passo incerto nell'aria della sera, preparandomi ai compiti che mi attendevano.

Il mio matrimonio con Iain era finito a circa un terzo del nostro programma di riprese, una volta concluso il lavoro negli Stati Uniti. Eravamo in volo sopra l'Atlantico tra Washington e Parigi su un aereo della United Airlines quando Iain, che sembrava immerso in un sonno profondo, si svegliò appena prima che servissero una cena a tarda ora e pronunciò le parole «Divorzio da te, divorzio da te, divorzio da te», guardandomi dritto negli occhi con assoluta chiarezza. Stranamente, scelse la formula islamica per farlo. Ammutolii, cercando le parole per replicare alla sua sconcertante dichiarazione. Lui proseguì dicendo che non voleva «per moglie una donna famosa», che era lui «il giornalista esperto» e sarebbe spettato a lui «scrivere il primo libro». Non c'erano state discussioni o accuse che preludessero a quelle affermazioni. In parte, capivo come si sentiva, nemmeno io avrei voluto essere sposata con me in quella fase della mia esistenza.

Cercai di difendermi e di ragionare a bassa voce, ma in un aereo pieno di estranei non era facile trovare le parole per salvare il nostro matrimonio fallito. Sconvolta, mi rifugiai nella toilette dell'aereo a piangere, e ci rimasi finché una turbolenza non mi costrinse a sedermi in un posto vuoto in un'altra parte dell'aereo, su insistenza della hostess.

In seguito Iain sostenne che non stava parlando sul serio, ma nel profondo del mio animo sapevo che era stato brutalmente e spaventosamente sincero. Quell'episodio segnò la fine della mia fiducia, erodendo la poca sicurezza che mi era rimasta e la certezza di stabilità che mi ero aspettata dal nostro matrimonio. Per me fu un colpo dal quale il nostro rapporto non si sarebbe mai ripreso, e un tradimento. L'orlo del baratro si era semplicemente sgretolato sotto i miei piedi, e per ironia della sorte non mi ero nemmeno resa conto che ci fosse un precipizio.

Iain e io avremmo continuato a lavorare insieme per qualche tempo dopo la sua dichiarazione. La nostra intimità era svanita, anche se ufficialmente abitavamo nella stessa casa. Quasi inconsciamente, per via di ciò che era emerso in aereo, adottai una strategia di autoconservazione che passò inosservata all'esterno, dato che gli abusi infantili che avevo subìto mi avevano insegnato a mantenere la facciata. Mi rifugiai in una modalità di pura sopravvivenza, soffocai alcune parti di me e mi misi in cerca di una nuova esistenza, un nuovo scopo e una nuova identità fuori dalle macerie del nostro matrimonio.

Intervistare i bambini fu di gran lunga l'aspetto più difficile delle riprese. Prima di lasciare l'Australia, avevo trascorso molte ore con uno psichiatra specializzato in traumi infantili per capire qual era il modo migliore di intervistare i minori rapiti senza aggravare ulteriormente il loro disagio. Sebbene questi bambini fossero ormai tornati a casa, ero ben conscia che non era opportuno chiedere loro quale genitore preferissero, e dell'importanza che fossero loro a decidere se proseguire o meno con l'intervista. Alcuni, di età ora compresa tra i nove e i diciannove anni, avevano subito violenze e abusi da parte del genitore che li aveva rapiti mentre erano con lui e, talvolta, avevano creduto per molti anni che il genitore abbandonato fosse morto. La fiducia che questi bambini e adulti vulnerabili riponevano in me era un'enorme responsabilità. Potevo solo immaginare cos'avessero provato Shahirah e Iddin quand'erano stati intervistati dopo il rapimento da due giornalisti australiani particolarmente insensibili, senza alcun riguardo per i contraccolpi emotivi. Le mie esperienze con i media mi avevano insegnato che chi intervista sottrae un pezzo di vita all'intervistato: il soggetto è alla mercè di chi scrive per quanto riguarda il modo in cui viene rappresentato.

Dopo il rapimento dei miei figli, Bahrin era tornato in Malesia e si era adoperato per ottenere un'ingiunzione retroattiva da un tribunale islamico. Era davvero retroattiva, alla luce delle date: il rapimento ebbe luogo nel 1992; l'ordine della corte che lui ottenne quell'anno era retrodatato al 1984, e in sostanza conferiva a Bahrin la piena custodia di entrambi i figli anche se all'epoca eravamo ancora sposati e io ero incinta di Shahirah! Un ordine di custodia sui miei lombi mi parve davvero contorto, anche conoscendo le bizzarrie della corte islamica e l'influenza della famiglia reale. Ma l'effetto, deliberato, era che in Malesia io ero considerata una rapitrice dei miei figli e sarei stata arrestata se avessi messo piede nel Paese. Purtroppo il governo laburista australiano specificò che se avessi tentato di entrare in Malesia per riprendermi i figli, o anche solo per vederli, le autorità australiane non avrebbero avuto modo né interesse a garantire il mio rilascio da una prigione straniera, dopo il mio inevitabile arresto. Oltre a ciò, sapevo che i bambini vivevano a otto ore di macchina dalla capitale, e dunque non avrei avuto alcuna possibilità di vederli se fossi stata arrestata; sarebbe stato un tentativo inutilmente plateale.

Per questo motivo era rischioso per me entrare in Marocco, un Paese musulmano, ma questa parte del documentario prendeva le mosse da un'altra bizzarra sentenza. Per tacitare le fastidiose pressioni diplomatiche e politiche del governo belga volte a ottenere il ritorno di due bambini rapiti, Karim e Mehdi, rispettivamente di nove e sette anni, il tribunale di una cittadina di provincia del Marocco aveva stabilito che poiché il padre, Chikhaoui, si era rifiutato di portare i bambini in aula, doveva averli ammazzati. Furono emessi certificati di morte a nome dei figli, e il padre fu condannato per omicidio; dopo soli sei mesi di carcere, tuttavia, fu liberato e secondo i resoconti tornò al suo paese, aprì una pompa di benzina e riprese a vivere apertamente coi suoi due figli.

Valerie, la cittadina belga madre dei due bambini, ci aveva avvertito che suo marito, Chikhaoui, aveva amici potenti al governo che l'avevano minacciata. Forse per questo i funzionari dell'aeroporto marocchino ci sequestrarono la telecamera e l'attrezzatura subito dopo il nostro arrivo da Parigi, anche se avevamo i permessi necessari per importarle e per filmare. Il mio cuore si fermò per un istante quando gli ispettori della dogana cominciarono a esaminare i nostri documenti e ci sottoposero a un serrato interrogatorio in francese e in inglese.

Ci vollero vari giorni di negoziato e due lunghi viaggi in macchina per parlare con le autorità nell'antica città di Rabat e ottenere ulteriori permessi per le nostre attrezzature e il loro dissequestro. Nel frattempo utilizzammo una videocamera professionale per fare riprese nei mercati e intorno alle mura di Casablanca.

Provai un acuto senso di claustrofobia e un nervosismo un po' irrazionale nel ritrovarmi di nuovo in una società islamica. Il forte condizionamento della famiglia reale malese mi impediva di apprezzare quell'esotica e pittoresca località turistica. Mi sentivo inibita e non riuscivo a passeggiare tranquillamente per le strade come la miriade di turisti in circolazione. Il mio istinto era quello di indossare un velo e di mescolarmi tra la folla come una docile figlia dell'islam, cercando di non attirare l'attenzione.

Mi resi conto che il Marocco era bello ed emozionante, coi profumi delle spezie e il clamore dei mercati sullo sfondo di palazzi color ocra dai portici ombrosi e di freschi edifici coloniali bianchi. Il sole che spuntava dietro le onde che si infrangevano sulla costa di Casablanca prometteva storie d'amore e avventure esotiche in stile Bogart e Bergman. Ma i miei compagni non si rendevano minimamente conto che molti uomini che incrociavamo per strada e nei mercati ci maledivano e insultavano in arabo, col sorriso sulle labbra. Pensavo in continuazione a Shahirah mentre osservavo attentamente molte ragazze giovani interamente coperte da vesti e veli islamici, insieme ad amiche con abiti più alla moda. Mi chiedevo cosa indossasse mia figlia, adesso che stava crescendo.

Alla fine, con molti giorni di ritardo, prendemmo un piccolo aereo per Oujda, una cittadina dell'interno a un'ora di volo a nord-est di Casablanca. Avevo fissato un incontro con una studentessa universitaria della zona, attivista del neonato movimento femminista, che ci avrebbe fatto da interprete. Avevamo deciso di agire con la massima circospezione e avevamo messo da parte il grosso del nostro bagaglio e delle nostre attrezzature, fingendo di essere turisti. Ci trovavamo nel territorio di Chikhaoui, dove la sua famiglia gestiva molte delle attività economiche pià importanti.

Quando finalmente arrivammo a Oujda, la trovammo ben diversa da Casablanca e Rabat. Le strade erano percorse da asinelli grigi che trainavano carretti traballanti fatti con materiali di recupero, stipati all'inverosimile; ragazzi dall'aria annoiata in caffettano e sandali logori stavano appollaiati precariamente in cima al loro carico. Il paesaggio era punteggiato da rari alberi e la terra era arida e polverosa. La cautela ci parve d'obbligo in quel luogo remoto. In lontananza si ergeva il massiccio di Beni-Snassen, oltre il quale si trovava il confine algerino. Il richiamo alla preghiera echeggiava per le vie cittadine, segnando il trascorrere della giornata.

Le donne erano interamente velate di nero; si vedevano solo gli occhi. Si muovevano rapide da un luogo all'altro senza la gaiezza delle loro sorelle urbane sulla costa. Qui la vista di una donna sola in viaggio con tre uomini suscitava disapprovazione, e non ci conveniva abbandonare più dello stretto necessario l'edificio che ci ospitava. I bagni erano così incrostati di sporco e puzzolenti che tenni duro per dieci ore prima di usare la toilette, un semplice buco per terra. I nostri letti erano generosamente cosparsi di peli corporei dei precedenti occupanti, e lenzuola e coperte erano rigide e maleodoranti. Dormimmo tutti completamente vestiti sopra le coperte, ma anche così il mattino dopo ci ritrovammo pieni di morsi di cimici e di prurito.

Berkane, molto vicina al selvaggio confine algerino, era il luogo dove si riteneva che Karim e Mehdi vivessero con il padre. Decisi che un approccio diretto era il modo migliore per scoprire se i ragazzi fossero ancora vivi.

Ci stipammo in cinque in una Mercedes malconcia per affrontare il viaggio lungo strade accidentate. La nostra interprete, Amina, insisteva molto che la nostra visita fosse breve e non causasse troppo clamore, dato che la fama di uomo violento di Chikhaoui era arrivata fino a lei attraverso indagini discrete condotte per conto nostro.

Trovare la pompa di benzina di Chikhaoui fu semplice, così come localizzare l'uomo in questione. Impossibile non vederlo. Era alto più di un metro e novanta, una montagna d'uomo con mani enormi, spalle larghe e carnagione scura. Parve estremamente seccato di vederci scendere al suo distributore. Entrando in macchina nella stazione di servizio, avevo intravisto un ragazzino che veniva spinto dietro una porta. Sembrava il bambino di nove anni, Karim, e avemmo la fortuna di riuscire a immortalarlo su qualche fotogramma prima che la porta si chiudesse. Vedendo la telecamera, Chikhaoui inizialmente accettò di essere ripreso, ci fece entrare nell'edificio e ci mostrò persino delle foto recenti dei suoi figli mentre parlavamo.

Quando, dopo qualche domanda inoffensiva, gli domandai perché non avesse permesso alla madre dei suoi figli di avere contatti con loro dal giugno del 1991, rispose che non se lo meritava, e che tutti i suoi guai erano da imputare a Valerie.

«Se lei crede che siano morti, è un problema suo, non mio» disse con un gesto sdegnoso.

Guardandolo dritto negli occhi, gli chiesi attraverso l'interprete, e poi di nuovo in francese, se il ragazzo che avevamo visto prima fosse suo figlio. Sorpreso, lui non rispose alla mia domanda e mise bruscamente fine all'intervista, balzando in piedi e piazzandosi di fronte a me. Sfogliando le fotografie dei bambini e adottando un tono pacato, chiesi se potevamo almeno filmare quelle immagini per Valerie in Belgio, in modo che lei sapesse che erano ancora in vita. Lui si oppose con forza e cominciò a spingerci fuori dall'edificio. Seguendoci alla macchina, si avventò sulle chiavi dell'auto che erano rimaste appese al cruscotto e si rifiutò di restituircele, lanciandoci insulti e assestandoci dei colpi secchi sul petto con le dita.

Poi cominciò a pretendere che gli consegnassimo il nastro in cui l'avevamo immortalato, e tutta la nostra pellicola. Amina, rannicchiata dietro di me, cercava di trascinarmi nella macchina e sussurrava concitata al mio orecchio che Chikhaoui stava mandando qualcuno a chiamare la polizia.

Probabilmente non era il momento di pensare che quell'uomo aveva rotto il femore alla sua ex moglie con un calcio.

Nel giro di pochi minuti dall'inizio di questa scenata, arrivò la polizia locale in una nuvola di polvere e stridio di gomme, interrompendo all'istante quel dialogo senza sbocco e prendendo da parte Chickhaoui. Dovevo agire rapidamente per proteggere ciò che avevamo filmato. Con un cenno al cameraman mi feci consegnare le due piccole videocassette, circa otto centimetri per sette e mezzo, che avevamo parzialmente girato, e le infilai nei miei ampi pantaloni dentro il cavallo delle mutandine insieme al nastro della videocamera. Nascosta dai miei compagni, aprii la confezione di un nuovo nastro vuoto e lo aggiunsi agli altri tre. Risistemandomi la giacca e raddrizzandomi, cercai di assumere un'aria il più possibile disinvolta, proprio quando gli agenti di polizia si avvicinarono e chiesero le pellicole che avevamo nella videocamera e nelle borse.

Al nostro rifiuto, fummo tutti arrestati e condotti nelle celle di detenzione della zona, dove trovammo ad aspettarci il capo della polizia e il sindaco.

Tutti i documenti di viaggio e i passaporti ci furono confiscati, insieme al mio nullaosta della stampa internazionale e l'accredito presso la Commissione cinematografica marocchina che mi indicava come capo-progetto. Dopo aver perquisito l'auto e le nostre borse, il capo della polizia ci ordinò di consegnargli i nastri, il che naturalmente era fuori discussione. Il sindaco e Chikhaoui andarono su tutte le furie per questo rifiuto, e dopo una perquisizione alla troupe e all'autista, la polizia cacciò fuori tutti dall'edificio trattenendo solo me. Anche Amina fu rilasciata e ammonita sulle conseguenze del suo coinvolgimento con noi.

A questo punto cominciai a proccuparmi sul serio, poiché i marocchini rimasti nella stazione di polizia avevano un atteggiamento estremamente bellicoso. Di colpo non mi sentii più così spavalda, nella mia mente cominciò ad affacciarsi la possibilità che fosse effettuato un controllo di polizia e venisse alla luce il mandato d'arresto malese. Ma ero decisa a non consegnare docilmente quei nastri, per nessun motivo.

Il sindaco e il capo della polizia mi chiusero in una stanza bene illuminata, anche se un po' maleodorante, col pavimento di terra battuta. Per sette ore, a intervalli regolari di novanta minuti, i miei carcerieri aprirono la porta per chiedermi di rivelare dov'era nascosta la pellicola. Infine, poco prima del tramonto, appoggiando l'orecchio alla porta, colsi qualche parola in arabo che riuscii a interpretare. Parlavano di spogliarmi per perquisirmi.

Cercando di non farmi prendere dal panico, mi misi a strillare con tutte le mie forze un insieme di parole in arabo che corrispondevano più o meno a «Sono impura, ho le mestruazioni! Non potete toccarmi, sono impura!» Non so chi fosse più sconvolto in quel momento fra loro e me. Fino a quel punto tutta la faticosa conversazione tra di noi si era svolta in un inglese stentato e nel mio pessimo francese. Ero stata bene attenta a non far capire che conoscevo l'islam o l'arabo, per non stuzzicare la loro curiosità. In ogni caso, le mie proteste nella loro lingua ebbero effetto. Fui condotta dalla mia cella di detenzione nella stanza principale della stazione di polizia, dove iniziarono le trattative intorno a un piatto di pesche che il capo della polizia affettò delicatamente con un coltello dalla lunga lama, porgendomele in segno di conciliazione.

Andammo avanti a discutere, con Chikhaoui che aggiungeva le sue opinioni e le sue accuse per buona misura, finché non giungemmo a un accordo. Accettai di consegnare il video che Chikhaoui e tutti gli altri continuavano a menzionare, e in cambio la troupe e io saremmo stati liberi di lasciare la città. Mi alzai in piedi con tutta la dignità di cui ero capace, diedi loro la schiena per motivi di decoro e ripescai il nastro vuoto dal suo nascondiglio nei miei pantaloni. Lo porsi al capo della polizia che se ne impadronì avidamente, tenendolo tra indice e pollice come fosse un oggetto contaminato, per poi passarlo a Chikhaoui con grande disgusto. Alzandosi trionfante dalla sua sedia accanto alla scrivania del capo della polizia, quel sempliciotto estrasse solennemente il fragile nastro dal suo involucro e lo depose sul tavolo, distruggendolo con un grosso fermacarte.

All'uscita dalla stazione di polizia, trovai l'autista e la troupe seduti accanto alla macchina. Posando lo sguardo su Amina, la vidi pallida in volto e notai che le sue mani tremavano leggermente. Con voce incerta suggerì di andar via da Birkane il prima possibile.

Quando arrrivammo finalmente alla periferia di Oujda, cominciai a respirare un po' più liberamente. La preoccupazione principale a questo punto era condurre Amina sana e salva al portone di casa sua. Aveva messo in pericolo la sua famiglia e se stessa offrendosi di farci da interprete, di questo ero sicura. Speravo che non subisse conseguenze da parte di Chikhaoui o dei suoi sodali. Dopo che ci fummo scambiate gli indirizzi, la salutai con un caloroso abbraccio e un compenso extra in denaro.

Tornati in albergo quella notte, ci stringemmo tutti e quattro in un'unica stanza, dormendo poco e in preda all'ansia. Io stavo all'erta, temendo che da un momento all'altro la polizia sfondasse la porta e mi portasse via.

Contai i minuti fino a poco prima dell'alba, quando ci recammo in aeroporto per prendere il primo volo per Casablanca e poi la coincidenza per Londra.

Non fui mai così felice di atterrare a Heathrow come quella volta. Capii finalmente perché il papa provava l'impulso di baciare la pista, anche se dubitai che gli fosse mai capitato di farlo con tre videotape nascosti sulla sua persona.

Eravamo come una carovana di zingari del cinema, prossimi al crollo. Un visita lampo alle Nazioni Unite a Ginevra per filmare una seduta del Comitato dei diritti del fanciullo e intervistare la sua portavoce ufficiale, Marta Santos Pais, si rivelò deludente: a tutta evidenza il comitato mancava di un vero potere internazionale e sguazzava nella sua compiaciuta inerzia. Arrivare, filmare, ripartire; continuavamo a fare la spola tra Europa e Regno Unito attraverso la Manica facendo riprese, seguendo le tracce di bambini perduti e parlando con altri che erano riusciti a trovare la strada di casa. Era un ritmo estenuante, che io tuttavia continuavo a imporre maniacalmente a me stessa e alla troupe. Mancava poco alla fine del documentario.

A letto ormai non facevo che agitarmi e rivoltarmi inutilmente, la mente affollata di immagini dei miei figli e della normalità perduta della nostra vita familiare. Ogni bobina di film che giravamo simboleggiava un piccolo avvicinamento a Iddin e Shah e alla possibilità che un giorno potessi abbracciarli e a dir loro che li amavo con tutto il cuore e tutta l'anima.

Malgrado la mia determinazione, trovavo sempre più difficile lavorare con Iain. Non riuscivo più ad accettare che decidesse ciò che dovevo dire nel film, o come avrei dovuto comportarmi davanti alla telecamera.

Sviluppai un aspro e tacito risentimento verso mio marito. Ma l'amore è duro a morire, molto più dell'attrazione, che aveva cominciato a evaporare nei giorni e nelle settimane dopo l'episodio in aereo. Alla fine compresi che Iain non si rendeva nemmeno conto di farmi del male: le tensioni emotive, professionali ed economiche causate dal rapimento avevano modificato radicalmente le dinamiche della nostra relazione.

Iain l'aveva previsto la prima notte dopo la sparizione dei bambini.

Tornata a Londra per l'ultima settimana di riprese, non potei continuare a ignorare il fatto che il mio seno destro era terribilmente gonfio e sembrava in fiamme. Mentre giravamo nel Principato di Monaco, ero stata aggredita da una donna che stavo intervistando sul suo ruolo di complice prezzolata in un rapimento. Aveva unghie lunghe e affilate, e mi aveva inflitto dolorose ferite al petto.

A costo della perdita di un giorno di riprese, alla fine non ebbi altra scelta che trascinarmi al Princess Grace Hospital in cerca di un medico. Sembrava un ospedale dal nome adeguato, visto il paese in cui ero stata ferita. Avevo la febbre, cui ben presto si aggiunsero sudori e tremori. Risultò che la mia ferita al seno era degenerata in un ascesso; non potei far altro che sottopormi a un ricovero ospedaliero di un giorno per drenare l'ascesso e assumere massicce dosi di antobiotici per via endovenosa.

Tre giorni dopo, con un braccio rigido e il petto abbondantemente fasciato, mi imbarcai su un volo per l'Australia. Le riprese erano quasi terminate.

Braccia vuote, cuori spezzati fu proiettato in vari Paesi e premiato con una menzione speciale per il suo eccezionale contributo all'Anno della famiglia indetto dalle Nazioni Unite. Il documentario è stato utilizzato in tutto il mondo nella formazione di giudici e avvocati che si occupano di rapimenti di minori da parte di un genitore e di diritto di famiglia.

La mia speranza è che il film modifichi l'atteggiamento della gente verso questo atto di vendetta e di potere. Come ha detto un ragazzino di tredici anni, vittima di un rapimento e intervistato per il film: «Spero che tutti i genitori che guardano questo documentario e hanno intenzione di rapire i loro figli si fermino e riflettano su quanto li faranno soffrire. Non fatelo».

Semplice, saggio consiglio da parte di un bambino.

5
LA RETE DELLE BRACCIA VUOTE

Fu una vera doccia fredda terminare le riprese e lasciare il montaggio e la post-produzione ad altri; non mi restava altro da fare che registrare la voce fuoricampo. Le mie altre qualifiche, quelle di educatrice e di mamma, servivano a poco per ora.

Il giorno del nono compleanno di Shahirah e il secondo anniversario del rapimento dei bambini accrebbero il mio avvilimento. Concluse le riprese per il documentario, mi era caduta sulle spalle una pesante cappa di depressione che non riuscivo a scrollarmi di dosso. A posteriori, mi rendo conto che uno dei motivi principali era il film stesso, e la mia graduale presa di coscienza che forse sarebbero passati degli anni prima che rivedessi i miei figli. Inoltre la profonda riflessione necessaria per la stesura del mio primo libro aveva riportato alla luce tutti i demoni degli abusi infantili che avevo subìto: questioni che non avevo mai risolto pesavano su di me, e non avevo più la mia identità di madre di bambini piccoli a sorreggere la mia autostima.

Sotto ogni aspetto, il mio ex marito poteva ritenere di avere asportato chirurgicamente Iddin e Shah dalla mia vita con lodevole efficacia. Ogni giorno dovevo affrontare la loro assenza a tutti i livelli della mia vita, e sentivo acutamente la mia inattività come madre. Conformandomi agli ordini di Bahrin di comunicare coi miei figli solo attraverso i gelidi e impersonali uffici dei suoi avvocati di Melbourne, decisi di scegliere un regalo di compleanno per Shahirah e anche un piccolo dono per Iddin. In due anni un bambino cresce parecchio, e mi sembrava di infliggermi una tortura con le mie stesse mani mentre tentavo di scrivere un caloroso biglietto di auguri e qualche osservazione ottimistica ai miei figli di cui ormai non conoscevo più i gusti. Soprattutto perché sapevo che probabilmente non avrei avuto risposta o riscontro ai regali e alle espressioni d'affetto che inviavo. Questi tentativi di contatto erano una straziante routine che avrei portato avanti per oltre un decennio.

Ero mentalmente e fisicamente esausta, dopo mesi trascorsi mettendo a dura prova le mie energie. Il sonno continuava a sfuggirmi, o era pieno di incubi e dell'incessante desiderio dei miei figli. Le lacrime sgorgavano senza freni nei momenti meno opportuni, e non c'era verso di fermarle; a volte gli elementi scatenanti erano riconoscibili, altre volte no. A poco a poco, l'opzione invitante di un riposo indotto da sostanze chimiche cominciò a esercitare una certa attrattiva. Fino a quel momento mi ero sempre fieramente rifiutata di placare il dolore con dei sedativi. I farmaci proposti dai medici, o provenienti dalle riserve segrete di amici benintenzionati, erano supporti che avevo respinto con decisione, e le droghe leggere non erano una soluzione alla mia insonnia.

«Tre ore di sonno rilassato, e l'orologio biologico naturale riprende a funzionare. È un modo per ripristinare i tuoi ritmi sonno/veglia»; così la mia dottoressa descrisse l'effetto del blando sonnifero che ottenni quando mi arresi. Con un certo fatalismo, e spinta dal bisogno disperato di "staccare la spina" e fuggire, buttai giù dieci pillole in un colpo solo e mi infilai sotto il piumino con comodi cuscini a disposizione. La prospettiva di un sonno profondo aveva un fascino sensuale dopo due anni di riposo a singhiozzo. A ciò si univa la sensazione di giocare alla roulette russa con la possibilità di non svegliarsi, di dormire semplicemente per tutto il tempo che il mio corpo avesse ritenuto necessario. Lo sfinimento generò in me la speranza illusoria di poter trovare Iddin e Shahirah nel mio sonno indisturbato, di riuscire a toccare i loro volti e sentire il loro odore unico ancora una volta. Con un ragionamento un po' contorto, pensai che affidando il controllo a una sostanza chimica, avrei paradossalmente controllato la mia capacità di incontrare Iddin e Shah in sogno senza il terrore della separazione e il dolore opprimente che segnavano la mia vita quotidiana in quel momento.

È facile capire perché la privazione di sonno sia uno strumento così privilegiato negli interrogatori e nelle torture: c'è una sospensione della realtà per la vittima, troppo provata e piegata per pensare razionalmente.

Pur essendo chiaramente in uno stato di profonda disperazione, ero pur sempre una maniaca del controllo, e presi la precauzione di lasciare un biglietto per spiegare ciò che avevo ingerito e perché, insieme ad alcune istruzioni tipo non chiamare un'ambulanza e lasciarmi semplicemente riposare. Un'idea non particolarmente intelligente e, a posteriori, un po' melodrammatica, ma al momento mi parve sensata e responsabile. A ogni modo, quando dopo tre ore mi trovarono immersa in un sonno profondo, beato e senza sogni, il panico prevalse e fu chiamata un'ambulanza.

Mi svegliai bruscamente su un lettino d'ospedale circondata da sconosciuti. Un giovanissimo medico dall'aria seria, chino su di me, mi chiedeva perché avessi tentato il suicidio e minacciava di farmi internare se avessi dato la risposta sbagliata. Valutando rapidamente la situazione, nei limiti in cui il cervello ancora annebbiato me lo consentiva, compresi che ero appena arrivata in ospedale e non mi avevano ancora fatto la lavanda gastrica, ma che rischiavo seriamente di finire con una camicia di forza o, peggio, un camice d'ospedale aperto sulla schiena. Ancora più terribile era il pensiero di finire in prima pagina sui giornali del mattino con titoli sensazionalistici a caratteri cubitali: TRAGICO TENTATIVO DI SUICIDIO DELLA MADRE DEI BAMBINI RAPITI, FOTO ALL'INTERNO! oppure PRINCIPESSA IMPASTICCATA! Cercando le parole giuste per dimostrare la mia salute mentale e togliermi da quell'impiccio, provai a spiegare la situazione con tutta la chiarezza possibile, ma riuscii solo a produrre una perfetta imitazione di un pesce, aprendo e chiudendo la bocca con un grugnito di accompagnamento. La mia lingua sembrava straordinariamente attratta dal palato e decisamente troppo grossa per la sua normale collocazione.

Dopo questo primo tentativo, la situazione si era fatta seria e il mio intontimento cominciava a dissiparsi, accelerato dall'espressione condiscendente sul viso del giovane dottore, piuttosto sfuocato dato che i miei occhiali erano chiaramente rimasti sul mio comodino. Concentrandomi sulla domanda successiva del medico, mi resi conto che parlava con un chiaro accento scozzese. La cadenza straniera spiegava perché non ci fossero tracce di riconoscimento nel suo sguardo, tracce fin troppo evidenti sui volti delle infermiere che vedevo incombere alle sue spalle.

«Se mi trattiene qui stanotte, le faccio causa»; se non altro questa frase parve raggiungere l'effetto desiderato di attirare la sua attenzione. Proseguii biascicando: «Sono nel pieno possesso delle mie facoltà mentali e non ho bisogno di essere internata, grazie tante».

«Dimmi perché sei così depressa, Jacqueline» indagò il dottore.

Fui tentata di fargli notare che poiché nessuno ci aveva presentati formalmente, avrei preferito che non mi desse del tu, ma pensai che fosse meglio tenere a freno la lingua su quel punto, e fornii invece la risposta più banale.

«Perché i miei figli sono stati rapiti dal padre e...»

«Credo che tu sia un po' confusa, Jacqueline» intervenne lui con tono mieloso scandendo bene le parole e dandomi persino un leggero buffetto sulla mano. «Tuo marito non ha... lui è... ehm...» Il medico fu interrotto da un'infermiera che tirandolo urgentemente per la manica gli sussurrò in tutta fretta qualcosa all'orecchio. Di colpo sul viso del giovane apparve un lampo di comprensione e curiosità. Avevo due strade a disposizione: provare con le buone o adottare un atteggiamento indignato. Scelsi l'indignazione.

«Se è così gentile da telefonare al mio medico» dissi, snocciolando nome e numero di telefono, «potrà confermarle che non ho bisogno della camicia di forza e che può dimettermi.» A posteriori, immagino che molta gente fuori di testa dica cose del genere quando è messa alle strette. Ad ogni modo, infiammata dall'argomento, aggiunsi con tono sentenzioso: «Sono pienamente cosciente della mia depressione e delle sue cause, e con tutto il dovuto rispetto ne discuterò con la mia terapista, e soltanto con lei. La chiami subito, per favore. E quel che le ha sussurrato all'orecchio l'infermiera è esatto, sono proprio *lei*, la donna che è sempre in televisione e sulle riviste, e se i media dovessero sapere di questo episodio strettamente personale la considererò una violazione del segreto professionale fra dottore e paziente.»

Dieci minuti dopo fui dimessa.

Volevo davvero suicidarmi quella notte? Per la verità non ne sono sicura. Nel momento in cui presi quelle pillole, volevo morire? Diciamo che mentre perdevo coscienza non volevo svegliarmi; ero semplicemente troppo stanca. (In ogni caso, la dose che avevo assunto probabilmente non sarebbe stata letale.)

Grazie a Dio il mio stupido comportamento non arrivò in prima pagina, e io riuscii a conservare qualche brandello di razionalità e di determinazione. Avrei dovuto fare una scelta: diventare un'eterna vittima – nel qual caso tanto valeva rintanarsi in un angolo a morire – o provare a trasformare il negativo in positivo e cercare di tirare avanti finché non avessi rivisto Iddin e Shahirah.

Sapevo che dovevo tenermi occupata per riempire la voragine lasciata dall'assenza dei miei figli, per dare un senso all'esistenza vuota che rischiavo di condurre.

Decisi di sfruttare tutte le informazioni che avevo raccolto girando il documentario e di fondare un'organizzazione – chiamata Rete delle braccia vuote – per dare un supporto alle vittime dei rapimenti di minori da parte di un genitore, sia a livello nazionale che internazionale.

Ricevevo ancora tante telefonate di genitori in situazioni simili alla mia. Tutti, maschi e femmine, australiani e stranieri, mi chiedevano consigli o assistenza per i loro casi. Ero fermamente convinta che nessuno dovrebbe ritrovarsi ad affrontare quest'incubo da solo. Creare la Rete delle braccia vuote mi sembrò la cosa più logica da fare. Dopo tutto, non potevo passare da un mezzo di informazione all'altro per denunciare l'incapacità della legge e della diplomazia di dare risposta a una questione di diritti umani così emotivamente devastante come il rapimento di un bambino, e poi adottare un atteggiamento puramente egoistico.

In Australia serviva chiaramente un'organizzazione simile a Reunite in Gran Bretagna, e alla Rete dei bambini scomparsi in Belgio. Negli anni Novanta gli apparati statali australiani non erano attrezzati per offrire un sostegno psicologico al crescente numero di genitori abbandonati, e non potevano muoversi al di fuori dei loro confini burocratici. In un caso non regolato dalla Convenzione dell'Aja come il mio, per esempio, anche solo ottenere informazioni da un ente governativo era straordinariamente difficile, e quasi impossibile quando serviva assistenza in una giurisdizione straniera.

Per qualunque genitore abbandonato, raccogliere dati era come cercare di calarsi dal monte Rushmore con un filo da ricamo cantando e facendo numeri da giocoliere.

Così decisi di formalizzare ciò che stavo già facendo, e per garantirmi autonomia, scelsi di finanziare l'iniziativa in prima persona usando i proventi del mio primo libro e qualunque altra somma riuscissi a guadagnare. Ero decisa a fare della Rete delle braccia vuote un'organizzazione senza scopo di lucro in grado di avvalersi di un'ampia gamma di avvocati specializzati, psicologi e organizzazioni di supporto analoghe in tutto il mondo, con i quali avevo già stabilito utili contatti durante la realizzazione del film. Mettendo a disposizione le mie competenze in accordi di reciprocità con le controparti internazionali, sarebbe stato possibile aggirare o ridurre molte spese rovinose per i genitori abbandonati. Pagare stipendi era fuori questione, quindi non ci sarebbe stato personale a tempo pieno tranne me. Sembrava tutto perfettamente ragionevole. Anche se la mia decisione di non addebitare le spese (come le telefonate internazionali) ai genitori che aiutavo era un grosso sacrificio economico, non volevo che qualcuno mi accusasse di volerne approfittare.

Così nacque la Rete delle braccia vuote. Uno dei primi casi internazionali riguardò un ragazzino inglese, Anthony, che era stato rapito dalla madre. Il genitore abbandonato, Andrew, mi telefonò da Sittingbourne, nel Kent, su suggerimento di Reunite a Londra.

Il bambino, che aveva sette anni, era stato rapito dalla madre non affidataria durante una delle sue rare visite, e mancava da parecchi mesi. Anthony era sotto la custodia esclusiva del padre da molti anni e aveva avuto scarsi contatti con la madre. Ora lei lo aveva portato in Australia, dove aveva dei parenti.

Di recente Andrew era stato licenziato e non poteva permettersi un soggiorno in Australia per rintracciare suo figlio. Così, per la prima ma non ultima volta nel giro di vari anni, un genitore fu ospitato temporaneamente nella mia stanza degli ospiti.

Chiedendo prestiti in giro, Andrew aveva raggranellato la somma necessaria per venire a Melbourne e, si sperava, riportare Anthony in Inghilterra secondo i dettami della Convenzione dell'Aja. Mi fece una strana impressione accogliere uno sconosciuto all'aeroporto a mezzanotte. Ci eravamo sentiti al telefono cinque volte. Mi venne incontro un uomo alto e magro coi capelli biondi e un sorriso cordiale, malgrado il viaggio massacrante. Mentre uscivamo a passo svelto dal terminal, Andrew mi disse che non capiva perché tutti ci guardassero. Promisi di spiegargli tutto il mattino dopo e lo feci salire in macchina, temendo che un eccesso di informazioni potesse confonderlo a quell'ora della notte. Nelle mie conversazioni telefoniche con lui non avevo fatto parola del mio lavoro di conduttrice televisiva, né del rapimento dei miei bambini. Mi ero ripromessa di non utilizzare la Rete delle braccia vuote come mezzo per portare avanti la mia battaglia per i figli. Non avevo intenzione di discutere la mia situazione familiare coi "clienti", a meno che, come nel caso di Andrew, non fosse inevitabile. Era fondamentale adottare un approccio professionale se si voleva dare un contributo significativo alla causa. La rete non era stata creata per consentire a persone disperate di discutere i loro problemi e il loro dolore con me o con altri genitori; questa non era un'associazione per "farsi del male" in compagnia, era una forza di combattimento.

Per gran parte dei mesi di settembre e ottobre Andrew visse in casa mia, usando la stanza degli ospiti come rifugio quando la battaglia per suo figlio si fece pesante. All'inizio era completamente travolto dalla situazione, ma a poco a poco si rilassò e finì per non badare al mio lavoro in televisione e al mio passato di principessa. Lo aiutai a trattare col ministro della Giustizia, a comprendere la terminologia giuridica e le procedure della Convenzione dell'Aja, a coordinare le date delle udienze con le richieste di prove e documenti, e mi presentai con lui in tribunale quando finalmente Anthony fu localizzato.

I meccanismi della Convenzione dell'Aja si misero in moto. Fu un periodo estremamente stressante per Andrew e i suoi anziani genitori nel Kent, dato che l'esito di un ricorso alla Convenzione dell'Aja non è mai scontato. Per consentire a Andrew di vedere regolarmente suo figlio dopo che fu localizzato dalla polizia, dovetti impegnarmi formalmente a mediare fra i due genitori e a sovrintendere alle visite. Una cosa era assolutamente certa: quell'uomo voleva un bene dell'anima a suo figlio e stava impegnando tutte le sue energie in quello che riteneva l'interesse di Anthony. Mai, nemmeno nei momenti di maggiore disperazione, manifestò un desiderio di vendetta nei confronti dell'ex moglie, e ribadì che se il tribunale avesse deciso in suo favore, Anthony avrebbe sempre potuto vederla.

Dopo alcune mie conversazioni private con la madre di Anthony, lei decise di non ostacolare i lavori della corte contestandone la giurisdizione. Nel frattempo, il

Tribunale della famiglia australiano ordinò che Anthony e suo padre abitassero da me per qualche giorno mentre la corte discuteva il giudizio finale. Alla fine, fu emesso un verdetto favorevole all'applicazione della Convenzione dell'Aja: Andrew e suo figlio potevano tornare a vivere nella loro piccola casa popolare nel Kent insieme ai nonni del bambino!

Fu una grande emozione vedere Anthony volare tra le braccia di suo padre il giorno in cui furono riuniti. Una versione in miniatura di Andrew attraversò di corsa l'atrio affollato del palazzo di giustizia, con la felicità stampata sul viso. Il pavimento di marmo non riuscì a frenarlo, e il bambino si ritrovò a scivolare sulle ginocchia verso di noi, arrestandosi ai piedi di suo padre. Andrew, con le guance rigate di lacrime, lo strinse al petto e mi sorrise sopra la testina bionda del figlio. Per una frazione di secondo sentii sul mio collo il fantasma delle braccia di Iddin e Shah e mi venne un groppo in gola. Con un pizzico di egoismo mi domandai se sarebbe stato sempre così. Avrei dovuto vivere la gioia di un ricongiungimento per interposta persona, e se sì, per quanto tempo?

«Signora, mia moglie mi ha rubato i miei figli e mi ha venduto le vacche!» Col telefono in mano alle tre di mattina, pensai che non avevo mai sentito un esordio migliore. Andava dritto al cuore del problema. Il mio interlocutore – un uomo del Midwest che mi era stato raccomandato da Meredith Morrison, operatrice del Centro nazionale per i bambini scomparsi e sfruttati degli Stati Uniti – avrebbe impiegato altri diciotto mesi per rivedere i suoi figli, ma non mancò mai di utilizzare la stessa frase d'apertura per presentarsi a coloro che lo stavano aiutando. Il suo caso resterà sempre impresso nella mia mente per la sua stranezza e comicità, anche nelle circostanze più drammatiche.

A volte, però, erano i rapitori, fuggiti in Australia, a contattarmi. Per quanto strano possa sembrare, mi chiamavano dai loro nascondigli chiedendo il mio aiuto. Avevano bisogno di un mediatore – per tornare volontariamente nel Paese d'origine del figlio, e per evitare un'incriminazione nelle nazioni che aderivano alla Convenzione dell'Aja. Io li mettevo in comunicazione con gruppi di assistenza e ostelli e procuravo loro degli avvocati nel Paese d'origine.

Fra il 1994 e il 2006 fui coinvolta nel rimpatrio di 64 bambini rapiti in tutto il mondo. Da Hong Kong alla Colombia, dall'Australia al Libano, dal Regno Unito alla Malesia, dagli Stati Uniti all'Australia, dalla Francia alla Nuova Zelanda attraverso l'Australia, dalla Germania agli Stati Uniti, dall'Argentina alla Giordania, dalla Svezia all'Australia, dalla Finlandia al Belgio, dall'Irlanda all'Indonesia, da Singapore al Canada, dalla Nuova Zelanda alla Libia, dall'Australia alla Grecia, dagli USA alla Thailandia, dalla Gran Bretagna ad Haiti, dalla Palestina a Parigi, e così via.

Sul piano di parità garantito della Convenzione dell'Aja, molti dei casi in cui fui coinvolta vennero risolti con rapidità ed efficacia. Stranamente, però, spesso i casi che riguardavano gli Stati Uniti tendevano a complicarsi. Il governo federale non ha competenza federale in materia di diritto di famiglia, e molti Stati mancano di giudici esperti e competenti in tale campo. Un giudice del Tennessee può occuparsi di una sosta vietata un giorno e di un caso di rapimento internazionale il giorno dopo. Può essere un'esperienza finanziariamente rovinosa per gli adulti coinvolti, ma il costo maggiore è sopportato dai figli che devono rimanere in un limbo, senza patria e senza poter mettere radici.

Anche la Francia è una fucina di conflitti quando si tratta della Convenzione dell'Aja, dato che i giudici francesi ricorrono spesso a una delle condizioni previste dalla Convenzione (sezioni 13A e 13B) per negare il rimpatrio di un minore rapito. In generale queste condizioni sono state introdotte per tutelare il benessere fisico ed emotivo del bambino rapito nel caso di maltrattamenti nel Paese d'origine, sessuali, fisici o psicologici. È un meccanismo di protezione per evitare che il piccolo sia riportato in una situazione di potenziale rischio. Spesso però i francesi comprendono in questo "benessere" anche gli stimoli intellettuali e l'accesso al patrimonio culturale.

«Perché» domandò un giudice francese «dovrei rispedire un bambino per metà francese in un Paese totalmente privo di finezze culturali [l'Australia], una terra di canguri, spiagge e allevatori di pecore? La Francia è la culla della vita intellettuale, la patria di Voltaire e delle arti.» Sostituite semplicemente "Australia" con America o Canada, Gran Bretagna o Germania, e comincerete a capire quanto sia drammaticamente difficile applicare la Convenzione dell'Aja in una nazione dove giudici borghesi possono applicare i loro equivoci e pregiudizi al fondamentale benessere di un bambino.

Grazie al successo di *Braccia vuote, cuori spezzati* e al progredire del mio lavoro sui rapimenti, mi ero finalmente guadagnata i galloni, almeno a giudicare dall'invito che ricevetti a tenere una relazione sul rapimento di minori da parte di un genitore nel quadro di un convegno internazionale sul diritto di famiglia. Per ironia della sorte, ero entrata nelle file degli esperti e non ero più catalogata come vittima. Conserverò sempre una profonda gratitudine verso Alastair Nicholson, allora giudice capo del Tribunale della famiglia australiano, che si assunse il rischio di suggerire il mio inserimento tra gli oratori. La sua fiducia in me è qualcosa che non potrò mai ripagare, perché grazie a essa imboccai una strada che trasformò la mia vita e mi diede uno scopo.

Con qualche trepidazione mi imbarcai nel mio primo discorso in pubblico, nervosa al punto da non aver toccato cibo per le ventiquattr'ore precedenti. Per creare il massimo impatto, scelsi di aprire la mia relazione con un audiovisivo proiettato su uno schermo alle mie spalle, che riportava i commenti di bambini rapiti. Usare le loro parole per addentrarmi in un quadro generale delle varie posizioni giuridiche si rivelò un mezzo efficace per catturare l'attenzione. In piedi dietro il leggio, tremante nel mio tailleur rosso abbinato a scarpe di camoscio nero, lessi la mia relazione sugli effetti sociologici del rapimento di minori senza sapere che quello sarebbe stato il primo di tanti seminari e conferenze analoghi cui avrei partecipato in luoghi lontani: Bruxelles, San Francisco, Hong Kong, Buenos Aires e Johannesburg.

Verso lo scadere del terzo anno dal rapimento dei miei figli, Bryan Walter Wickham, uno dei complici pagati da Bahrin (gli altri erano due cittadini di Singapore), fu catturato dalla polizia della Florida negli Stati Uniti. Il mio primo pensiero fu: "Vecchia cara efficienza americana". Tim Pallesen, un redattore del quotidiano «Palm Beach Post», fu il primo a darmi l'informazione, telefonandomi a tarda notte.

L'Interpol – e, per ironia della sorte, i media – avevano cercato Wickham in tutto il mondo, dalle Filippine (dov'era sospettato di legami criminali) alla Scozia, dov'era vissuto prima di emigrare in Australia. Per collaborare al rapimento dei miei bambini, questo perfetto sconosciuto aveva lasciato in Australia i suoi figli e la moglie Sheila. (Ipocritamente, in seguito avrebbe più volte invocato la sacralità dei legami familiari e dei figli!) Wickham e sua moglie non avevano mai incontrato Iddin o Shah prima del sequestro, ma in tutte le interviste che concesse dopo l'arresto di suo marito Sheila Wickham giustificò pienamente il loro illecito allontanamento dall'unica casa e famiglia sicura che avessero mai conosciuto. Probabilmente il luccichio di tutti i soldi e lingotti d'oro versati al marito per la sua complicità in quel crimine mise a tacere qualunque istanza morale, sempre ammesso che Bryan Wickham abbia mai avuto una morale.

Wickham aveva lavorato in vari cantieri di West Palm Beach, Florida, a partire dal dicembre 1992. Da quanto venni a sapere, l'FBI e la polizia statunitense erano riusciti a rintracciarlo grazie alle impronte digitali e a un controllo casuale sulla targa del suo veicolo che un attento poliziotto aveva messo in relazione con Wickham. Pare che fosse arrivato a West Palm Beach cinque mesi dopo il rapimento e si fosse comodamente installato in un appartamento fornito dal signor Orville

Rodberg, un uomo d'affari locale, e da suo figlio, il cui legame con Wickham non fu mai accertato. Provvisto di piscina e di ameni dintorni, l'uomo aveva avviato una piacevole esistenza sotto il sole della Florida, con grande facilità e senza apparenti complicazioni.

Il viceprocuratore degli Stati Uniti Thomas O'Malley riuscì a snellire l'iter burocratico americano; così, poco dopo il suo arresto, Wickham fu estradato dagli Stati Uniti e tornò in Australia per affrontare il processo, dichiarandosi colpevole del rapimento di Iddin e Shahirah.

Wickham è un pregiudicato con presunti collegamenti col mondo della prostituzione, dell'evasione fiscale e del riciclaggio di denaro, mi viene la pelle d'oca al pensiero che abbia avvicinato i miei figli. In tribunale raccontò una fantasiosa storia di inganno, doppio gioco e abbandono finale da parte di Bahrin. Denunciò un coinvolgimento del governo e dell'esercito indonesiani nel rapimento, e sostenne di avere aiutato Bahrin perché amava i bambini.

Il 5 maggio 1995 fu condannato a diciotto mesi di prigione, sentenza ridotta per la sua ammissione di colpevolezza. Di fatto ne scontò solo nove, con un periodo di prova di altri nove. Di solito la pena massima in questi casi è di tre anni per ogni reato. Ma Wickham non aveva ancora finito con noi.

Dalla prigione mi fece sapere che era disposto a vendermi tutti i dettagli del rapimento dei miei figli – ciò che secondo lui avevano detto, quale trattamento avevano subìto, i loro comportamenti e le loro reazioni, e così via. Evidentemente riteneva di essere stato molto furbo a dichiararsi colpevole, evitando un controinterrogatorio in tribunale: in tal modo aveva conservato intatti tutti i succosi dettagli della sua storia per poter sfruttare economicamente la sua impresa. Il suo messaggero riferì che era la sua polizza di assicurazione.

Naturalmente, una parte di me desiderava conoscere anche i minimi particolari dell'odissea dei miei bambini, ma si trattava di una manovra disgustosa per estorcermi del denaro. Quell'uomo mi aveva già portato via il nucleo della mia vita; mai e poi mai avrebbe ottenuto ancora qualcosa da me.

Un altro Natale si avvicinava, tormentandomi con l'assenza dei bambini. Misi le loro fotografie sotto l'albero e scattai un'altra istantanea per segnare il passaggio del tempo. Incredibilmente, erano ormai passati anni dall'ultima volta che avevo visto Iddin e Shahirah, o avevo parlato con loro. Mi ero persa i loro compleanni, la caduta dei dentini di Shah, e soprattutto la loro meravigliosa personalità e la loro allegria. Il dolore non si placava, ma imparavo a conviverci. Ho sentito dire che spesso chi subisce un'amputazione serba la memoria dell'arto perduto, avverte la sua presenza e ne conserva le sensazioni, forse era questo che stavo sperimentando.

Avevo scritto il mio primo libro, sul rapimento e la parte iniziale della mia vita, per permettere a Shahirah e Iddin di comprendere meglio la mia personalità, e per comunicare loro le reazioni, le motivazioni e le scelte che avevo fatto nella mia vita. Volevo che avessero una prova tangibile del mio amore per loro. Sembrava importante metterlo nero su bianco, data l'imprevedibilità della vita. Sentivo che *La principessa schiava* era la mia polizza di assicurazione contro un orizzonte incerto, e lasciava loro una parte di me in cui potessero scavare in futuro. Pur essendo un'arma a doppio taglio, l'avevo sguainata, esponendomi ancor di più allo sguardo degli estranei con la nudità dei pensieri che avevo incluso nel libro.

Emotivamente, l'assenza dei bambini era un campo minato in cui mi muovevo ogni giorno, e il dolore continuava ad abbattersi su di me a ondate. Sotto certi aspetti, la mia vita era più difficile che nei primi due anni. Mi limitavo a vivere nella speranza.

6

I PROFESSORI GUERRIERI E IL POTERE DELLE LACRIME

Il nostro convoglio di Land Cruiser avanzava dondolando lungo la Rift Valley, attraverso un'aperta savana e il letto asciutto di un lago che si stendeva per venti chilometri in ogni direzione, una massa gessosa e luccicante di terra compatta corrugata da migliaia di anni di maree e di vento. In alto gli avvoltoi volavano in cerchio a caccia di prede indebolite, e qualche stormo di uccelli migratori proiettava ombre geometriche sulla piana inaridita punteggiata da alberi e bassi arbusti spinosi. Oltre il confine con la Tanzania, il Kilimangiaro, il monte più alto dell'Africa, si stagliava severo in lontananza, coi contorni scuri e frastagliati incappucciati di neve immacolata che si rivelavano solo quando le nuvole basse si dissipavano, come per magia. Il cielo, grigio-azzurro e pieno di nuvole, non turbato da voli commerciali, si allungava infinito all'orizzonte.

Stavamo attraversando la culla dell'umanità, la conca del creato, nel bel mezzo della riserva di Amboseli, patria della più ampia popolazione di elefanti dell'Africa orientale, dove gli animali si muovono liberamente e gli umani dipendono da Madre Natura tanto quanto le bestie e la vegetazione. Era uno di quei viaggi che spezza le ossa e ricopre tutto di una fine polvere rossa, che si attacca alla pelle e colora ogni ciocca di capelli di un caldo color terracotta.

Gnu con corna e pizzetto, l'ampia groppa e il manto grigio e puzzolente ci sbarravano la strada, costringendoci a rallentare per dare la precedenza a quegli strani animali. Decine di gazzelle ci correvano accanto, con balzi e scarti improvvisi, sfiorando appena il terreno con gli zoccoli. Duecento chilometri a passo di lumaca per strade sassose e piste polverose, molte delle quali non erano che tracce indistinte scavate nei greti argillosi dei fiumi, e non mi passava neanche per la mente di lamentarmi. Avevo voglia di respirare l'orizzonte, di spalancare le braccia al sole. Mi riempivo le narici d'Africa, ricca e speziata, pura e incontaminata; il tempo sembrava una cosa viva, sospesa nell'aria. A ogni sosta del nostro viaggio aprivo i finestrini della jeep e respiravo profondamente per fissare quel momento nella mia mente.

Nemmeno il caldo riusciva a smorzare il mio entusiasmo per ciò che mi circondava. Tutto era emozionante. Osservando le zebre che brucavano in branchi enormi, e le giraffe che passeggiavano tranquille col loro passo aggraziato, mi chiedevo perché avessi perso tanto tempo prezioso prima di venire in Africa!

Nel gennaio del 1995 il mio amico Bill Searle, produttore esecutivo della serie televisiva *Neighbours*, stava sviluppando una linea di narrazione innovativa per il programma, con una campagna benefica legata all'organizzazione umanitaria World Vision. Gli episodi sarebbero stati girati in Africa. Avevo subito alzato la mano quando l'avevo saputo, ma non pensavo che avrei davvero finito per viaggiare con gli attori entrando a far parte della troupe cinematografica, fu semplicemente una combinazione fortunata. Ero consapevole della popolarità di *Neighbours* in tutto il mondo, e della sua longevità sugli schermi televisivi britannici, ma per quanto mi riguardava era una mezz'ora di televisione che non guardavo mai.

Avevo registrato in anticipo un buon numero di puntate di *House Hunt*, un programma sulle case di lusso australiane che conducevo per un'emittente di Melbourne, mi ero vaccinata contro nove malattie tropicali diverse e potenzialmente mortali, e avevo studiato un po' di swahili!

Di tanto in tanto una nuvola di polvere in lontananza cominciava a prendere forma, rivelando a poco a poco una figura alta e magra con delle *shuka* rosse e blu cobalto, una indossata come un pareo e l'altra posata sulla spalla come un plaid scozzese. Invariabilmente questi uomini portavano bastoni o lance alti quasi due metri e facevano un cenno col capo o un saluto con la mano al nostro passaggio. Erano guerrieri masai che attraversavano a passo lento l'immensa pianura. Amboseli non ospitava soltanto una grande varietà di animali, ma era anche inclusa nel territorio delle tribù masai, che sarebbero state in parte coinvolte nelle riprese.

Verso la fine della giornata raggiungemmo delle paludi verdissime, alimentate da fiumi sotterranei creati dallo scioglimento delle nevi del Kilimangiaro. Una miriade di uccelli svolazzava e indugiava sulle rive, mentre alcune increspature sull'acqua e numerose paia di occhi e orecchie che spuntavano in mezzo a uno degli stagni indicavano la presenza di ippopotami che nuotavano e amoreggiavano nell'acqua. La comparsa del primo branco di elefanti strappò a tutti noi grida di entusiasmo. Una femmina e il suo cucciolo giocavano nell'acqua bassa, muovendosi in cerchio con le proboscidi sollevate come periscopi; gli altri facevano il bagno fra alti spruzzi, mentre degli uccellini bianchi saltellavano tranquilli sul loro dorso a caccia di piccoli parassiti. Sin dalla mia prima visita allo zoo da piccola, ero stata affascinata dagli elefanti. Vederli finalmente liberi nel loro ambiente a pochi metri di distanza mi diede un groppo alla gola e un'immensa felicità. Subito tirammo fuori le macchine fotografiche per fotografare quelle maestose creature che si crogiolavano in una delle rare pozze d'acqua della riserva.

Avrei voluto che i miei figli fossero con me a godere di quel trionfo di vita selvatica e di natura. Mi sembrava di sentire Iddin che gridava eccitato attirando la mia attenzione su un cucciolo di elefante che nuotava goffamente, o la voce di Shahirah che mi tirava per la manica all'apparire di una giraffa. Come sempre, avevo le loro fotografie in tasca. Mi tornò in mente la frase di un saggio: «Essere madre significa che il tuo cuore non ti appartiene più; esso segue i tuoi figli ovunque vadano».

Tortillis era una delle piccole, lussuose strutture ecoturistiche di nuova generazione concepite per avere il minimo impatto sull'ambiente circostante. Mi aspettavo una scomoda sistemazione in tenda, non l'incredibile allestimento che trovai in quest'angolo di paradiso.

La sala da pranzo, la reception e il bar erano su una

collina che dominava una profonda vallata, con una vista impareggiabile sul Kilimangiaro. Questi edifici erano padiglioni all'aperto con tetti di paglia, lucidi pavimenti di legno scuro e travi a vista. Gli ospiti avevano a disposizione anche una terrazza in pietra un po' più in basso, con divani di legno e rattan coperti da comodi cuscini colorati sui quali rilassarsi. Spesso la sera, finite le riprese e lavato via tutto lo sporco accumulato sulle pianure aperte, mi sedevo su questa terrazza a sorseggiare una vodka ghiacciata, guardando branchi di elefanti, zebre o gazzelle che migravano verso lo stagno, a soli 40 metri di distanza, per abbeverarsi.

Questo fu il campo base della produzione – la nostra casa per le due settimane successive. Fra gli attori di *Neighbours*, Jackie Woodburne e Brett Blewitt furono dei compagni veramente spassosi.

Jackie. Una donna intelligente che non si atteggia affatto a diva, è originaria dell'Irlanda, ha la battuta pronta e spesso ci faceva morire dal ridere. Brett, che all'epoca era solo un adolescente, era incredibilmente distratto: dimenticava passaporto e portafogli negli aeroporti e spariva nei momenti meno opportuni, come l'ora d'imbarco dei voli. Si guadagnò la fama di persona maldestra, e tutti noi ci chiedevamo come avrebbe fatto ad arrivare al termine delle riprese tutto intero.

I nostri alloggi erano sulla collina a dieci minuti a piedi dai padiglioni principali; seguivamo un tortuoso sentiero lastricato, che di sera era illuminato a intervalli regolari da lampade a cherosene. All'imbrunire un vecchio, con un'incongrua combinazione di cappotto grigio e *shuka* masai, risaliva la collina lentamente accendendo una lampada dietro l'altra, senz'ansia, senza fretta, sempre attento e metodico.

Ognuno di noi aveva a disposizione una grande tenda sormontata da un tetto di paglia alto sei metri, con una veranda davanti e un salotto aperto ai lati provvisto di poltrone, tavolini e un comodo divano. All'interno la tenda aveva pavimenti di legno levigato e grandi finestre a cerniera con zanzariere. In mezzo, proprio davanti all'entrata, troneggiava un grande letto matrimoniale. E con mia grande sorpresa, c'era anche il privilegio di un bagno interno con una doccia a energia solare che sfruttava la forza di gravità. La luce elettrica alimentata da batterie solari funzionava per un paio d'ore ogni sera, dopo di che si utilizzavano torce a mano. Non avrei mai detto che si potesse fare campeggio con tanto comfort e lusso! (Era come se da un momento all'altro Grace Kelly potesse saltar fuori a ordinare il tè con un cenno della mano.) L'unica precauzione era ricordarsi di chiudere bene le cerniere di notte per evitare che un visitatore a quattro zampe incuriosito si avventurasse all'interno per assaggiare la nuova offerta di carne d'importazione, solo il sottile filo di rame di un recinto elettrificato ci divideva dagli altri abitanti della riserva!

La mattina uscivamo dalle nostre tende e andavamo a fare colazione prima dell'alba, dopo di che partivamo per la nostra meta giornaliera, che talvolta distava due ore di macchina su un terreno accidentato. Io rubavo qualche istante in cima alla collina per veder sorgere il sole, poi mi affrettavo a raggiungere il resto della troupe sui fuoristrada.

Il caldo e qualche volta la lunghezza del viaggio per

raggiungere il luogo in cui dovevamo girare rendevano estenuanti le riprese. Alla fine della giornata tornavamo a Tortillis e ci tuffavamo sotto una doccia rinfrescante prima di concederci un drink e cenare. Dopo mangiato qualcuno si tratteneva al bar per bere e chiacchierare; altri si ritiravano sulla terrazza a guardare gli animali; il resto tornava in tenda e andava a letto il prima possibile per essere in forma il mattino successivo. Le prime quattro sere provai tutte e tre le tecniche per riuscire a dormire una notte intera, ma fu inutile. Il problema non era tanto prendere sonno, quanto conservarlo.

Puntuale come un orologio, mi ritrovavo sveglia alle tre del mattino, tendendo l'orecchio all'incredibile silenzio della foresta. La notte era immobile come una pesante tenda di velluto, di un blu profondo, piena di segreti senza tempo. Gli occasionali versi degli animali o i fruscii nell'ombra sembravano amplificare quel silenzio anziché romperlo. Sollevando il telo della mia tenda intravedevo il vago profilo del Kilimangiaro, le sue cime innevate che brillavano alla luce della luna, e a volte coglievo la lieve scia odorosa di un animale di passaggio. Nessun bagliore proveniva dalle altre tende, nessun'ombra si muoveva dietro i teli; ero l'unica sveglia nella notte keniota. A destarmi era "qualcosa" che non aveva ragione o forma, senza una logica o una possibilità di analisi.

Mi sembrava di sentire la pulsazione del mio cuore, il suo ritmo lento e misurato: non un battito pesante o accelerato, niente scariche di adrenalina generate dalla paura, un semplice battito affidabile e costante. E tuttavia, malgrado la mia mancanza di ansia, malgrado la calma e l'immobilità che mi circondavano, emotivamente mi sentivo come una grande boccia trasparente piena di bilie. Ogni bilia aveva un peso, un colore e una dimensione diversi, e ognuna di esse sembrava simboleggiare un aspetto della mia intima, inafferrabile essenza. Vedevo quella boccia lanciare in aria il suo contenuto davanti a me, e mi pareva di vedere le mie stesse emozioni cadere al rallentatore in ordine sparso, e disporsi sulla nuda terra secondo uno schema preciso, ognuna diversa dalla precedente.

Con questo "risveglio" emotivo arrivavano le lacrime. Un pianto senza angoscia o disperazione, senza rabbia o lutto. Solo grandi stille calde d'acqua salata. Ogni volta che le asciugavo se ne formavano di nuove; ogni volta che tentavo di arginarle, di bloccarne il flusso, il mio corpo si ribellava con forza e scoppiavo in violenti singhiozzi. Così le lasciavo scorrere. Fino a poco prima dell'alba, la mia più intima essenza colava in rivoli sulle mie guance mentre "guardavo" il silenzio africano fuori dalla mia tenda.

La quinta notte dormii finché la cima innevata del Kilimangiaro fu tinta di rosa dall'alba. Dormii e sognai infinite immagini dei miei figli senza incubi o terrori, solo liberi ricordi felici. Il "qualcosa" non tornò più.

Forse perché avevo ascoltato il silenzio dell'Africa, o forse perché avevo finalmente ascoltato il mio, mi sentii di nuovo pronta per la vita.

Fino a quel momento, il senso di colpa e la nostalgia di Iddin e Shahirah avevano soffocato anche i miei più fuggevoli istanti di emozione e felicità. Ogni volta che mi avventuravo fuori dal sentiero del dolore, qualcosa scattava dentro di me costringendomi a punirmi per aver tradito i miei figli. Ma quel luogo cambiò le cose: l'Africa mi diede il permesso di essere felice, sia pure nel dolore. Senza dimenticare per un attimo la perdita dei miei figli e l'amore che provavo per loro, scoprii semplicemente la capacità di godere il presente senza provare una sensazione di tradimento.

Questa nuova esperienza di felicità mi accompagnava il giorno in cui entrai per la prima volta nel villaggio di Engkonganarok.

Fummo accolti nel *boma*, ossia il villaggio recintato masai, da tutti i centosessanta membri della tribù, vestiti con le loro *shuka* migliori, che intonarono un tradizionale benvenuto con le loro voci melodiose.

Il villaggio aveva una forma circolare, con le capanne lungo il bordo esterno e una passeggiata sul bordo interno che proteggeva il punto focale del *boma*: un enorme recinto per il bestiame realizzato con aguzzi cespugli spinosi dove la principale fonte di ricchezza per i masai, i loro animali, erano rinchiusi durante la notte.

Un tempo nomadi, col restringersi delle loro terre e delle zone di caccia tradizionali gli abitanti di Engkonganarok avevano scelto di mettere radici permanenti. Lì avevano anche accesso all'acqua potabile, grazie a un nuovo pozzo scavato coi fondi di associazioni umanitarie.

Le *engkagi*, ovvero le case del villaggio, erano costruite dalle donne masai con fango, sterco di vacca e pali compattati in una struttura alta e rotonda, che asciugandosi diventava un'argilla giallastra sormontata da un tetto di paglia. L'ingresso di ogni capanna conteneva un ingegnoso meccanismo di salvaguardia: presentava una stretta curva a S che permetteva agli occupanti di accorgersi se un animale da preda come una iena tentava di portar via un neonato nel cuore della notte. Entrare in un *engkagi* richiede una buona dose di flessibilità: bisogna piegarsi in due per percorrere il corridoio iniziale. Anche dentro la capanna è impossibile stare in piedi, e l'ambiente è semibuio: l'unica luce penetra da un foro di quindici centimetri da cui fuoriesce il fumo prodotto dal fuoco alimentato con sterco di vacca. L'*engkagi* deve accogliere in quell'unico spazio ristretto una famiglia allargata che può arrivare fino a sette-otto persone. Questo significa che tutti i membri della famiglia masai dormono rannicchiati uno accanto all'altro, guancia a guancia, anche se, durante l'adolescenza, i maschi si trasferiscono in un *boma* lì accanto riservato unicamente ai *moran* (guerrieri) in fase di iniziazione e agli uomini non sposati della tribù.

Quel giorno, mentre imparavo tutte queste cose circondata da decine di masai vestiti di rosso e blu cobalto, ornati di perline e con le facce dipinte, mi sentii emozionata e accettata. La loro pelle color cioccolato brillava al sole, abilmente sottolineata da forme geometriche dipinte con ocra rossa sui volti e sulle braccia. Molti giovani guerrieri maschi avevano decorato anche le gambe nude e i capelli con quel pigmento naturale estratto dal terreno. Donne dalla placida bellezza stavano erette, spesso coi figli sospesi in un'imbragatura sulla schiena; bambini piccoli spiavano timidi e curiosi l'invasione dei *mzungu* ("bianchi"), al sicuro tra le pieghe delle *shuka* dei genitori. Quasi tutti i membri della tribù portavano i capelli rasati o cortissimi.

Nella cultura locale è di rigore rispondere a un saluto masai nella stessa lingua. Ce l'avevano insegnato i membri del comitato della tribù che era venuto a incontrarci in precedenza per vagliare le intenzioni della troupe, i nostri comportamenti e il nostro merito. Ogni elemento della troupe doveva rispondere individualmente a tutti i centosessanta abitanti che ci avevano accolto cantando. I membri della tribù, che avevano formato un enorme cerchio intorno a noi, ci passavano davanti e noi dovevamo ripetere una formula diversa per gli uomini e per le donne, usando l'equivalente masai di una stretta di mano segreta, ossia intrecciando le dita, agganciando i pollici e stringendo palme e polsi. Fatto questo, alcuni di noi ebbero l'onore di partecipare alla prima danza sociale di benvenuto.

Al canto di un centinaio di voci e fra le grida eccitate di tutti i presenti, ci portammo al centro del recinto del bestiame, e fra sterco di vacca accumulatosi negli anni e mosche che ronzavano, cominciammo a danzare. Fai un salto, poi un altro, un passo, ti strofini le spalle e intrecci gli avambracci ad angolo retto rispetto al corpo, per finire con un ritmico dondolio delle spalle, i passi erano suggeriti da un'anziana della tribù, e noi facemmo del nostro meglio per imitarla. Risultò che grazie alle lezioni di danza prese per anni durante l'infanzia, non ero poi una ballerina così scarsa per essere una *mzungu.* Al momento molti guerrieri si piegarono in due dal ridere, ma un paio di giorni dopo ricevetti una proposta di matrimonio accompagnata dall'offerta di quattro vacche. Un guerriero, impressionato dalla mia musicalità, era disposto a sorvolare sui miei modi sociali poco ortodossi. Inoltre lui e gli altri avevano scoperto che sapevo mungere una vacca, un requisito cruciale che devo ai miei amati padrini zia Connie e zio Kevin, allevatori nei lussureggianti pascoli del South Gippsland nello stato di Victoria, coi quali trascorrevo tutte le mie vacanze da bambina e che mi avevano ospitato per mesi di fila quando a casa le cose si mettevano male.

Ricordo che all'età di tre anni mi sedetti su uno sgabellino a tre gambe fatto apposta per me nel capannone della mungitura. Una radio a transistor gracchiava in sottofondo mentre mia zia mi insegnava prima di tutto a bloccare la coda della mia bestia, una vacca di razza Jersey docile e gentile che si chiamava Ranuncolo, a legarle la zampa posteriore sinistra con un laccio, e poi a lavarle mammelle e capezzoli con acqua calda saponata. Poi zia Connie mi mostrò come strizzare con mano ferma i capezzoli indirizzando lo schizzo schiumoso di latte in un secchio. È incredibile come un'oscura pratica appresa in età prescolare possa venire utile trent'anni dopo in Africa! Fu un modo molto pratico per rompere il ghiaccio.

E ritrovando il sorriso, ricevetti anche un dono meraviglioso e rigenerante: Naipanti. La conobbi nel mio secondo giorno al villaggio. Da lontano una bambina cominciò a chiamarmi in un inglese stentato. Adorna di belle collane di perline colorate, esibiva le pitture d'ocra complete solitamente riservate alle adolescenti da marito. Naipanti aveva undici anni ed era non poco sfacciata, eppure mi sentii inesplicabilmente attratta da lei quando cominciammo a comunicare con qualche parola di swahili e di inglese e il linguaggio dei gesti. Era una bambina vivace e aveva un sorriso luminoso come una lampadina da mille watt. Nei suoi occhi c'era una scintilla di curiosità che mi ricordava Shahirah.

Venni a sapere che Naipanti era stata ritirata da scuola – la mandria di suo padre era stata spazzata via dalla siccità e da un'incursione di un branco di leoni. L'unico modo di ricostruire il patrimonio familiare era mettere Naipanti sul mercato matrimoniale al prezzo di alcune vacche e una capra.

Nel giro di qualche giorno capii quanti soldi ci volevano per riportare Naipanti a scuola e toglierla dalla lista delle ragazze da marito. Suo padre, Murongo Ole, descrisse sua figlia come una bambina sveglia e birichina, e si disse dispiaciuto di averla dovuta ritirare dalla scuola poiché era l'unica cosa che teneva occupata la sua mente vivace.

La madre di Naipanti e io ci sedemmo appoggiate al muro esterno del *boma*, cantando e ridendo e guardandoci negli occhi; due madri che parlano del futuro di una figlia e di quello della sua famiglia, dato che se Naipanti avesse continuato a studiare fino al liceo o oltre, il futuro economico della sua famiglia sarebbe cambiato radicalmente. Naipanti avrebbe imparato a leggere e scrivere, e questo le avrebbe permesso di trovare lavoro una volta cresciuta, fornendo all'intera famiglia una fonte regolare e stabile di cibo e assistenza medica.

Tramite delicate trattative, finimmo per concordare che io avrei pagato l'istruzione di Naipanti e contribuito al reddito familiare. Al prezzo di una buona bottiglia di vino rosso al mese, avrei sostenuto la sua famiglia nell'esistenza quotidiana e consentito a Naipanti di esplorare il suo potenziale scolastico. In cambio riuscii a strappare a Murongo Ole l'impegno di non sottoporre Naipanti alla tradizionale mutilazione genitale femminile, che sarebbe stata superflua se la bimba avesse proseguito gli studi. Rinunciando alla cerimonia sarebbe stata una sposa meno appetibile all'interno della sua tribù ma non nei più evoluti dintorni di Nairobi, dove il suo futuro scolastico l'avrebbe inevitabilmente condotta. La bambina avrebbe conservato il clitoride e i genitali intatti, e se avesse studiato sodo avrebbe raggiunto nell'ambito della sua tribù un'autonomia e un rispetto che per molte donne africane non è che un sogno.

Una volta deciso il futuro immediato di Naipanti, mi ritrovai nel ruolo di madre adottiva oltre che di nuovo membro ufficiale della comunità masai di Engkonganarok. Da quel momento in poi, per tutta la durata delle riprese Naipanti mi seguì ovunque, con la manina stretta forte alla mia e il suo chiacchiericcio che riempiva i silenzi.

Adottare un bambino nella terra dei masai significa essere accolti e accettati nel clan come membro a pieno titolo, indipendentemente dalla razza, dalla religione o dalla nazionalità. Mi fu data una *kamishina*, un gioiello masai fatto a mano, da indossare per testimoniare la mia appartenenza al villaggio di Engkonganarok. Era un grande onore. I masai si ritengono un popolo eletto, ma riconoscono che anche chi viene da loro in pace e si fa coinvolgere nella comunità mettendo a disposizione le sue capacità è un masai. Per loro il colore della pelle influisce solo sulla capacità di sopportare il caldo sole africano, tutto qui.

Un giorno a pranzo, Mongo, un guerriero alto e

maestoso che parlava bene inglese, masai, swahili e italiano (aveva studiato a Roma), mi chiese di accompagnarlo alla scuola locale. Percorremmo a piedi un centinaio di metri fuori dall'insediamento principale fino a una radura di fronte al Kilimangiaro, elefanti alla mia sinistra, e gnu e zebre a destra. Laggiù, all'ombra di uno spinoso albero di acacia tortillis dalla chioma a ombrello, c'erano trenta sassi bianchi perfettamente allineati. Quella, disse orgogliosamente Mongo, era la sua scuola.

Dopo aver concluso gli studi universitari a Roma, Mongo aveva deciso di tornare fra la sua gente per dare un'istruzione ai bambini del villaggio. Pensava che i suoi compaesani avrebbero affrontato meglio qualsiasi problema se avessero avuto il potere della parola scritta. Così Mongo aveva avviato la sua coraggiosa iniziativa con un dizionario malconcio, qualche matita nera e un solo libro di esercizi. Non c'erano libri di testo o matite colorate per i bambini, né libri di fiabe illustrati o enciclopedie, solo quell'uomo determinato e appassionato che mi stava di fronte in equilibrio su una gamba sola, come fanno i masai.

Coperto di ocra rossa, ornato di perline e cicatrici tribali sulle guance, provvisto di una lancia da caccia e di uno scacciamosche fatto con la coda di un cinghiale, con una *shuka* gettata disinvoltamente su una spalla, Mongo era l'insegnante più tenace che avessi mai incontrato. Anche se i suoi allievi imparavano a scrivere l'alfabeto per terra e a leggere e compitare ripetendo, avevano per maestro un uomo straordinario e generoso disposto a lavorare con tutto il cuore e tutta l'anima per dar loro un'istruzione. Non ci voleva molto per capire che quel che gli mancava in termini di attrezzature era più che compensato dalla sua determinazione e dal suo impegno totale a favore della sua gente.

Ricordandomi che avevo messo nella sacca quattro libri per bambini da usare come regali improvvisati (un'abitudine che avevo preso quando vivevo ancora con la famiglia reale), glieli feci recapitare alla prima occasione. Sette giorni dopo, quando le riprese al villaggio si conclusero e venne il momento di dire addio alla mia nuova famiglia, Mongo mi invitò di nuovo alla sua scuola. Questa volta trenta bambini, fra cui Naipanti, si alzarono e recitarono raggianti l'intero contenuto di uno dei libri che avevo dato a Mongo. Dire che rimasi stupita non rende l'idea; per essere più precisa dovrei dire che fui schiacciata dall'ammirazione. Quest'uomo, questo maestro, che in termini occidentali non possedeva nulla che avesse un valore materiale, aveva dato a trenta bambini il grande dono dell'immaginazione, in meno di una settimana!

7

OPERAZIONE BOOK POWER

Dal giorno in cui partii dall'Africa, la mia vita acquistò significato e intensità più di quanto avrei mai creduto possibile dopo la perdita di Iddin e Shah. Mi gettai nel lavoro: continuavo a presentare *House Hunt*, che detestavo per via del suo contenuto pubblicitario, e partecipavo a un sacco di film della mia emittente come ospite, anche se era diventato semplicemente un mezzo per raggiungere uno scopo, un modo di guadagnare soldi per contribuire a realizzare il mio sogno. Perché lasciando la terra dei masai avevo portato con me la scintilla di un'idea: se quattro libri potevano stimolare dei bambini nel cuore della foresta e aiutarli a leggere, cos'avrebbe fatto per loro un'intera biblioteca? Gli scolari che avevo incontrato stavano seduti per terra e usavano la nuda terra come lavagna e come quaderno, eppure queste condizioni non avevano affatto ostacolato il loro vorace desiderio di imparare. Quando Naipanti e i suoi compagni avevano preso in mano i libretti ricevuti da me, avevo visto sui loro volti un piacere e una meraviglia che avrebbero fatto impallidire le ricche istituzioni scolastiche del primo mondo.

Così, la prima volta che tornai dal Kenya, contattai il mio editore australiano e lo convinsi a darmi una selezione di libri per l'infanzia per un valore di 25.000 dollari australiani da donare ad alcune delle scuole e degli orfanotrofi che avevo visitato. Organizzare la spedizione dei libri in Kenya e la loro distribuzione fu un po' laborioso ma non troppo difficile, una volta risolti i problemi doganali e di esportazione. I diritti d'autore di *La principessa schiava* contribuirono a pagare i costi di spedizione.

Dopo questo piccolo successo, ragionai sul significato che la lettura e la scrittura avevano avuto per me nel corso degli anni, e anche sulla grande importanza che Mongo aveva attribuito al fatto che il suo popolo imparasse a leggere e scrivere. L'alfabetizzazione mi aveva fornito una via di scampo per tutta la mia vita: i libri mi avevano educato, si erano dimostrati amici fedeli, e mi avevano incoraggiato a farmi delle opinioni. Se ai bambini africani fosse stata data l'opportunità di leggere e scrivere, il loro futuro non poteva che migliorare.

Questo modesto progetto era un ulteriore piccolo legame coi miei figli. Avevo letto loro i libri preferiti di Mem Fox, insieme a molti altri, quand'erano piccoli. Più tardi li avevo visti deliziati quando esploravamo insieme *Le cronache di Narnia*. Speravo che Shahirah e Iddin ricordassero le nostre favole della buonanotte e i mondi segreti accessibili solo attraverso la lettura; volevo che conservassero tenacemente quel tesoro qualunque cosa dovessero affrontare crescendo.

Sono talmente tante le forme di nutrimento che a volte si tende a trascurare i bisogni intellettuali a favore del puro sostentamento fisico. Molte associazioni umanitarie fanno un ottimo lavoro organizzando supporti alimentari e programmi sanitari, ma io volevo nutrire anche gli intelletti dei bambini.

Se date alla gente la capacità di leggere, date loro la capacità di autodeterminazione e di indipendenza. Una donna può leggere le avvertenze su una confezione di contraccettivi, o un avviso del governo sulla vaccinazione dei suoi bambini. Un'informazione concreta e cruciale sull'Aids diventa accessibile. Un contadino può avere indicazioni sulla rotazione delle culture e sull'irrigazione. L'abitante di un villaggio può fare richiesta di un finanziamento per scavare un pozzo, assicurando così una riserva d'acqua sicura a un'intera comunità, e gli individui possono prendere decisioni informate sulle riforme politiche e la democrazia.

L'alfabetizzazione diffusa è un modo per evitare che una nazione sia sempre dipendente dagli aiuti internazionali. Questo è quel che Mongo vedeva per i masai, l'impatto concreto delle parole e della conoscenza.

Per fare di questi obiettivi una realtà, bisogna instillare nei bambini la consapevolezza che la lettura e i libri possono essere sia divertenti che istruttivi, quindi è di vitale importanza che abbiano a disposizione gli strumenti dell'istruzione e della scoperta. Credo che il modo migliore per riuscirci sia metterli a contatto con libri per l'infanzia ben scritti e con illustrazioni vivaci, e raccontare loro delle storie. Leggere mi sembrava un'evoluzione naturale per un popolo come i masai che ha già una solida tradizione di storia orale. Dalle storielle umoristiche raccontate dalle anziane del villaggio si poteva passare agevolmente a brillanti programmi di lettura e alfabetizzazione. Non vedevo l'ora di trasformare le speranze di Mongo in realtà.

Quello che mi frenava era il modo preciso di realizzare il progetto su vasta scala. Era frustrante avere tanto entusiasmo ma non possedere la chiave per fare accadere tutto questo.

Un pomeriggio, rubando qualche attimo di riposo, accesi la tv per guardare il talk show di Oprah Winfrey. Era il mio piacere clandestino, durante il quale divoravo il mio pranzo a base di cioccolato (ho una dipendenza drammatica da questa sostanza: ho vissuto praticamente di cioccolato al latte con mandorle tostate e di succo d'arancia per più di venti mesi dopo il rapimento dei miei figli) e cercavo di dimenticare i miei compiti televisivi. Nel corso della puntata di quel giorno Oprah esortò i bambini a leggere, incoraggiando il pubblico a esplorare i libri e indagare al di là del proprio piccolo mondo. Due giorni dopo, Oprah parlò di alcune donne che si erano inventate varie forme di lavoro in proprio, gettandosi anima e corpo in una nuova vita con grande successo. La settimana successiva fu descritta un'esperienza più cupa e dolorosa: a quanto ricordo, era una storia di immensa tragedia e riscatto psicologico, in cui Oprah definì la vita un grande viaggio in cui tutti noi seguiamo strade diverse per scoprire le nostre potenzialità e giungere a destinazione.

Qualcosa scattò dentro di me; mi sembrava di sentire il mio carissimo e fedele amico John Udorovic quando mi ripeteva che Dio mi stava dando dei compiti da svolgere e delle capacità da usare fatti su misura per me. John era sicuro che alla fine tutto ciò che stavo passando avrebbe avuto un significato, e che il dolore per il rapimento dei miei figli era un'opportunità per aiutare altre persone, per offrire comprensione e simpatia che altri probabilmente non avevano. Allora avevo respinto quell'idea, ma adesso sfruttare la mia esperienza aveva un senso. Nel periodo in cui andarono in onda quelle puntate di Oprah stavo rimuginando sul mio progetto di alfabetizzazione infantile in Africa; i miei amici mi dicevano che era irrealizzabile, o mi guardavano perplessi quando cercavo di spiegare cosa volessi ottenere.

Decisi di non rimandare ulteriormente e di fare un atto di fede, convinta istintivamente che l'idea di portare migliaia di libri in Africa per costituire biblioteche e centri di lettura avrebbe funzionato. Decisi di essere fedele al mio motto "Viviamo nella speranza".

In fondo, la speranza è ciò che permette alla razza umana di continuare a esistere. Tutti i bambini sono illuminati dalla speranza, se qualcuno li aiuta ad accendere e tenere in vita la fiamma. Così alzai il telefono e cominciai a parlare con la gente che conta, persone nel campo dell'editoria e del trasporto aereo che potevano aiutarmi a realizzare la mia missione. Non chiedevo denaro, dato che gestire fondi e transazioni finanziarie andava ben oltre le mie capacità e avrebbe trasformato il progetto nell'ennesima iniziativa benefica. Cercavo beni e servizi, non soldi.

Così nel 1996 nacque l'operazione Book Power, un'iniziativa senza scopo di lucro per favorire l'alfabetizzazione infantile nei paesi del Terzo Mondo. Non c'erano salari da pagare, più che altro perché non c'era personale, ero solo io, con tutto l'aiuto che riuscivo man mano a recuperare. Justine Gregov, che si occupava della segreteria e del lavoro d'ufficio per *House*

Hunt, collaborava nel tempo libero ogni volta che poteva, probabilmente perché il mio progetto aveva colpito la sua immaginazione.

Saggiato il terreno dopo il mio primo viaggio in Kenya, nel 1996 decisi di impegnarmi a fondo. Non fu difficile contattare le più importanti case editrici australiane; per una volta mi parve giusto sfruttare la mia immagine pubblica, ed essa mi aprì le porte di alcune aziende di primo piano. Mi rendo conto che il mio entusiasmo era persino eccessivo, ma sapevo che per stimolare la fantasia delle persone e imbarcarle nel viaggio dovevo convincerle dell'importanza che avrebbero avuto nel successo dell'operazione. Fui sbalordita dalla risposta positiva di case editrici famose come Penguin, Pan Macmillan, Rigby Heinemann, Random House, Reader's Digest e Macmillan Education. Non ebbero esitazioni a donare una quantità enorme di libri di vario tipo, dalla narrativa per bambini ai libri illustrati fino alle enciclopedie e ai testi scolastici. In totale 28 tonnellate di libri, per un valore di copertina di 750.000 dollari australiani, furono accantonati per la spedizione.

La cosa che mi fece più piacere fu che gli editori compresero istintivamente cosa fosse l'operazione Book Power e aderirono con passione. Avendo pubblicato un libro anch'io, avevo imparato qualcosa su ciò che accade nei magazzini delle aziende di questo settore. Prima dell'informatizzazione totale e dell'uso dei codici a barre per monitorare il livello delle scorte e le ristampe, molti libri venivano stampati con una tiratura eccessiva. Le copie in eccesso erano classificate come rimanenze e vendute con un fortissimo sconto in punti vendita poco prestigiosi oppure cedute come carta da macero alle ditte di riciclaggio. Il mio piano era offrire alle case editrici la deducibilità dalle tasse per le rimanenze donate al progetto grazie a un accordo con enti benefici in grado di garantirla. Le aziende avrebbero ottenuto un vantaggio economico maggiore di quello che avrebbero raccolto col macero, e inoltre avrebbero diffuso i loro libri in un futuro mercato.

Bombardai i potenziali donatori e sostenitori con le mie acrobazie verbali e il mio entusiasmo, e l'elemento decisivo fu il mio impegno ad assistere personalmente a ogni spedizione e a seguire l'intero progetto dall'inizio alla fine. In altre parole, ci avrei lavorato direttamente garantendo che nessuna delle donazioni venisse sprecata o dirottata.

Come forma di ringraziamento, organizzai una campagna sulla stampa e sui mezzi radiotelevisivi che menzionava tutti gli sponsor dell'operazione, una campagna che battezzammo «Un regalo di Natale per i bambini dell'Africa».

Erano state così tante le persone scettiche nei confronti della mia idea, quelle convinte che non avrebbe funzionato o che non sarei stata capace di fare tutto da sola senza anni di preparazione e un sacco di quattrini, che fu un'enorme soddisfazione vedere l'operazione Book Power arrivare a buon fine. Per evitare problemi con le strutture doganali delle varie nazioni africane, contattai gli ambasciatori e gli alti commissari di quei Paesi presso le rispettive missioni diplomatiche e avviai con loro un dialogo schietto e senza peli sulla lingua. Ciascuno sostenne con entusiasmo il progetto e fece l'impossibile per oliare le ruote della propria burocrazia. Il sostegno delle ambasciate scongiurò anche la prospettiva di dover pagare tangenti ai funzionari minori in territorio africano.

Il passo successivo era l'immane compito di spedire via aerea le 28 tonnellate di carico in Sudafrica, Kenya, Tanzania ed Etiopia. Dopo il mio incontro con Brian Garside, responsabile vendite della South African Airways a Sidney, la compagnia aerea accettò generosamente di trasportare me e i libri per mezzo mondo. In cambio avrei scritto un articolo per la loro rivista di volo e citato il loro contributo. La chiave stava nel trovare soluzioni creative alla mancanza di fondi per pagare i costi.

Viaggiando insieme al materiale potevo garantire ai donatori che i libri arrivassero davvero ai bambini che ne avevano bisogno, e risolvere eventuali problemi che dovessero presentarsi. Distribuire un numero così elevato di volumi era un problema per noi, quindi cominciai ad attingere all'infrastruttura già solida di organizzazioni che si occupavano di progetti educativi e aiuti umanitari in Africa.

Book Power poteva distribuire migliaia di libri in Kenya grazie ai programmi educativi di World Vision International e anche tramite le filiali di CARE International. Analogamente il fondo per l'istruzione READ, creatura del presidente Nelson Mandela, avrebbe collaborato alla distribuzione in Sudafrica. Dopo aver consultato queste agenzie, fui in grado di stabilire quali aree e quali scuole avevano maggiore bisogno. Ogni scuola avrebbe ricevuto una dotazione di circa 2.000 pubblicazioni – rappresentativa di tutti i libri donati – oltre a materiale per gli insegnanti e cancelleria. Se

Book Power avesse agito in un'area senza una scuola ufficiale, la comunità avrebbe dovuto avere un edificio sicuro e al riparo dalle intemperie per custodire i libri. Questo significava che un'intera comunità avrebbe potuto beneficiare di un accesso ai materiali, dato che bisognava impegnarsi a organizzare un programma di lettura serale per assistere gli adulti semianalfabeti.

Anche se generalmente le associazioni umanitarie con cui ebbi a che fare erano strutture eccezionali, ci fu un risvolto negativo nel mio contatto con un ente internazionale cristiano, e fu la scoperta che gli aiuti allo sviluppo e l'alfabetizzazione dei bambini erano direttamente legati al proselitismo religioso. Approfondendo i programmi dell'agenzia e interagendo coi membri del loro staff nazionale, mi resi conto di quanto fosse profondamente radicata questa politica, sebbene l'organizzazione si affannasse a minimizzare questo obiettivo nei documenti e nelle interviste. Ci furono persino sfacciati tentativi di limitare le mie conversazioni con varie comunità.

Una volta vidi un rappresentante dell'associazione che riprendeva un uomo con cui avevo appena parlato, imponendogli di restituire il mio biglietto da visita e di non tentare di contattarmi. In un'altra occasione, durante una rara conversazione privata, un anziano capo tribale ammise che i bambini del villaggio dovevano cantare gli inni prima delle lezioni e recitare le preghiere cristiane per avere diritto a frequentare la scuola in parte finanziata da quell'agenzia. Date le scarse risorse finanziarie, evidentemente il villaggio – e il governo – non vedevano altra scelta che chiudere un occhio su questa pratica.

Trovo molto grave l'idea che gli aiuti umanitari siano legati a una conversione religiosa. Secondo me è una forma di genocidio culturale ed è particolarmente odiosa quand'è connessa all'acqua potabile o all'istruzione, due elementi cruciali per lo sviluppo dell'autonomia di un popolo. Sono fermamente convinta che gli aiuti umanitari e il sostegno allo sviluppo debbano essere laici: non religiosi, non politici e senza alcuna pretesa di un corrispettivo che non sia la soddisfazione di aver contribuito a fare una differenza. Alla fine Book Power rinunciò alla collaborazione con questa particolare agenzia umanitaria.

A Johannesburg, Book Power fece un certo scalpore, dato che secondo il READ nelle aree più povere della città, Soweto e Orange Farm, il 95% dei bambini neri non aveva libri nella propria scuola. Il vecchio regime dell'apartheid aveva seguito una politica passiva di analfabetismo per la popolazione nera, spesso costruendo scuole senza dotare di libri le biblioteche o senza fornire i libri di testo. Lo spettro di una maggioranza nera istruita era ovviamente uno dei grandi timori degli architetti dell'apartheid.

Girare in macchina per i quartieri malfamati di Johannesburg fu piuttosto arduo all'inizio, dato che povertà, violenza e crimine erano la norma piuttosto che l'eccezione, e i diplomatici, i rappresentanti del governo e i miei amici sudafricani avevano insistito sulla necessità di una rigorosa sicurezza personale. Non mi dispiacque dunque che una macchina di pattuglia della polizia fosse incaricata di seguire il nostro pulmino nelle zone più turbolente di Soweto. Pochi alberi addolcivano quel grigio paesaggio urbano; le abitazioni che fiancheggiavano il reticolo di vie rigidamente simmetriche erano spesso poco più che container metallici riconvertiti. Di fronte a ogni abitazione c'era un gabinetto esterno a cabina. Era un'iniziativa del governo, introdotta dopo l'abolizione dell'apartheid, un modo di assicurare un'igiene migliore e acqua corrente alla popolazione dei ghetti. Davanti alle case, ampie strade asfaltate con le banchine di terra battuta promettevano mobilità ma non la fuga. Niente giardini fioriti in quel luogo. L'area circostante consisteva in gran parte dei resti di una miniera a cielo aperto, con enormi cumuli di scorie in una landa desolata che fungeva da terra di nessuno per la città di Johannesburg. Diversamente da altre città, non c'era un passaggio graduale dai sobborghi più ricchi a quelli della classe media, fino all'essenzialità dei quartieri operai e infine allo squallore dei bassifondi; queste baraccopoli erano un satellite isolato dalla città, fisicamente e metaforicamente distanti dal mondo del commercio e delle scuole private. C'era una disonestà in questo aspetto della vita sudafricana che trovavo deprimente, un atteggiamento del tipo "lontano dagli occhi, lontano dal cuore".

Fu un po' imbarazzante e molto istruttivo vedere i volti entusiasti dei bambini nelle scuole di Soweto. Spesso, entrando nel parcheggio di un istituto, trovavo manifesti e striscioni fatti a mano che esprimevano la gratitudine degli studenti per l'arrivo di Book Power. E c'era sempre un coro di centinaia di bambini a intonare canti di benvenuto nello stile tradizionale. Quando mi resi conto che in una scuola di seicento alunni potevano esserci solo trentacinque libri, il mio disprezzo per i precedenti governi sudafricani raddoppiò. Come poteva una nazione con una società moderatamente ricca e un'ampia classe media ridurre il diritto alla lettura a una questione di bianchi e neri?

Dopo Johannesburg, la prospettiva di tornare in Kenya mi riempiva di emozione. Non solo avrei visitato zone del Paese che non conoscevo, ma avrei anche fatto un secondo viaggio nella terra dei masai.

Feci un volo di tre ore verso nord per arrivare in Kenya. Ero passata da Nairobi un anno prima. Un luogo di contraddizioni: alcune parti della città erano un trionfo di vegetazione tropicale e prati curati, orientate al turismo ed estremamente sofisticate; altre erano squallide e polverose, infestate da piccoli mendicanti e borseggiatori. Un traffico caotico affollava le vie, e il frastuono di mille voci mi riempiva le orecchie ogni volta che uscivo in strada. Le interazioni con gli abitanti della città erano per lo più improntate a una falsa cordialità e all'affarismo, e questo mi ricordava che spesso il destino di un'intera famiglia allargata era affidato a una sola persona.

Turismo e aiuti internazionali erano fattori economici cruciali per la città. Molte grosse associazioni umanitarie – dalle varie agenzie delle Nazioni Unite alle fondazioni benefiche – avevano una sede in Kenya per via della sua relativa stabilità sociale e politica. Nairobi è spesso usata come scalo dai convogli umanitari e dalle équipe mediche che si occupano delle emergenze umanitarie nell'Africa orientale. Avevo conosciuto tanti veterani degli aiuti internazionali in quella città, gente che aveva portato convogli di generi alimentari di prima necessità in Etiopia durante la carestia, che aveva affrontato coraggiosamente il genocidio in Ruanda per assistere bambini orfani e gestire le evacuazioni, che aveva curato i feriti vittime di sanguinose azioni di guerriglia. La raffinatezza hollywoodiana di film come *La mia Africa* non aveva alcun rapporto con le realtà di sopravvivenza economica in una città dipendente dagli aiuti umanitari e dal turismo. Ma questa era anche la città dove avevo adottato Rasoa. Le mandavo un sostegno economico da qualche anno, e durante la mia prima visita in Kenya ero riuscita a fare una piccola deviazione per andare finalmente a conoscerla.

Prima di andare a est verso la terra dei masai, avevo una consegna da fare al suo orfanotrofio, nel quartiere povero di Kibera. Ora Rasoa aveva quattro anni ed era una bimba sbarazzina con grandi occhi marroni, un sorriso sbilenco e una passione per i miei capelli lunghi. Appartenente alla tribù Kikuyu, parlava swahili e qualche parola di inglese.

Quel giorno, quando mi rivide, Rasoa mi corse incontro sulle sue gambette paffute e di colpo si bloccò, aspettando che la invitassi ad avvicinarsi. Quando lo feci, lei si intimidì, accostandosi lentamente a me e facendo scivolare la sua mano nella mia. Rivederla dopo quasi un anno fu meraviglioso, e mi divertii a coccolarla.

Il Centro Mukuru, dove vive Rasoa, funziona non solo come orfanotrofio, ma anche come scuola e un po' come casa per l'insieme della comunità. Nell'area circostante la gente vive in una delle peggiori condizioni di miseria che io abbia visto al mondo: mancano acqua corrente, fogne ed elettricità, e le case sono dei tuguri. Capre e bambini si contendono gli avanzi nei cumuli di immondizia, e i canali di scolo passano davanti alla soglia delle abitazioni. Privi di medicinali, i bambini muoiono regolarmente di malaria, bronchite e morbillo.

Quando arrivai al centro, il capannone che ospitava le scorte alimentari era quasi vuoto e non si attendevano nuovi finanziamenti per quasi due settimane. La direttrice del centro, Mary, mi disse che certi giorni solo centoventi bambini su quasi duecento erano così fortunati da ricevere l'unico pasto a base di porridge fornito dal centro. Non riuscivo a immaginare come scegliere ogni giorno i bambini che avrebbero mangiato.

Creare una biblioteca nel Centro Mukuru avrebbe fatto una enorme differenza per l'educazione dei bambini. Ma dovevano anche mangiare, e coi miei risparmi comprai vari sacchi di mais e fagioli secchi per la dispensa. Rabbrividivo al pensiero che Iddin e Shahirah potessero aver fame, e alla tremenda prospettiva di dover scegliere quale dei due nutrire.

Passai due giorni con Rasoa e gli altri bambini – cantando, giocando, imitando gli animali, raccontando storie e, naturalmente, leggendo libri. Mi sedevo sul cofano di una jeep e i piccoli si affollavano intorno, facendo *aahh* e *oohh* mentre io voltavo le pagine di un libro e mi divertivo a fare buffe voci di personaggi e strani versi di animali in corrispondenza delle illustrazioni. Alcuni bambini ricordavano il verso del kookaburra che avevo imitato nella mia visita precedente, e questa volta avevo portato dei burattini di animali e uccelli australiani, insieme a fotografie del deserto e delle spiagge dell'Australia.

Lungo la strada accidentata che conduceva a Engkonganarok, non riuscivo a trattenere l'eccitazione. Avvistai il Kilimangiaro, poi un gruppo di elefanti in lontananza. Eravamo vicini.

Gli abitanti del villaggio sapevano che sarei tornata, ma ignoravano la data esatta. Comunque, se avevo il minimo dubbio che si ricordassero di me, svanì nell'istante preciso in cui balzai giù dal veicolo. Fui circondata da risate e abbracci della gente che mi corse incontro e mi trascinò nel recinto del bestiame per il rituale di benvenuto.

Danzammo e cantammo finché il sole cominciò a calare dietro il Kilimangiaro. Ispezionai i bimbi nati durante la mia assenza e giocai con quelli che avevo conosciuto nel corso della mia visita precedente. All'imbrunire mi sedetti insieme agli altri davanti a un falò, con la testa di Naipanti fra le braccia e la mia schiena contro quella di sua madre, ad ascoltare i racconti licenziosi di una matriarca della tribù. Parlava di scimmie, testicoli freddi e tentativi di trovare cibo! La luna splendeva luminosa e l'aria tersa profumava dell'aroma di capretto arrosto e di brace.

Il giorno dopo, gli affari della comunità furono discussi davanti a una tazza di sangue di vacca ancora caldo e latte. Sapevo che tale prelibatezza era riservata agli ospiti d'onore o ai malati gravi, e l'etichetta imponeva che la bevessi fino in fondo senza esitazioni. L'"elisir di lunga vita" dei masai aveva un sapore vagamente metallico, con un retrogusto che mi ricordò i miei tentativi infantili di mungitura, e cercai disperatamente di non pensare alla tubercolosi che poteva trasmettermi. Stranamente, ero l'unica donna presente a quella riunione, e mi chiesi perché.

Poi Mongo e il suo amico Kapito, insieme a Daniel,

il capovillaggio, mi chiesero di seguirli nuovamente in mezzo al recinto. Qui tutto fu svelato. Davanti a tutti i membri della comunità fui proclamata uomo onorario dai guerrieri e ricevetti una cintura fatta a mano ornata di perline che per tradizione solo gli uomini possono indossare. Con un sogghigno, Mongo spiegò l'editto di Daniel: anche se ero piccola e sorridevo come una donna, andavo a testa alta come un uomo. È uno dei più bei complimenti che abbia mai ricevuto.

E uno dei più grandi privilegi della mia vita è stato quello di essere presente quando i gruppi di bambini videro i loro primi libri. Si stringevano insieme, chiacchierando e tendendo il collo sulle spalle del vicino per guardare un libro, con gli occhi accesi dalla curiosità. Dopo quindici minuti circa ogni bambino si staccava dalla mischia con un volume in mano e sedendosi per terra iniziava la faticosa fase di lettura con un dito teso, voltando le pagine. Era come se tutti quegli anni di apprendimento a memoria li avessero di colpo illuminati e ora leggere un vero libro non era più una semplice fantasia.

C'erano tanti momenti esasperanti, buffi e commoventi in cui conveniva prendere le cose come stavano. «Questa è l'Africa» avevo rapidamente imparato a commentare, scrollando le spalle.

Un giorno facemmo un atterraggio di emergenza su una pista sperduta a duecento chilometri da Johannesburg durante una violenta tempesta, con un piccolo Piper Cherokee pilotato dal regista sudafricano e mio buon amico Harmon Cusack. E ricordo la reazione isterica di Joy, mia assistente e compagna di viaggio, quando si trovò di fronte dei grossi rospi nella doccia del nostro modesto alloggiamento a Namelok, in Kenya. Poi accadde che Joy si prese i pidocchi per non essersi legata i capelli mentre consegnava i libri in un orfanotrofio. Prendersela con la cattiva sorte quando le cose vanno male non funziona in Africa; devi accontentarti dei mezzi che hai a disposizione, e riservare gli attacchi di rabbia alle vere catastrofi con sangue, rapine o violenze.

L'operazione Book Power mi dimostrò che una singola persona può fare la differenza, basta la convinzione e un pizzico di testardaggine. Tutti quelli che collaborarono al progetto fecero una differenza; fu come gettare un sasso in uno stagno e vedere i suoi cerchi allargarsi sull'acqua in un'ondata di buona volontà.

Nel 1999 la scuola di Mongo a Engkonganarok era lievitata da trenta alunni a oltre centotrenta, molti dei quali facevano fino a due ore di cammino nella savana per frequentarla. Il governo aveva affiancato a Mongo altri tre insegnanti, e coi finanziamenti pubblici erano state costruite una piccola biblioteca e due aule. Tutto questo era nato dal germe di un'idea, quattro libretti e un maestro appassionato e meraviglioso che non rinunciava mai a lottare per la sua gente.

L'operazione Book Power proseguì fino al 2000. Si estese alla Bosnia nel 1997, collaborando al ripristino delle scuole nelle regioni di Tuzla e Sarajevo, nel tentativo di riportare un po' di normalità nelle vite di bambini afflitti da una lunga guerra. In seguito distribuimmo libri in Swaziland, Malawi e Zimbabwe, oltre a continuare il nostro lavoro in Sudafrica e Kenya.

La vista dei bambini dei programmi Book Power fu

un balsamo per la nostalgia dei miei due figli. Ne incontravo a migliaia ogni anno, leggendo loro storie nel bel mezzo di una zona di guerra, o seduta in un campo tra zebre e giraffe, senza sapere se sarei ancora stata capace di identificare la risata di Shahirah o la voce di Iddin. Ma al di là del mio bisogno, ero convinta che l'alfabetizzazione fosse un diritto per tutti i bambini. Proprio come l'acqua potabile, le cure mediche e il cibo per nutrirsi, l'istruzione è un autentico bisogno primario, è lo strumento per conseguire indipendenza e autosufficienza.

Una volta feci il viaggio di andata e ritorno dall'Africa con lo scrittore australiano Bryce Courtenay. Di origine sudafricana, Bryce era emigrato in Australia da giovane e aveva avuto un enorme successo in campo pubblicitario. Alle soglie della pensione, aveva cominciato a esplorare la passione della sua vita: la scrittura. Il suo primo libro, *La forza di chi è solo*, andò a ruba e finì per diventare un film di Hollywood. Passata la sessantina, scrivere era diventata per lui una seconda carriera, ancora più fortunata della prima. Padre di figli ormai adulti, Bryce aveva subìto perdite dolorose. Suo figlio era morto tragicamente a poco più di vent'anni di Aids, per un contagio attraverso cure mediche. Era un sollievo non sentirgli pronunciare le solite frasi di circostanza per Iddin e Shahirah, lui capiva.

Bryce e io ci eravamo conosciuti nella sala d'aspetto dell'aeroporto di Sydney, imbarcandoci in una conversazione sorprendentemente rilassata. Avevamo parlato del Sudafrica e del Kenya, e avevo visto brillare una luce nei suoi occhi quando gli avevo parlato del progetto di alfabetizzazione infantile. Bryce è un uomo dal carattere espansivo e provvisto di un entusiasmo senza limiti. Passammo qualche ora piacevole in aeroporto, dato che il nostro volo era in ritardo, poi ci scambiammo il numero di telefono e partimmo, alloggiati in due zone separate dell'aereo, lui in prima classe e io in economica.

Qualche settimana dopo, quando entrai nella sala d'aspetto dell'aeroporto di Johannesburg per il viaggio di ritorno, ritrovai il suo volto raggiante e il suo saluto cordiale.

«Jackson» – evidentemente aveva deciso di chiamarmi così – «sei proprio la donna che speravo di vedere.» Con un torrente di parole, Bryce spiegò che si era ricordato che saremmo tornati a casa lo stesso giorno e mi aveva fatto trasferire in prima classe, nella parte anteriore del velivolo. Inutile protestare; quando Bryce prende una decisione è una vera forza della natura.

Così chiacchierammo per tutto il viaggio verso l'Australia: dei bambini che avevo incontrato, delle scuole e dello strano assortimento di veicoli che avevamo usato, ma soprattutto discutemmo del nostro comune amore per l'Africa e per la scrittura.

«Segui il tuo cuore, Jackson, continua a scrivere, devi farlo» mi esortò «e seguita a fare quello che stai facendo, il tuo lavoro coi bambini, sia quelli rapiti che gli altri... e i tuoi. Non tradire il tuo cuore e non farti scoraggiare da qualche stronzo.»

«Ho preso questo per te in Zimbabwe» proseguì, frugandosi in tasca ed estraendone un pezzettino di carta azzurra ripiegato. «È per ricordarti di restare fedele al tuo cuore. Non indossarlo finché non sarai di nuovo davvero innamorata, tienilo con te e basta, capirai quando sarà il momento.» Così dicendo, aprì il pacchetto rivelando un cuore di ametista viola da tre carati, dal taglio magnifico ma senza montatura.

Posando la splendida pietra nella mia mano, sfoderò un ampio sorriso come uno scolaretto. «Questo è il mio ringraziamento a nome dei bambini dell'Africa» sentenziò, appoggiandosi allo schienale.

Cosa potevo dire di fronte a quello straordinario regalo accompagnato da parole così commoventi? Nessuno aveva osato toccarmi nel profondo in quel modo da quando mi affannavo a mantenere le apparenze di un rapporto ormai finito. Lui sapeva che a Melbourne mi attendeva una situazione complicata e che avevo bisogno di mantenere il segreto sul mio matrimonio fallito e sulle vite quasi separate che Iain e io conducevamo sotto lo stesso tetto, per non pregiudicare la possibilità di un contatto con Iddin e Shahirah.

Bryce sembrava capace di leggere la mia profonda solitudine e infelicità e aveva avuto il coraggio di parlarmene, sebbene ci conoscessimo appena. Il suo viso era meravigliosamente sincero – non nascondeva alcun secondo fine – e io gli strinsi la mano per ringraziarlo del suo magnifico regalo.

Sul volo per Melbourne, dopo che Bryce e io ci fummo congedati, tenni stretta l'ametista riflettendo su quale direzione prendere. Ero una madre senza figli, una donna che si stava costruendo una corazza di cinismo per tenere lontano l'amore.

8
IL GUSCIO VUOTO

Era tardo pomeriggio quando il taxi si fermò davanti alla mia casa, una casa diversa da quella che avrei voluto. Avevo paura di entrare e di affrontare il mio dolore. Fui sul punto di fare dietrofront e tornare in Kenya, dalle persone che mi accettavano com'ero e sapevano poco del mio passato, dei miei figli. Ma dovevo presentare la richiesta formale di accesso a Iddin e Shahirah, come facevo ritualmente ogni tre mesi, e questo richiedeva che mi fermassi a Melbourne per un po'. Così mi feci coraggio e salii gli scalini di ingresso.

Ci eravamo trasferiti in quella villa a due piani qualche mese dopo il rapimento, quando la casa che avevamo affittato all'inizio era stata messa in vendita. Daisy, il mio cavallo a dondolo, montava la guardia alla finestra del piano di sopra, un segnale per Iddin e Shahirah che quella era casa loro. Solida e sicura, su un ampio lotto di terreno con giardino privato, l'abitazione era nello stesso quartiere da cui erano stati portati via i bambini, per facilitare il loro ritorno a casa in futuro.

Mi rinchiusi dunque in quelle stanze alte e spaziose, uscendo soltanto per lavorare o fare la spesa, o per una rara serata al cinema o a teatro.

La maggior parte della gente sembrava sconcertata

dal mio atteggiamento. Le mie reazioni non erano quelle di una vittima; non volevo dare spettacolo in pubblico col mio dolore. Alcuni esponenti dei media parevano irritati dalle mie rare apparizioni. Sebbene accettassi solo qualche invito della rete televisiva a serate di inaugurazione, continuavano a esprimere giudizi maligni, evidentemente avrebbero preferito che mi tagliassi i polsi e la facessi finita, o che mi ammantassi di un lutto perpetuo. Sarebbe stato molto più comodo per loro se mi fossi adattata al ruolo di vittima che avevano scelto per me. Dava fastidio che mi guadagnassi da vivere, e dava fastidio che non stessi zitta sul rapimento dei miei figli. Spesso una donna che reagisce dopo una tragedia personale viene criticata dai mezzi di informazione, mentre un uomo ha il diritto di andare avanti e viene persino lodato per la sua forza d'animo e la nuova vita che si costruisce.

Così escogitai dei sistemi per minimizzare i miei contatti col mondo esterno. Per esempio, spesso fingevo di essere la mia segretaria per poter decidere se proseguire o meno una conversazione. E trasferii l'ufficio di produzione del mio programma in casa mia, per evitare gli scambi non necessari con gli estranei. Ammetto che mi piaceva l'idea di ospitare *House Hunt* e che mi divertiva molto il lavoro di ricerca e montaggio su temi di architettura, arredamento e difesa dell'ambiente. Ma a parte questo, presentare case in televisione per promuovere dei prodotti era noioso. Quante volte puoi essere poetico su una panca col sedile di granito? Continuavo a ripetermi che quel programma era essenziale per le mie finanze. Sarei passata volentieri a un altro programma analogo o incentrato sui viaggi se ne avessi avuto l'occasione, ma Iain e io eravamo spesso percepiti come un duo professionale dall'industria televisiva, un'impressione difficile da cancellare.

Dev'essere stata una strana esperienza per i tecnici lavorare in un'abitazione privata. Con l'aiuto di una cara amica, Deb Gribble, avevo trasformato la nuova casa in un luogo accogliente, in grado di riempirsi di bambini da un momento all'altro… peccato che l'unico bambino che ci viveva era la mia figliastra adolescente, Skye; i due piccoli che mi mancavano tanto erano ancora assenti. Ma le stanze di Iddin e Shahirah erano pronte, i loro tesori accuratamente conservati, e la casetta dei giochi in giardino accoglieva le loro biciclette e i vari passatempi estivi. Avevo incorniciato i loro primi disegni appendendoli al posto d'onore in soggiorno vicino alla cucina, ed esibivo le loro sculture e i loro diplomi di nuoto sulla credenza. C'erano fotografie dappertutto, un'enorme bacheca proponeva immagini di una vita familiare lontana nel tempo, e ogni stanza della casa era piena di ricordi dell'esistenza di Iddin e Shah. Conservai sullo sportello del frigorifero la ricetta degli spaghetti scritta a mano da Iddin finché non fu sbiadita e malconcia, e piansi quando non riuscii più a rabberciarla col nastro adesivo.

Questo mondo privato era isolato e angusto; finché restavo aggrappata alla possibilità di un ritorno dei miei figli, ero ancora la loro mamma e potevo illudermi di avere ancora qualcosa da fare per loro.

Ma c'erano cose che non sopportavo di guardare o alle quali non riuscivo a pensare, e una di queste era la macchina da cucire. Manualità e creatività erano state una parte così importante della mia vita coi bambini che adesso mi era troppo penoso toccare quello strumento, oltre al fatto che non avevo più un briciolo di quella creatività. Dopo il rapimento usai la mia macchina da cucire solo due volte: quando un'amica che stava per sposarsi mi chiese di confezionare un abitino speciale per il figlio neonato, e quando Skye mi chiese di cucirle un vestito per il ballo della scuola. Sul tavolo da pranzo tagliai il tessuto di crêpe rossa che aveva scelto per l'abito da sera e lo imbastii per la prima prova; Skye era al settimo cielo come solo un'adolescente sa essere. Ma io ero sconvolta. Alla prima occasione, finsi di voler fare una doccia e mi chiusi nel bagno di sopra per sfogare la mia frustrazione e un'immenso dolore. Avrei voluto cucire per la mia figliastra *e* per i miei figli biologici. Avevo fatto cose per Iddin e Shah da prima ancora che nascessero; era una parte essenziale di me. Mi piaceva confezionare abiti eleganti, cucire grembiulini estivi e calzoncini, e preparare abiti per le bambole con avanzi e ritagli.

A dire la verità, avevo trasformato la casa in una prigione oltre che in un rifugio. Ed ero troppo spaventata per lasciarla per sempre.

Andarsene significava ammettere che la nostra famiglia – due figli piccoli e tre figli grandi, più due genitori innamorati, tutti insieme in un allegro viavai di bambini e visitatori – non c'era più. Significava anche sollevare una nuova serie di problemi per la legge islamica, un'ulteriore complicazione nel tentativo di stabilire un contatto coi bambini.

Se si fosse sparsa la notizia che ero single, Bahrin mi avrebbe fatto bollare come una donna immorale, senza alcun diritto sui suoi figli. Avevo molte più possibilità di rivedere Iddin e Shah se ufficialmente restavo una donna sposata. Non era la situazione ideale, ma le necessità dei miei figli avevano la precedenza; ogni barlume di speranza che un giorno mi fosse concessa una telefonata o una lettera mi impediva di impazzire, e mi rendeva inflessibile nel salvare le apparenze.

Solo le mie amiche più intime sapevano che avevo il cuore e l'anima a pezzi dietro la mia facciata di relativa compostezza. Loro erano le mie confidenti, fedeli e comprensive. Non tradivano i miei pensieri segreti e tolleravano le mie debolezze e i miei progetti avventati. Erano le amiche più sincere che si potesse immaginare. Deb Gribble, in particolare, lasciava che mi sfogassi senza giudicare, offrendomi il suo sostegno incondizionato. Mandy Fudge (ora Holdensen) fu mia vicina per alcuni anni ed ebbi la fortuna di godere della sua amicizia e della sua straordinaria lealtà. Con queste due donne incredibili potevo ridere ed essere semplicemente me stessa, nonostante tutto. Sue MacArthur era un'anima gentile e compassionevole e una delle mie più vecchie amiche; lei e Rob, suo marito, erano padrini di Shahirah e Iddin, e avevano per loro e per me un affetto profondo. Sally Nicholes era spesso complice delle mie avventure e mi voleva bene anche nei miei momenti privati più sgradevoli; in seguito sarebbe stata una deliziosa compagna di viaggio a Washington e San Francisco. Heather Brown era una presenza costante sullo sfondo; potevo entrare e uscire dalla sua vita e valutare la crescita di Iddin attraverso quella di suo figlio Jack, il migliore amico di Iddin. Ma soprattutto, con queste cinque donne potevo essere triste;

loro mi concedevano sempre questo lusso. E quando dubitavo di me stessa, prendevo il telefono e parlavo con la mia cara Patsy in Belgio; con la sua determinazione, placava sempre le mie paure e le mie crisi.

Anche la pace che avevo trovato in Africa mi sosteneva, sebbene mi sembrasse ormai di vivere tre vite quasi separate: una intellettuale, sotto la spinta del lavoro umanitario e della necessità di rendermi utile, in cui elaboravo continue iniziative benefiche; la seconda, dominata dalla routine quotidiana di cucinare, lavorare e interagire con gli altri; e la terza, in cui vivevo nel passato ma speravo e pregavo per un futuro insieme ai miei figli. Non sapevo come integrare le mie tre vite, e lo sforzo che facevo per riuscirci mi lasciava disorientata ed esausta.

La battaglia per rivedere Iddin e Shah andava avanti. Non mi arresi mai, anche se col passare degli anni fui costretta a ridimensionare le mie pretese e a sperare semplicemente in una telefonata, se non in un incontro faccia a faccia. Ora mi era concesso scrivere lettere secondo una formula dettata da Bahrin. Ma era un compito straziante. Non potevo inserire parole affettuose e non mi era concesso dire ai bambini che volevo che tornassero a casa. Dovevo inoltrare le lettere tramite gli avvocati di Bahrin a Melbourne, che avrebbero controllato ogni elemento prima di decidere se mandarle o meno ai miei figli! Questa grande concessione, risalente più o meno al 1995, era stata un'operazione di pubbliche relazioni per Bahrin e i suoi avvocati. E io ero molto scettica sul fatto che i bambini ricevessero qualcosa di ciò che mandavo, sia con le modalità previste dalla legge, sia coi normali servizi postali. Ma scrivevo ugualmente attenendomi a quella formula, anche quando mandavo regali di compleanno, sebbene cercassi di aggirare la censura in vari modi. Un anno inserii di nascosto un messaggio filmato per Shah e Iddin in un episodio di *Star Trek*, sperando che i bambini potessero vedere il film da soli.

La disperazione mi spingeva a escogitare ogni mezzo possibile per stabilire un contatto. Spedivo cartoline da tutti i luoghi del mondo che visitavo, sempre attenta alle parole che usavo e consapevole di fornire al mio ex marito un'arma a doppio taglio. Era così facile distorcere il significato di quelle cartoline: «Guardate la mamma come si diverte in giro per il mondo».

Ma le richieste trimestrali di una comunicazione mi prostravano terribilmente. Rimanevo per ore paralizzata dall'ansia, procrastinando e trovando ogni scusa per sfuggire al compito che mi attendeva. Alla fine contattavo con tono professionale i rappresentanti legali di Bahrin a Melbourne per chiedere un contatto telefonico coi miei figli; poi provavo tutti i numeri delle varie residenze della famiglia reale, seguiti da quelli d'ufficio. Infine mi sedevo in camera da letto con l'elenco telefonico malese che un amico mi aveva procurato durante un soggiorno d'affari in quella nazione, e cercavo di stilare una lista di tutti coloro che potevano anche lontanamente essermi utili. Chiedere aiuto a degli sconosciuti diventò una seconda natura per me, li pregavo di far pervenire un messaggio ai miei figli, o di darmi qualche indicazione sull'aspetto di Shahirah e Iddin e sulle loro attività. Ero senza vergogna nelle mie richieste. L'umiliazione non contava nulla; gli insulti che raccoglievo mi scivolavano addosso come gocce d'olio, anche se le risate maligne che udivo quando scoppiavo in lacrime mi facevano pensare con rabbia a ciò che forse Iddin e Shahirah stavano passando. Ero affranta e disperata per i miei figli, cresciuti da gente apparentemente senza cuore, circondati da esseri umani influenzati da una religione e sordi alla loro umanità. Solo una persona in tutti quegli anni mi parlò con gentilezza, e in seguito mi ridicolizzò su Internet per trarne un vantaggio politico. Come potevo aiutare i miei figli quand'erano così lontani e deliberatamente isolati da me?

Per altri sei anni e mezzo avrei insistito con questo rito di umiliazione, questo tentativo di arrivare ai miei figli o di avere loro notizie.

Ma nel lungo periodo forse avrei fatto meglio a sbattere la testa contro il muro, avrei fatto fuori qualche neurone e sofferto molto meno. (Nel 2006 i miei figli mi dissero di non aver mai ricevuto una delle mie lettere o dei miei regali.)

Un sabato pomeriggio, una giornalista dell'edizione domenicale di un quotidiano mi telefonò poco prima che il suo articolo andasse in stampa per farmi sapere che aveva intervistato il mio ex marito in Malesia.

«Il principe mi ha detto che i suoi figli la odiano» dichiarò compiaciuta. «Stanno molto meglio in Malesia, è chiaro.»

Quella donna era andata laggiù e aveva ricevuto un trattamento principesco per il suo articolo esclusivo, ma non aveva posato gli occhi sui miei figli e tantomeno parlato con loro. Non aveva mai incontrato nemmeno me. Quando le chiesi il numero di telefono dei miei figli, lei ammise di averlo ma si rifiutò di darmelo, per motivi di etica professionale. Una vecchia scusa che permetteva di passar sopra ai diritti di un genitore.

Alla fine della conversazione ero su tutte le furie. Rintracciare il suo direttore di sabato non fu un'impresa facile. Ma se la giornalista aveva i numeri di telefono dei miei figli – i numeri diretti della casa in cui vivevano – non avevo forse il diritto di conoscerli? In fondo, per la legge australiana, avevo la custodia legale dei bambini ed ero la loro madre.

Ma anche la telefonata di un'ora con il direttore si rivelò inutile e frustrante: l'uomo disse che potevo «tentare di ottenere un ordine del tribunale per avere il numero», in caso contrario il giornale non avrebbe fornito dettagli per un contatto coi miei figli. Anche se Iddin e Shah erano ancora minorenni e per la legge io ero il genitore affidatario in Australia, il direttore doveva proteggere la fonte della sua inviata. Quanto a me, non potevo affrontare i costi per ottenere un numero di telefono attraverso un ordine del tribunale. In ogni caso ci sarebbe voluta almeno una settimana, e a quel punto l'articolo sarebbe stato già stampato e Bahrin avrebbe cambiato di nuovo numero di telefono.

Così ero una madre senza alcun ruolo nell'esistenza dei suoi figli, e una giornalista aveva accesso a loro più di me.

Riagganciai. Sentii il mio petto contrarsi fino a soffocare, poi cominciai a tossire e a vomitare, per la prima volta da due anni. Dovevo uscire, dovevo allontanarmi da quel telefono, perché sapevo che nel mio disperato dolore non avrei fatto che chiamare e richiamare il direttore. Non volevo più chiedere aiuto a degli estranei;

mi dava la nausea pensare che quella sera la mia famiglia e io saremmo stati il principale argomento di conversazione fra la giornalista e il suo capo, mentre bevevano qualcosa o cenavano tranquillamente al ristorante.

L'assenza dei bambini da quella casa era troppo palpabile. Stava calando il buio. Mi precipitai in macchina e guidai fino al parco in cui i miei figli avevano giocato per l'ultima volta prima di essere rapiti. Era accanto al fiume, con una collina che dominava i campi da gioco. Scelsi una vecchia quercia in cima all'altura e mi sedetti sull'erba appoggiandomi al tronco, la stoffa del vestito impigliata nella corteccia rugosa, le ginocchia strette al petto, le luci della città in lontananza. Ero tentata di cancellarmi dall'equazione della vita, per impedire ai cinici rappresentanti dei media di provare a farsi un nome servendosi di Iddin e Shahirah. Se io avessi cessato di esistere, la storia si sarebbe chiusa; i miei figli sarebbero stati lasciati in pace, finalmente.

Rimasi lì per gran parte della notte sotto la pioggia, rigirando fra le mani una confezione di lamette da rasoio. Per un po' mi incisi la pelle con dei tagli orizzontali, osservando con distacco il sangue che ne sgorgava lentamente. Di colpo compresi perché nelle ragazze violentate l'automutilazione è così frequente; in quei deliziosi istanti riuscii a incanalare tutta la sofferenza, il dolore e la nostalgia in un unico punto visibile e tangibile del mio corpo. Fu una liberazione, una meravigliosa e seducente liberazione, riuscire a isolare il mio dolore e trasferirlo altrove, lontano dalla mia anima.

Avevo il coraggio di tagliarmi le vene sul serio? A quanto pare no. Alle quattro di mattina risalii in macchina, raggiunsi la casa di un amico e suonai alla porta.

Quando Andrew venne ad aprire non fece una piega vedendomi così fradicia e sporca, ma mi condusse nella stanza degli ospiti senza fare domande, mentre io vaneggiavo dei miei bambini e dei giornali con le lacrime che mi scorrevano sul viso. Prese un asciugamano e una maglietta dallo stenditoio, me li gettò e lasciò che mi cambiassi, tornando con una tazza di tè caldo. Mi disse di andare a letto e mi coprì col piumino, mi fece bere il tè, poi spense la luce. Dormii cinque ore, e mi svegliai ammansita.

Trovai Andrew che preparava il caffè, con un giornale aperto sul banco della cucina.

«Grazie per ieri notte, cioè, per stamattina» dissi.

«Non pensarci, cara» rispose lui con un sorriso dolce. «Hai fatto lo stesso per me in passato, quand'ero in un momento difficile.»

Non aggiungemmo altro; era un vero amico e non si aspettava spiegazioni. Restammo seduti a tavola in silenzio, e lui si mise a sfogliare le pagine del temuto giornale della domenica.

Doveva per forza succedere qualcosa: non potevo andare avanti così.

9

UNA BOCCATA D'OSSIGENO

«Nicolas van Waard» si presentò, piegando leggermente la testa. Lo guardai un po' attonita, e per una frazione di secondo mi chiesi se non avesse anche battuto i tacchi, era così aderente al cliché dell'europeo da suscitare la mia ilarità.

Intorno a noi la buona società si aggirava intorno a un sontuoso buffet: aragosta, gamberetti, salmone affumicato e sculture di ghiaccio riempivano i tavoli. Erano le sette di mattina del giorno della Melbourne Cup, il primo martedì di novembre, quando tutta l'Australia si blocca per un concorso ippico. La presenza a una delle colazioni mattutine che precedono la gara era di rigore per i personaggi mondani e per le celebrità locali e venute da fuori. Io non avevo intenzione di andare alla corsa, stavo semplicemente adempiendo a un obbligo verso la mia rete televisiva svegliandomi all'alba e mettendomi in ghingheri con un elegante abito verde mela, un alto cappello dello stesso colore ornato da rose di seta di quel rosa antico che mia nonna chiamava «cenere di rose», scarpe col tacco alto e borsetta color crema. Quella sarebbe stata la mia unica apparizione per quel giorno. Progettavo di andar via alle 10 per trasferirmi a un barbecue dalla mia vicina Mandy, dove avrei volentieri rinunciato all'abito e ai tacchi alti per un comodo paio di jeans e un cappello da sole.

Alcuni dei presenti erano lì per lavoro, eppure lo champagne scorreva a fiumi nella sala da ballo del Grand Hyatt Hotel. Gli uomini erano in tight o in abito elegante, piume e fiori abbondavano sui cappelli delle signore e i fotoreporter assediavano freneticamente le prede prescelte. La luce mattutina che filtrava obliqua dalle finestre alte fino al soffitto faceva splendere i gioielli, e un pianista accarezzava la tastiera in mezzo al chiacchiericcio.

Mentre mi voltavo dopo aver preso delle ostriche, la mia forchetta scivolò a terra tintinnando e mi trovai a urtare contro il solido muro di una giacca grigia gessata. Alzando lo sguardo, fui costretta a piegarmi indietro per vedere la faccia sopra quelle spalle, io non arrivo al metro e sessanta di statura, mentre il proprietario dell'ampia giacca superava il metro e novanta. Sebbene la faccia mi sorridesse da un'altezza vertiginosa, riuscimmo ugualmente a sbattere la testa uno contro l'altro chinandoci a raccogliere la posata che avevo perduto.

Con gesto cerimonioso, Nicolas van Waard recuperò la mia forchetta da ostriche dal pavimento di marmo e la trattenne per una frazione di secondo più del dovuto.

Mentre scambiavamo due chiacchiere, notai che il suo inglese preciso e impeccabile e il suo accento tradivano il viaggiatore europeo di ottima cultura. Dovetti impormi di non guardarlo: Nicolas era alto e straordinariamente attraente, con occhi grigio-verdi, corti capelli biondi e una compassata sicurezza, il tutto abbinato a un abito di taglio perfetto e un'elegante disinvoltura. Non aveva una bellezza simmetrica o raffinata, ma era comunque bello. Strizzava gli occhi quando sorrideva, e sorrise quasi continuamente mentre parlavamo.

All'inizio lo presi per un tedesco, poi mi resi conto che probabilmente era olandese o svizzero. Sbagliato, replicò Nicolas, spiegando che veniva dal Belgio, dalle Fiandre, per la precisione. Belga, grazie a Dio, mormorai tra me e me. Finalmente una cosa di cui potevo conversare invece di fissarlo come una scolaretta imbranata. Benedii mentalmente la mia amica Patsy e le mie visite in Belgio, se non altro conoscevo il Paese ed ero in grado di snocciolare il nome di luoghi che mi erano piaciuti e avevo visitato. Nicolas fu sinceramente stupito dal fatto che conoscessi il suo Paese, e persino l'università che aveva frequentato, dato che avevo un amico che vi insegnava.

Quanto a me, ero stupefatta; non avevo mai provato un'attrazione così viscerale. Tentando di far funzionare il cervello, mi concentrai sulle sue parole con un'espressione – temo – leggermente ebete: Nicolas mi stava dicendo che viaggiava regolarmente fra l'Australia e il Belgio. Mi porse il suo biglietto da visita con uno di quei sorrisi magnetici che continuava misteriosamente a sfornare e scoprii che lui era la fabbrica di cioccolato per eccellenza! Non un volgare cioccolato qualsiasi, non si dilettava a vendere le varietà più rozze di quel dolce: Nicolas era un dirigente della più fantastica fabbrica di cioccolato del mondo! (Lo sapevo con certezza perché sono una patita del cioccolato; è stato il primo vero amore della mia vita e mi ha accompagnato costantemente da quando ho avuto l'età per risparmiare qualche spicciolo e comprarmelo da sola.) Mi sentii come un cavaliere stremato che avvista finalmente il Sacro Graal. E per di più Nicolas stava chiedendo educatamente il mio numero di telefono! Giuro che mi sembrava di vedergli un'aureola sulla testa!

Che combinazione entusiasmante: cioccolato, Belgio, presenza di spirito e sex appeal da vendere. Attacchi di violini e amorini che scagliavano frecce intorno a noi, fuochi d'artificio, e fiumi di cioccolato pralinato. Ci separammo, mescolandoci di nuovo alla folla di invitati, ma tornai a intravederlo per un attimo, e lui chinò il capo con un sorriso di congedo dall'altro capo della sala, mentre i suoi ospiti lo accompagnavano a una limousine in attesa.

Quattro giorni dopo, dieci chili del miglior cioccolato belga in splendide scatole di latta furono consegnati da un corriere alla mia porta, accompagnati da un biglietto di Nicolas. Diceva semplicemente: «Posso contattarti? Cordialmente, Nicolas».

Divorando i primi due chili di praline in ventiquattr'ore, meditai sulla risposta e ne discussi con le mie amiche. Ragionammo punto per punto sulla mia situazione. Non avevo la minima voglia di portare avanti un rapporto sotto i riflettori dei media, e intendevo mantenere un'assoluta discrezione per rispetto verso Iain, specialmente se si trattava di un'effimera relazione epistolare. Nicolas era lontano dall'Australia, a distanza di sicurezza da tutto e da tutti. Probabilmente non sapeva nulla della mia storia. Perché non flirtare un po'? Tutto sommato, forse era venuto il momento di concedersi un diversivo.

Così Nicolas e io cominciammo a scriverci, e ben presto arrivarono telefonate internazionali da ogni parte del mondo.

Una busta impostata a Tokyo poteva contenere una pagina strappata dalla rivista di una compagnia aerea – l'immagine di una coltre di nuvole vaporose con sopra una poesia originale scritta nella minuta grafia di Nicolas. Una sua telefonata mentre era davanti alla finestra del suo albergo a Buenos Aires poteva descrivere un'anziana coppia che ballava il tango in una viuzza lastricata nei pressi del lungomare. Un menu parigino poteva recare l'annotazione «Penso a te e a quel che potrà accadere».

Tutto questo si stava rapidamente trasformando in uno scambio di pensieri e parole affettuosi in entrambe le direzioni, espressi in modo da stimolare la natura intellettuale del rapporto e da sedurmi con la mia stessa debolezza. Lui mi corteggiava con fascino ed eleganza, e io godevo ogni istante di questa relazione non fisica, ma estremamente sensuale.

Nicolas scriveva lettere molto, molto, *molto* belle.

Più o meno in quel periodo fui invitata a partecipare alla puntata pilota di un programma televisivo ideato da un'azienda della famiglia Murdoch e curato da Matt Hanbury, il nipote di Murdoch, e Jackie Frank, direttrice dell'edizione autraliana di «Marie Claire». L'idea era di trasferire sullo schermo televisivo le inchieste della rivista. Gente comune coinvolta in situazioni fuori dal comune – era questo il taglio che «Marie Claire» voleva per il suo primo programma televisivo. La puntata pilota di *Marie Claire TV* sarebbe stata presentata alla rassegna televisiva di Cannes chiamata MIPCOM. La speranza era di lanciare una nuova proposta globale nei programmi televisivi d'inchiesta e di costume. Io sarei stata la protagonista dello spazio principale nella puntata pilota. Accettai di partecipare soprattutto perché era un'altra opportunità per dare risalto al problema internazionale dei rapimenti di minori da parte di un genitore e al suo impatto sui bambini e le famiglie coinvolti.

Jennifer, produttore della prima parte della puntata pilota, arrivò a casa mia un giorno di febbraio del 1997 per filmare un mio profilo dettagliato, che evidenziasse la mia attività nel campo dei rapimenti di minori. Nei due giorni di riprese notai un vago disappunto in lei e nella sua troupe. Nel suo trattamento preliminare, Jennifer aveva immaginato che il mio arredamento fosse "spartano" ed essenziale e aveva pensato di riprendermi su uno sfondo molto minimalista, tutto atmosfere spigolose e mobili moderni. Ridendo divertita, mi confessò di essere rimasta di stucco scoprendo che avevo fotografie di famiglia dappertutto e quadri e opere d'arte a vivaci colori appesi al muro. Tutti i piani d'appoggio erano tappezzati di candele, che si alternavano alla mia non trascurabile collezione di sculture di pietra africane e tesori personali.

Alla fine giungemmo a un compromesso; fui filmata in un'atmosfera cupa sull'alta rampa di scale di casa mia, fasciata in un lungo abito grigio scuro, con la mia voce fuori campo che scorreva sulle immagini. Quanto alla seconda parte del programma, la proposta mi colse abbastanza di sopresa. Ero disposta a prendere un volo per Londra e incontrare Pamela Green, una mamma di cui mi ero occupata e che era riuscita a riavere i suoi tre figli grazie a un po' di aiuto da parte mia e ai miei contatti a Washington? Mi garantirono che sarebbe stato un viaggio lampo di soli due giorni. Le disponibilità finanziarie del signor Murdoch mi avrebbero garantito una trasferta rapida con tutti i comfort. E menomale, visto che il solo viaggio da Melbourne a Londra avrebbe richiesto almeno ventinove ore – una bella tirata per un paio di giorni.

Poiché in passato il governo australiano mi aveva consigliato di non attraversare lo spazio aereo malese quando mi recavo in Europa (rischiavo l'arresto e uno strascico di complicazioni politico-diplomatiche), mi ero abituata a seguire la rotta più lunga, sorvolando la Russia per arrivare nell'Europa occidentale. Dopo uno scalo tranquillo di poche ore all'aeroporto di Hong Kong, il mio volo decollò poco dopo le 10.45 di sera.

Ma avevamo appena preso quota quando un orrendo scricchiolio risuonò in tutta la cabina. I passeggeri ammutoliti si scambiarono sguardi nervosi, agitandosi sui sedili. Una hostess rispose a una chiamata sull'interfono e strinse ulteriormente la cintura di sicurezza.

A quel punto gli altoparlanti diffusero la voce del comandante. A quanto pareva il carrello di atterraggio non era rientrato come doveva e dovevamo tornare a Hong Kong. Prima, però, avremmo fatto alcuni giri sull'oceano per scaricare il carburante in eccesso.

«Fantastico» fu il mio primo pensiero. «Decido di non suicidarmi per potere un giorno rivedere i miei figli, e poi precipito in un bell'incidente aereo, che fortuna!» Macchinalmente mi infilai una mano in tasca e sfiorai le fotografie di Iddin e Shahirah in cerca di rassicurazione.

Un mugolio improvviso interruppe il mio processo di autocommiserazione: l'uomo che mi stava accanto dall'altra parte del corridoio si era impigliato uno spazzolino fra i peli del naso: non gli restava altro da fare che liberarlo con uno strattone. Soffocai un risolino nervoso. Dov'erano i famosi drink della prima classe, quando ce n'era davvero bisogno?

Ci vollero due ore per scaricare tutto il carburante in eccesso sul mare meridionale della Cina. Lo schermo sulla parte anteriore della cabina mostrava una miniatura del nostro aereo che girava in tondo sopra un oceano artificiale, apparentemente senza scopo.

Finalmente sotto di noi vedemmo i mezzi dei pompieri incolonnati ai bordi del tracciato, e l'aeroporto di Hong Kong e la pista di atterraggio illuminati come alberi di Natale. Lo stridio dei motori era assordante, amplificato dal battito del mio cuore mentre cingevo le ginocchia con le braccia, a tu per tu con rotule ed alluci.

Poi, faticosamente e goffamente, ci arrestammo di sbieco sulla pista. Si udì un sospiro di sollievo generale; i passeggeri applaudirono e acclamarono mentre l'equipaggio si affrettava ad aprire i portelloni.

Alla fine dovemmo tutti lanciarci lungo gli scivoli di gomma gialli di emergenza!

Ero contenta di essere atterrata sana e salva, ma stranamente non avevo provato un vero e proprio terrore in quei momenti difficili, solo un po' di nervosismo. Non volevo morire, ma ero diventata fatalista nei confronti della mia vita. Se non potevo essere con Iddin e Shah, non aveva molta importanza quel che mi capitava.

Dopo aver finalmente superato la dogana e il controllo immigrazione all'aeroporto di Heathrow, mi diressi stancamente verso l'albergo. Arrivai all'inizio della serata, e trovai nella mia stanza un biglietto di Judith Curran, produttore della "seconda parte" del programma, che mi dava il benvenuto e mi invitava a incontrarci al bar del piano terra verso le otto di sera per bere qualcosa, fare conoscenza e ripassare l'agenda del giorno dopo.

Sapevo già che Judith era impegnata nelle riprese di *The Lacemaker*, un documentario su Collette Dinnigan, la stilista australiana che aveva cominciato a imporsi nel mondo della moda francese e internazionale. Judith aveva appena finito di filmare una sfilza di supermodelle, tra cui Helena Christiansen, e avrebbe sottratto un giorno alla sua frenetica tabella di marcia per occuparsi di me.

Judith ammette che si era già fatta una vaga idea di me attraverso i notiziari; «ricordavo una donna gravemente traumatizzata» mi disse in seguito. «Avevo la confusa sensazione che avrei incontrato una donna bella e affascinante, e in effetti sei entrata in quel bar tutta pantaloni di pelle nera e capelli lunghi fino al sedere. Questa è stata la mia prima immagine.» (Pagherò profumatamente Judith per questa descrizione.)

«Ti sei seduta sullo sgabello accanto al mio e sorridendo hai rifiutato un bicchiere di vino in favore di una tazza di camomilla. Io, naturalmente, ho scelto il vino, fedele al mio sangue neozelandese. Ho pensato che tu non bevessi per via della tua componente cinese, poi naturalmente ho capito quanto mi ero sbagliata.»

In realtà, ero troppo intontita dal jet-lag per bere vino; la mia testa era già troppo annebbiata. E poi volevo studiare la mia nuova compagna. Judith era una splendida bionda con gli occhi azzurri e un ampio sorriso che spuntava da labbra laccate di rosso. Indossava una blusa di chiffon blu notte che lasciava intravedere braccia sode e toniche, sembrava avere muscoli là dove le donne in genere avevano carne flaccida. I suoi eleganti pantaloni neri mettevano in risalto glutei e gambe superallenati. Era formosa (chinai lo sguardo con tristezza sulla mia misera seconda misura), perfettamente sicura di sé e intelligente. Io ero stordita dalla stanchezza e appena in grado di imbastire una frase coerente; speravo di non apparire del tutto stupida mentre stravolta dal viaggio fissavo il volto di Judith che riepilogava il programma delle riprese per l'indomani. Dopo un'oretta ci salutammo per andare a dormire, e mentre aspettavamo l'ascensore ricordo che mi voltai a guardarla chiedendomi se quella donna potesse alla fine diventare un'amica.

Il mattino seguente la troupe e io partimmo in macchina per il Surrey, dove ci aspettava Pamela Green; per fortuna il cameraman di Judith, Peter de Vries, e il tecnico del suono, Paul Blackwell, sembravano tipi tranquilli e non troppo fanatici. Quando Pamela ci accolse sul portone di casa sua, sprizzava orgoglio ed eccitazione. Era felice di potermi finalmente presentare la sua famiglia al completo, e per una mezz'oretta prima di girare ci scambiammo notizie e commenti personali sulle difficoltà che la sua famiglia stava incontrando nel reintegrare le varie esperienze e i traumi dei suoi componenti.

L'intervista, che su richiesta di «Marie Claire» era incentrata sul ruolo che avevo svolto in quella riunificazione familiare, filò perfettamente liscia. Ma mi costrinse a prendere coscienza del drammatico contrasto fra la mia realtà attuale e quella di Pamela: lei aveva avuto indietro i suoi figli.

Pamela aveva una situazione economica poco florida, per non dire critica, e una famiglia numerosa. Il rapimento e gli anni di assenza dei suoi figli avevano imposto un pesante tributo psicologico su tutti loro. Andando via, mi domandai come avrebbe affrontato la rabbia adolescenziale che cominciava a trapelare dietro l'impeccabile comportamento attuale dei suoi figli. Io non avevo idea di come mi sarei comportata coi miei quando fossero finalmente tornati, ma sarei stata più che felice di accettare la sfida. Mi bastava l'opportunità di riaverli a casa.

Tornando a Londra in auto, Judith e io parlammo del suo lavoro e dei suoi impegni per l'indomani, quando avrebbe ripreso a girare *The Lacemaker*. In programma c'era un'intervista con Paula Yates, icona femminile del rock britannico. Dato che il mio volo per l'Australia era fissato per la sera seguente, chiesi a Judith se potevo accompagnarla. Forse era nata un'amicizia.

«Jacqueline, buonasera» esclamò dall'estremità opposta dell'atrio quando entrai in albergo, pronunciando il mio nome alla francese. «Ero in zona e ho pensato di venire a salutarti.»

Impermeabile beige, camicia azzurra e jeans ben stirati, Nicolas van Waard era raggiante come uno scolaretto malizioso oltre la distesa di marmi.

Colta di sorpresa, scossi la testa incredula. «Da quando in qua Londra è la tua zona?» Era stata una giornata piena, preceduta da un volo lungo e terrificante, mi ero quasi dimenticata di averlo informato del mio viaggio via e-mail!

«Be', il Belgio è a due passi, se prendi un aereo.» Era tutto sorrisi e risate, come quando l'avevo conosciuto. «Facciamo due passi, vuoi bere qualcosa? Vieni – mi prese per un braccio – camminiamo», e mi rituffò nella porta girevole.

Cercai di tenere il suo passo, ma data la differenza di statura mi sentivo come un pony che trotterellava accanto a un purosangue. Gli chiesi di rallentare. Lui prese la mia mano sotto il braccio e io tentai di fare conversazione. Ero ancora scombussolata dalla sua apparizione improvvisa. Un conto erano lettere e telefonate, tutt'altra cosa un maschio di oltre un metro e novanta in carne e ossa. Al momento non avevo la più pallida idea se fossi interessata a quella carne, o preferissi rispedirla da dov'era venuta.

Chiacchierammo sorseggiando brandy nel bar del Claridge's Hotel. La scintilla fra noi era di nuovo lì, innegabile e intensa. Ma io ero a disagio. Se solo smettesse di fissarmi in quel modo, pensavo, riuscirei a pensare con più lucidità. Lui appariva rilassato e parlava di cose banali, con un pizzico di imbarazzo che lo rendeva ancora più affascinante.

Alla fine uscimmo nella fredda notte inglese e ci avviammo a piedi verso il mio albergo. Il suo sguardo intenso mi intrigava e inquietava nello stesso tempo.

Mentre passeggiavamo lungo un colonnato non distante dal British Museum, alcune delicate sculture in bronzo nella vetrina di una galleria attirarono la mia attenzione. Quando mi voltai, Nicolas mi prese tra le braccia e mi attirò a sé, una mano grande e forte sulle mie reni e l'altra dietro la testa a sfiorare dolcemente i miei capelli, mentre le sue labbra si posavano sulle mie. Dopo il primo incerto contatto con la sua bocca, persi ogni remora e mi sollevai sulla punta dei piedi per meglio ricambiare il suo bacio, gettandogli le braccia al collo. Quando ci separammo, ansimanti ed elettrizzati dal nostro primo bacio, scacciai ogni altro pensiero dalla mia mente e gli sfiorai le labbra con un dito. Nicolas alzò un sopracciglio – con un'espressione interrogativa e determinata insieme – poi si voltò a fermare un taxi di passaggio. Mi accarezzò il viso e mi baciò più volte la mano e l'interno del polso. In cinque minuti il taxi ci condusse al mio albergo.

Facemmo l'amore e parlammo per quasi tutta la notte. Era passata un'eternità da quando avevo provato per l'ultima volta quel senso di liberazione; la mia mente era serena e senza sensi di colpa.

Nicolas era un uomo appassionato e fantasioso non solo nei suoi rapporti epistolari, ma anche nei momenti di maggiore intimità, e accolsi questa scoperta con gratitudine e sollievo. Guai se avessi corso il rischio di espormi tanto per poi ritrovarmi a contare i minuti che mancavano alla fine di un'esperienza disastrosa. Fino a quel momento mi ero sentita oppressa, morta dentro, e ora il mio lato più femminile e segreto si stava risvegliando.

Nelle prime luci dell'alba, mentre Nicolas si rivestiva dopo una rapida doccia, tentai di mettere ordine nei miei pensieri. Gli chiesi di rispettare il mio desiderio di tenere lontano il nostro rapporto dal mio mondo, l'Australia e tutte le altre complicazioni della mia esistenza. Quello era un luogo che dovevo tenere separato da ciò che avevo scoperto la notte prima con lui.

«Possiamo andare avanti semplicemente così?» gli domandai, fiera del mio tentativo di mantenere il controllo dopo il misero fallimento delle mie relazioni passate.

«Solo se ci rivedremo presto» replicò lui, sfuggendo al significato delle mie parole. «Dopo tutto, viaggiamo entrambi. Sto sistemando il mio nuovo appartamento ad Anversa, forse puoi darmi qualche consiglio.»

Poi, più dolcemente, mi disse che aveva letto il mio libro. «Se hai passato anche solo metà delle cose che racconti, sarò onorato di avere la tua fiducia.» Si chinò a baciarmi sulla fronte.

Rimasi di stucco. Il mio amante aveva indagato su di me! Per qualche motivo, mi sentii doppiamente indifesa.

«Nicolas, io non posso offrirti una situazione familiare, se è ciò che vuoi, ma se riesci ad accettare la mia vita con tutti i suoi multiformi impegni, allora... possiamo essere semplicemente noi stessi, con tutti i nostri problemi.» Il mio linguaggio stava diventando stranamente formale.

Nicolas si chinò ad abbracciarmi con passione. Poi recuperò il suo trench e mi mandò un bacio con le dita dalla soglia.

«Ci vedremo presto. Verrò io da te, o tu da me» dichiarò, come fosse un dato di fatto, e sparì.

Distesa sui cuscini, immaginandolo a breve su un aereo, rimuginai su quel che Nicolas e io potevamo essere l'uno per l'altra. Non ero follemente innamorata di lui, ma quel disarmante fiammingo era estremamente fascinoso e intrigante. Sebbene parlasse francese, inglese, fiammingo, spagnolo e tedesco, Nicolas aveva una modestia deliziosa e, sospettavo, un cervello notevole e una formidabile forza di volontà. Totalmente daltonico, aveva detto con una risatina e una scrollata di spalle che non avrebbe nemmeno saputo dire di che colore fosse la mia biancheria la notte precedente!

Alzandomi dal letto ed entrando nella doccia, aprii il rubinetto dell'acqua calda al massimo e mi tuffai sotto il getto continuando a pensare a Nicolas. Aveva detto di essere un fanatico dello sport. La pallamano era la sua passione; solo qualche anno prima aveva vinto una medaglia d'oro in quello sport. Cattolico, ma non praticante, veniva da una famiglia influente negli ambienti di destra. A quanto pareva, il padre di Nicolas aveva svolto un ruolo significativo nella vita del Belgio, e i suoi fratelli erano tutti intellettuali di alto profilo.

Venendo da un ambiente così diverso dal mio, Nicolas sarebbe stato disposto a costruire un rapporto in termini accettabili per entrambi? E a distanza, per di più? Non volevo ritrovarmi di nuovo invischiata in comportamenti di tipo possessivo; non ero più disposta a essere un trofeo da esibire, e non volevo rinunciare all'autodeterminazione e all'indipendenza che mi ero appena conquistate.

Sembrava che gli uomini privilegiassero sempre un'immagine di me che era solo un'aspetto della mia personalità, e non somigliava affatto alle tante componenti che mi rendevano una donna completa. Ero stata definita un *objet d'art*, un animale da riproduzione, una ragazza da portare a letto. Ora mi stavo avventurando in un territorio sconosciuto. Sentivo di poter fare di più, essere di più, ottenere di più perché i miei figli fossero fieri di me, e non avevo la minima voglia di essere suddivisa in tanti pezzi un'altra volta. Era un prezzo troppo alto per la passione, il piacere e l'intimità. E poi, quando ti mettono su un piedistallo, la caduta non finisce mai.

Non intendevo venir meno ai comportamenti e alle aspettative che regolano i mutevoli rapporti sociali, ma ora sapevo che mi sarei opposta a qualunque limitazione imposta dal mio sesso o dalle miopi proiezioni di maschi interessati a portarmi a letto, o semplicemente a proteggermi dalle grandi cattiverie del mondo.

Avevo pagato un prezzo spropositato per arrivare a quel punto della mia vita, e per quanto scarse fossero le offerte di lavoro per principesse decadute con un passato all'inferno, non avevo intenzione di chiudermi in un bozzolo soffocante. Non sapevo cosa sarei diventata e cos'avrei fatto in futuro, ma sarei stata onesta e vera come speravo sarebbero stati i miei figli nel loro futuro, principi o meno che fossero.

10

MODA, DONNE E VINO

Cominciare un nuovo giorno in uno stato d'animo di assoluta felicità era una situazione cui non ero più abituata. Solo quando mi misi il rossetto davanti allo specchio e vidi che sorridevo mi resi conto del mio buonumore. Afferrai la mia capace borsa e mi precipitai fuori dalla stanza d'albergo per incontrare Judith e la troupe al pian terreno. Ero rilassata e contenta di dover semplicemente seguire il lavoro altrui, e piuttosto incuriosita dalla protagonista delle riprese di quel mattino.

Ci inoltrammo tutti e quattro nelle stradine di Chelsea, mentre io chiacchieravo con Judith, finché l'auto si fermò davanti a una villetta a schiera in una via tranquilla.

Una giovane donna venne ad aprire e ci fece accomodare in salotto, chiedendoci di attendere. Era una stanza bizzarra, piccola e poco luminosa: il bovindo che dava sulla strada era occupato da un'enorme gabbia per uccelli vuota che somigliava al Taj Mahal, inghirlandata di lanternine colorate e fiori di seta. L'ambiente era molto affollato. Il camino e la sua mensola traboccavano di fiori, piccoli quadri a olio e icone russe; un divano era tappezzato di cuscini gonfi e pelli di leopardo; le assi del pavimento di legno erano ingombre di giocattoli per neonati. E su tavolini e credenze erano disseminati disegni infantili e mazzi di fotografie. Dei gigli in vaso diffondevano un profumo inebriante.

Judith aveva fatto predisporre le luci e posizionare la macchina da presa coi cavi che si snodavano sul pavimento, e ora la stanza era pervasa da un'atmosfera di aspettativa.

Paula Yates fece il suo ingresso con nonchalance. Fianchi stretti e seno abbondante, capelli biondi tagliati corti con un'originale acconciatura arruffata, portava scarpe con cinturino alla caviglia e un abito di pizzo color caffellatte che aderiva a ogni curva del suo corpo. Su chiunque altro quel vestito sarebbe sembrato insignificante, ma indosso a lei era una combinazione di ragazzina ribelle e signora bene.

Fatte le presentazioni, iniziò l'intervista, in cui Paula Yates avrebbe parlato delle creazioni della Dinnigan.

Paula si mise subito a chiacchierare con Judith ed entrambe si mostrarono rilassate e disinvolte. Il colloquio si concluse rapidamente: con la sua esperienza di conduttrice televisiva e intervistatrice, Paula venne subito al punto controllando il flusso della conversazione con Judith.

Più tardi, mentre Pieter e Mark ritiravano le attrezzature, Paula spostò la sua attenzione su di me mentre Judith spiegava la mia presenza e il motivo del mio breve viaggio a Londra. La puntuale descrizione di Judith accese una scintilla negli occhi di Paula. «Ho sentito parlare di te da un'amica» disse. «Mi piacerebbe dare un'occhiata al tuo libro.» Confessò che il suo divorzio da Bob Geldof si stava complicando e cercò di stabilire un parallelo fra noi, cosa che mi mise un po' a disagio.

«Michael [Hutchence, degli INXS] e Bob si sono scambiati le case per il bene delle bambine» spiegò quando le dissi che apprezzavo molto la sua strana abitazione. Il suo ex marito, Bob, aveva accettato di trasferirsi lì vicino nella casa del compagno di lei, Michael, mentre lei e Michael erano andati ad abitare in quella di Bob con la figlioletta Tigerlily e le altre tre bambine. Questa decisione logica e generosa sembrava in contrasto con altre sue dichiarazioni su Bob, quindi feci del mio meglio per evitare del tutto l'argomento.

Parlammo dei nostri figli, discutendo dell'allattamento al seno (del quale eravamo entrambe convinte sostenitrici) e di come la maternità avesse dato una nuova prospettiva alle nostre vite. Parlando di Michael e delle sue quattro figlie, Paula si animò più che per qualsiasi altro argomento. Era profondamente triste e amareggiata per l'impatto della stampa scandalistica sui suoi rapporti quotidiani con le bambine. Raccontò che una volta, mentre era in giro con la famiglia, i paparazzi avevano spintonato una delle sue figlie. Ne era venuta fuori una foto in cui Paula rialzava la bimba con un'espressione irata in volto, pubblicata con la didascalia «Paula furiosa picchia la figlia in lacrime», o qualcosa del genere. Paula era chiaramente innamorata delle sue bambine, e molto amata da loro. In sottofondo si sentì la più piccola, Tigerlily, che cominciava a pretendere la sua poppata. Paula afferrò rapidamente un foglio di carta e una penna da una pila traballante su uno scaffale e vi scribacchiò il suo indirizzo e numero di telefono, invitandomi a chiamarla e a tenermi in contatto.

«Dammi il tuo, svelta!» ordinò poi, passandomi la penna e un angolo del foglio. «Dico sul serio, telefonami!» ripeté. «Voglio parlare ancora con te; magari ceniamo insieme o qualcosa del genere.» Mi abbracciò e si congedò.

Quando uscimmo sul marciapiede, Judith scoppiò a ridere. «Accidenti, ve la intendete voi due! Che donna simpatica. Peccato che non ci fosse anche Michael» disse con uno scintillio negli occhi.

«Sono d'accordo,» risposi «ma c'è un sottofondo di fragilità sotto quella facciata.»

Diedi un rapido sguardo all'orologio e mi venne un'idea. «Judith, ti va di andare per negozi?» domandai con un sorrisetto, sapendo che per quel giorno aveva finito di filmare. «Potremmo anche mangiare qualcosa, prima che io vada all'aeroporto.»

«Volentieri» rispose lei senza esitare.

Ancora oggi Judith dice che le gira la testa quando ripensa alla prima volta che abbiamo fatto acquisti insieme. Era ragionevolmente certa di essere una professionista dello shopping, ma sostiene che si sentì una dilettante quando aggredimmo la prima boutique in fondo a King's Road a Chelsea.

Mi vanto di essere rapida negli acquisti, ma avevamo meno di un'ora e mezza per esplorare e comprare, se volevamo pranzare insieme. Io dico sempre che il tempo contato è la situazione migliore per distinguere la roba dozzinale dall'alta moda. Un'occhiata veloce a uno dei primi negozi mi procurò il primo acquisto della giornata, un vecchio bustier di velluto nero di Vivienne Westwood. In rapida successione, saccheggiammo Russel & Bromley per le scarpe, Jigsaw per le magliette, una boutique di biancheria intima traboccante di pizzi, e vari altri negozi, senza il tempo di tirare il fiato tra l'uno e l'altro. L'ulteriore incentivo della scritta "SALDI" a lettere rosse in tutte le vetrine accentuò al massimo la mia consueta velocità. Adoro le sfide. So valutare la merce di tante boutique prima ancora di entrare.

Secondo Judith, nel giro di pochi minuti ci ritrovammo con tante di quelle borse da non riuscire a portarle. In breve lei finì per comprare allegramente giubbotti in pelle di cavallino, varie borsette nuove e Dio solo sa quante paia di scarpe.

Poi, finalmente saziata la nostra fame di shopping, ci rifugiammo in un caffè a guardare compiaciute i nostri acquisti e placare il borbottio dei nostri stomaci. Due bicchieri di vino ci sciolsero la lingua e parlammo di tutto, mentre io abbassavo la guardia. Dolcemente sollecitata da Judith, lasciai cadere la maschera e mi sentii sollevata da un enorme peso. Mi arrischiai a essere me stessa, e lei fece lo stesso.

In quel piccolo caffè affollato, Judith ascoltò il mio sfogo con le lacrime che le scorrevano sul viso. Capii allora che era una persona di cui potevo fidarmi.

Anche se c'era poco tempo, chiesi al tassista chiamato dal nostro albergo di passare da Trafalgar Square. C'era una cosa che dovevo assolutamente fare prima di lasciare Londra.

St Martin-in-the-Fields è la mia chiesa preferita, il luogo che più di ogni altro mi faceva sentire vicina ai miei figli. Il suo campanile e il suo orologio dal quadrante azzurro mi attiravano fra quelle mura ogni volta che mi trovavo in città. Recitare il mio mantra e accendere ceri per i bambini laggiù mi dava un senso di pace che non provavo altrove.

Judith non batté ciglio mentre io celebravo questo rito strettamente privato. Era davvero l'inizio di una straordinaria amicizia.

Quella sera prendemmo il volo per due diverse città dell'Australia, ma nel giro di una settimana ci eravamo già sentite al telefono, inaugurando una consuetudine fatta di risate e verità senza veli che resiste ancora oggi, anche se di norma c'è un oceano a separarci.

11

NOI SIAMO CIÒ CHE FACCIAMO DI NOI STESSI

All'inizio del 1997, i vari fili della mia vita cominciarono a intrecciarsi fino a formare una sorta di trama autonoma. La settimana in cui tornai a casa da Londra, trovai nella cassetta della posta l'invito a tenere un discorso al Congresso mondiale sul diritto di famiglia e i diritti dei bambini e dei giovani. Il congresso era programmato per giugno a San Francisco e sarebbe stato presieduto dal giudice Alastair Nicholson, con presidentessa onoraria l'allora first lady Hillary Rodham Clinton. Il tema della mia relazione, scriveva il comitato organizzatore, sarebbe stato «L'impatto del rapimento di un minore da parte di un genitore: visto da dentro. Una guida pratica per l'assistenza sociale». Pochi giorni dopo ricevetti un altro invito, questa volta per tenere un discorso al dipartimento di Stato USA, in particolare al settore che si occupava di rapimenti internazionali da parte dei genitori. Il dipartimento di Stato sarebbe stato lieto di concordare una data in coincidenza col congresso.

Un governo straniero mi aveva chiesto di parlare, il mio no. L'ironia della cosa non mi sfuggì.

Fino a pochi mesi prima, l'esecutivo laburista in carica aveva dato l'impressione di considerarmi una vera piaga per la dignità del governo. Il mio costante attivismo per costringerlo a fare qualcosa di umano e di concreto per i miei due figli, che erano cittadini australiani, era malvisto. Gareth Evans, allora ministro degli Esteri, non sembrava molto interessato al benessere degli australiani bisognosi di aiuto diplomatico; puntava a un prestigioso incarico internazionale e all'abbandono della scena politica australiana. Il fatto poi che mi detestasse e non sopportasse le mie critiche lo aveva reso ancor più intrattabile.

Ma le elezioni federali del marzo 1997 portarono un brusco cambiamento politico in Australia, con la costituzione di un governo liberale (conservatore) guidato dal primo ministro John Howard. Solo ventiquattr'ore più tardi fui contattata da Alexander Downer, il nuovo ministro degli Esteri. La sua telefonata mi raggiunse in macchina, mentre tornavo da un discorso nelle campagne dello stato di Victoria, quindi mi fermai sul bordo della strada.

In che modo, mi chiese Downer, il suo ministero e lui personalmente potevano essermi d'aiuto nel rapimento dei miei figli?

Dire che rimasi di stucco è dire poco! Fino a quel momento il senatore Gareth Evans aveva rifiutato qualsiasi contatto diretto con me, e negli anni dopo il rapimento si era mostrato cocciuto e risentito, il che non aveva fatto altro che accrescere la mia rabbia degenerando in un'accesa disputa sui media. A tutta evidenza nutriva pretese intellettuali e manie di grandezza che andavano al di là di noi comuni mortali. Per questo la telefonata del nuovo ministro fu per me una vera esperienza extrasensoriale. Come se non bastasse,

Downer passò poi a discutere delle procedure e dei comportamenti del suo ministero in relazione ai rapimenti internazionali e alle risposte diplomatiche, parlando di pura e semplice comprensione e di un approccio nuovo al problema. La conversazione durò più di due ore, lasciandomi sconvolta e con un briciolo di speranza in più per gli altri genitori che stavano vivendo, o avrebbero vissuto, le difficoltà emotive, finanziarie e legali di un rapimento internazionale.

Probabilmente qualcuno aveva consigliato ad Alexander Downer di trattarmi coi guanti anziché con la frusta, in modo che mi mostrassi meno aspra coi nuovi inquilini del governo nel discutere il dramma di Iddin e Shahirah. Non ero un'ingenua, ma avevo speranza. E il mutato atteggiamento del potentissimo ministero degli Esteri divenne evidente nel giro di qualche settimana. Cosa di cui fui sinceramente e umilmente grata.

Piccoli cambiamenti, a dire il vero, ma sapevo che il motore del cambiamento è molto lento ad avviarsi.

A quell'epoca stavo lavorando, tramite la Rete delle braccia vuote, su un drammatico caso di rapimento che mi mise in stretto contatto con Robert Hamilton, capo dei servizi consolari presso il ministero degli Esteri australiano e, successivamente, ambasciatore in Messico. Il caso riguardava una donna cui l'ex marito aveva sottratto tre figli portandoli in una nazione del Medio Oriente. La figlia maggiore era stata lasciata in Australia. Stavo cercando di trovare un canale per metterla in contatto coi tre maschi che erano stati rapiti, tentativo che si stava rivelando molto difficile. Ma appena prima della festa della mamma, venimmo a sapere che il figlio più grande, di sedici anni, era fuggito dal villaggio in cui era segregato e con un viaggio molto pericoloso aveva raggiunto la capitale, dov'era riuscito a raggranellare il denaro sufficiente per fare una telefonata a casa a Melbourne. Ora la madre del ragazzo si trovava di fronte a una scelta terribile: poteva fare tutto il possibile per riportarlo a casa immediatamente, oppure consigliargli di tornare al villaggio per badare ai suoi fratelli più piccoli.

Se avesse scelto la prima opzione, ogni speranza di rivedere i figli più piccoli sarebbe tramontata, e se avesse scelto la seconda, avrebbe avuto scarse speranze di rivedere tutti i suoi figli, dato che le era stato diagnosticato un tumore all'utero molto aggressivo.

La madre decise di riportare a casa il figlio maggiore, e io cominciai a preparare il terreno per lei.

Quando telefonai a Robert Hamilton per informarlo, la sua reazione fu magnifica. Sotto il nuovo governo si sentiva autorizzato a prendere alcune iniziative discrezionali, ed è proprio quel che fece. Attivandosi fin dalle prime ore dell'alba, organizzò il recupero del ragazzo da parte dell'ambasciata e il suo trasferimento in un nascondiglio sicuro. (Probabilmente la polizia stava cercando di catturarlo su richiesta del padre.) Con un fax speditogli dal mio ufficio per dimostrare l'identità dell'adolescente e la sua cittadinanza, Hamilton fece poi predisporre un documento temporaneo di viaggio e un biglietto aereo. Se fosse stato un diplomatico meno intraprendente, meno umano, probabilmente tutto questo lavoro burocratico avrebbe richiesto un'altra settimana.

I funzionari dell'ambasciata portarono il ragazzo in

aeroporto e attesero che fosse imbarcato in sicurezza su un volo per l'Australia. All'alba della festa della mamma, il ragazzo rientrò a Melbourne; mezz'ora dopo l'atterraggio era fra le braccia di sua madre. Lei morì quarantott'ore dopo.

Sarò sempre profondamente grata a Robert Hamilton per la sua comprensione ed efficienza; il suo approccio fuori dagli schemi fu coraggioso e umano.

La prima visita di Stato ufficiale del nuovo premier australiano in Malesia fu preceduta da una telefonata con cui il suo segretario mi informò che Howard era disposto a intercedere in mio favore, su base personale e privata, presso l'allora primo ministro malese Mahathir Mohamad. Avevo qualche obiezione? Obiezioni! Cosa c'era da obiettare? Da anni tenevo le dita, i piedi, gli occhi e tutte le altre parti del corpo incrociate nella speranza di un mutamento così profondo nell'atteggiamento dei politici.

Se volevo, disse il segretario, potevo predisporre qualche oggetto e ricordo personale che Howard avrebbe consegnato al primo ministro malese, chiedendo che fossero trasmessi a Iddin e Shah.

Riagganciai e scoppiai a piangere. Finalmente il mio governo era disposto ad avere un po' di compassione per i miei figli. C'erano voluti cinque lunghi anni e un cambiamento nel panorama politico per questo mutamento di rotta.

Decisi di mandare a Iddin e Shah una composizione di foto incorniciata, immagini mie, di mia nonna, di altri membri della famiglia e di amici, ognuno indicato col nomignolo familiare nel caso che i ricordi dei bambini fossero un po' vaghi. Ero sicura che nessuno dei due avesse visto una mia fotografia dopo il rapimento. Era passato troppo tempo da quando li avevo tenuti fra le braccia e mi avevano visto sorridere.

Mi concessi un filo di speranza e lavorai febbrilmente al collage, ricomponendolo ossessivamente finché non mi parve perfetto.

Il primo ministro, mi fu detto, non cercava un vantaggio politico dalla sua iniziativa, né si aspettava che gli facessi pubblicità cantando le lodi del suo intervento sulla stampa. Era solo un atto di gentilezza di un genitore verso un altro genitore.

Rimasi nascosta per tutta la durata della visita ufficiale di Howard. Nessun giornalista mi avrebbe strappato un commento sul viaggio del primo ministro; la posta in gioco era troppo alta. In privato, mi mangiavo le unghie e camminavo avanti e indietro, il mio unico pensiero era che forse i miei figli stavano ricevendo una prova tangibile del fatto che continuavo a lottare per loro, che li amavo con ogni fibra del mio essere.

Ebbi conferma dell'avvenuta consegna del pacco ventiquattr'ore dopo il ritorno del primo ministro in Australia. Il suo assistente mi assicurò che Howard aveva esposto la mia richiesta di un contatto con Iddin e Shahirah al primo ministro malese in tono cortese ma fermo, e che quest'ultimo si era impegnato a chiedere personalmente alla famiglia reale di Terengganu di far avere il mio dono ai bambini per motivi umanitari. Nutrivo un'incerta speranza.

Nel gennaio dell'anno successivo, mi fu recapitato un pacco, conteneva la grande cornice. Il mio regalo era stato scempiato sul retro con slogan in malese, quindi lasciato alla reception dell'Alto Commissariato d'Australia a Kuala Lumpur da un tirapiedi del mio ex marito. A tutta evidenza non era mai arrivato ai miei figli. Da lì il dono fu rimandato con valigia diplomatica in Australia, e restituito a me.

Se non altro avevo trascorso dieci mesi sognando di vegliare sui miei figli con un sorriso amorevole.

Nicolas era riuscito a fare due viaggi di lavoro in Australia in altrettanti mesi, ma ora insisteva perché andassi in Belgio. L'idea mi attirava, e inoltre avevo del lavoro da fare in varie parti del mondo. Anversa poteva essere una buona base per le attività umanitarie in cui ero sempre più coinvolta, e che cominciavano a focalizzarsi sui Balcani; *e poi*, avrei potuto far visita alla mia amica Patsy ad Ambly. Sarebbe stato più facile anche incontrare Paula Yates e Michael Hutchence per esaminare una proposta che Paula mi aveva fatto durante la sua marea di telefonate. Aveva preso l'abitudine di chiamarmi a ogni ora del giorno e della notte; a volte insisteva caparbiamente perché le raccontassi con precisione gli avvenimenti di cui aveva letto nel mio primo libro. Per lei la narrazione in bianco e nero della mia storia non bastava, voleva i minimi dettagli, la natura esatta dei miei sentimenti quando avevo incontrato per la prima volta mio padre all'età di tredici anni e lui stava morendo di cancro.

Spesso il filo dei suoi pensieri si perdeva nel bel mezzo di una conversazione. «Come fai ad andare avanti quando tutti ti stanno addosso?» mi domandò misteriosamente una sera, nel corso di una telefonata disperata che aveva interrotto una cena con ospiti a casa mia. «Non capiscono che io voglio bene alle mie figlie e che questa dovrebbe essere l'unica cosa che conta» singhiozzò ansimando. «Io lotto per le mie bambine tutti i giorni, sempre di più, proprio come fai tu per i tuoi due figli.»

Non riuscivo a capire se Paula si riferisse alla battaglia contro i giornalisti famelici o a quella contro la normativa sulla custodia dei figli. Avevo sempre più la sensazione che Paula oscillasse tra il desiderio di difendere se stessa, la sua vita affettiva e le sue bambine sui mezzi di informazione, e la tentazione di fregarsene dei pettegolezzi sui giornali e della riprovazione morale di cui era oggetto in Gran Bretagna.

L'Australia, però, era un altro paio di maniche. A quanto pareva, Paula si era messa in testa di modificare l'immagine che la gente si era fatta di lei nel paese di Michael; era decisa a smontare le malignità e i pregiudizi che la circondavano in Australia così come in Gran Bretagna, derivanti per lo più da una copertura stampa molto negativa. Anche Michael si era inserito in un paio di quelle telefonate.

«Ne ho pieni i *** della gente che spande merda su Paula. È una donna straordinaria e una mamma fantastica» mi disse adirato. «Loro non lo capiscono, o non capiscono noi, e questo fa male alle bambine.» Michael ce l'aveva con la causa di divorzio di Paula e lo scandalo che era scoppiato sul loro presunto uso di droghe. Ne veniva fuori un uomo determinato a proteggere la sua donna, e profondamente ferito e sconvolto dal veleno che i giornali scandalistici sputavano su di lei. Per un uomo abituato a calcare le scene del rock internazionale, ritrovarsi vulnerabile e scombussolato era chiaramente una novità, probabilmente esacerbata dal turbamento emotivo della sua recente paternità.

Il gruppo di Michael, gli INXS, stava lavorando nel Regno Unito all'uscita di un nuovo album. «Vieni da noi e troveremo il modo di farti scrivere» disse Paula. Lei e Michael mi avrebbero parlato della loro vita personale e della figlia che avevano avuto, Tigerlily. «Ti daremo un'esclusiva per scrivere di noi su una rivista; Michael dice che "Women's Weekly" è quella giusta per l'Australia» insistette Paula. «Io mi fido di te, mi piace come hai scritto il tuo libro e potresti frequentare la famiglia come un'amica. Che ne dici, vuoi chiedere alla rivista se è interessata?»

Concordammo che avrei frequentato Paula e la sua famiglia per un paio di settimane, e che qualunque cosa fosse accaduta in quel lasso di tempo sarebbe rimasta confidenziale a meno che Paula e Michael non dessero l'autorizzazione. A quel punto ci sarebbe stata l'intervista vera e propria, se Michael mi avesse giudicato adatta. La direttrice di «Women's Weekly» accolse con entusiasmo la proposta, sia pure a quelle bizzarre condizioni.

Io ero perplessa. Avevo scritto solo qualche articolo per le riviste fino a quel momento. Questa era una storia che faceva gola a tutti. E poi non conoscevo ancora molto bene Paula – qualche telefonata rubata non costituiva una vera e propria amicizia. Ma lei sembrava convinta che stessimo affrontando entrambe lo stesso tipo di esperienza. Mi lambiccai il cervello nel tentativo di capire quale parallelo trovasse fra noi, e cosa potessi fare per contribuire a placare la sua ansia inespressa. Ad ogni modo, volevo una scusa per rimanere in Europa per un po', e anche il denaro mi avrebbe fatto comodo.

Decisi di allontanarmi dall'Australia qualche mese.

Prima sarei andata a Los Angeles a discutere coi miei agenti dell'opzione sui diritti cinematografici del mio primo libro. Poi, il mattino seguente, sarei volata in Belgio dove avrei trascorso qualche giorno da sola. Nicolas sarebbe stato a Hong Kong per lavoro in quel periodo.

Una cara amica di Nicolas venne gentilmente a prendermi all'aeroporto e mi accompagnò in macchina ad Anversa. Mi diede la chiave dell'appartamento appena ristrutturato e mi lasciò nell'ingresso a esplorare la mia nuova casa e la pittoresca antica città.

Appena entrai nello spazioso appartamento art deco, notai che ogni elemento dell'arredamento era in una sfumatura di beige. Forse, pensai dispiaciuta, avrei dovuto dare un'occhiata ai progetti dell'arredatore quando Nicolas me l'aveva chiesto. (Un anno dopo, conversando durante una cena letteraria con lo scrittore e illustre neurologo americano Oliver Sacks, autore di *L'uomo che scambiò sua moglie per un cappello* e *Risvegli*, riuscii a comprendere le implicazioni dell'assoluta cecità di Nicolas ai colori, e la sua percezione del mondo che lo circondava. A quanto pareva la mia pelle chiara, che Nicolas continuava a pregarmi di abbronzare, gli appariva grigia, simile alla carne in putrefazione di un cadavere! Davvero lusinghiero.)

«Il beige, Jacqueline,» spiegava lo stesso Nicolas «è l'unico colore che so di potere identificare.» Be', l'arredatore lo aveva preso alla lettera, senza eccezioni. Stare in quell'appartamento era come essere intrappolati in una gigantesca pozza di caffellatte, senza un biscotto o una fetta di torta accanto per stimolare le papille gustative.

Fuori, però, mi attendeva una bella città. Mi innamorai della casa del grande artista Rubens e della straordinaria architettura della città. Cinque giorni da sola mi diedero il tempo di gironzolare per le vie secondarie e passeggiare per la Gros Platz con il suo vecchio acciottolato e il profilo medievale dei tetti. Nell'antica cattedrale accesi dei ceri votivi per i miei figli; quel fulcro religioso di Anversa resisteva solidamente da secoli, e sentii risuonare il mio mantra di speranza e protezione fra le migliaia di suppliche sussurrate nel tempo in quel luogo sacro.

Transitata per caso dal mercato dei fiori e degli alimentari, rientrai nell'appartamento carica di rose a stelo lungo, formaggi piccanti e cestelli di freschi, dolci lamponi. Era meraviglioso non avere una televisione in casa e riuscire a concentrarsi sulla scrittura e sulle mie esplorazioni in città. Da molto tempo non mi concedevo il lusso della solitudine. (Avevo passato gran parte degli ultimi anni lavorando in televisione, occupandomi del rapimento o facendo pubblicità al mio libro. Tutte queste attività comportavano colloqui con le persone. E come se non bastasse, in Australia mi era impossibile uscire senza essere riconosciuta e avvicinata da estranei. Era una vera goduria stare da sola e in silenzio.)

Poi contattai Paula e combinai un breve viaggio a Londra per cenare con lei e Michael. Saltai sull'Eurostar e poi su un taxi che mi portò alla casa di Chelsea.

Le figlie più grandi passavano la serata fuori, quindi Paula, Michael e io ci sedemmo a fare due chiacchiere prima della cena. L'attrazione fra i due era palpabile ed evidente nel modo in cui i loro piccoli gesti di intimità prendevano forma insieme. Invidiai il contatto rilassato dei loro corpi, Michael semisdraiato sul divanetto davanti alla finestra con una gamba sul grembo di lei.

Fu una bizzarra serata che mi fece sentire come Alice attraverso lo specchio. Un codazzo di fotografi alle calcagna mentre andavamo al ristorante, l'incontro con persone più o meno famose, tutte apparentemente interessate a prendersi la loro fetta della prestigiosa coppia ogni volta che metteva piede fuori di casa. Il giorno dopo ero di nuovo ad Anversa, a chiedermi come sarebbe andata a finire quell'avventura. Telefonai ad Anthony Williams, mio mentore e agente letterario a Sydney, e gliene parlai.

«Va' fino in fondo, mia cara» rispose lui, scandendo le parole, «va' fino in fondo.»

12

SOTTO ESAME

Se c'è una cosa che non sopporto, è dovermi sottoporre a una prova di idoneità, in qualunque ambito. Tutte le mie vecchie insicurezze vengono a galla e mi metto subito sulla difensiva, come fossi un cavallo cui controllano i denti e il garrese.

A cena con gli amici di Nicolas, tuttavia, questa sensazione di essere sotto esame svanì rapidamente. Avevo trovato dei nuovi amici del cuore! Era un gruppo eterogeneo ma affabile: un artista, un direttore di giornale, la socia di una società di revisione multinazionale con il marito architetto.

«Tieni d'occhio quest'uomo,» scherzò uno di loro «siamo stufi di vederlo rovinare tutto ogni volta che ci abituiamo a qualcuno.»

Nicolas parve più imbarazzato che divertito.

«Ssshh» lo rimbeccò la moglie sottovoce. Poi aggiunse, in francese: «Lei se ne andrà e noi ci ritroveremo nella stessa situazione con una nuova. Almeno questa ha un cervello e sa come comportarsi, grazie a Dio.»

Mantenni un sorriso stereotipato e finsi di non aver capito le sue parole; la discrezione era una componente automatica della mia ossessione di piacere agli altri.

Ma qualche sera dopo, in un ristorante nei pressi del porto di Anversa, il mio disagio si accrebbe ulteriormente quando Nicolas prese a fare commenti sprezzanti su una coppia seduta a un tavolo vicino.

«Omosessuali,» bisbigliò a uno dei suoi amici con una smorfia di disapprovazione «cambiamo posto.» Colpevolmente, scelsi di non discutere quell'osservazione a bassa voce, dato che eravamo in compagnia. Per fortuna rimanemmo al nostro tavolo iniziale. Ma il suo commento non faceva presagire niente di buono per il futuro, se era un esempio dei suoi pregiudizi o timori omofobici. Avevo numerosi amici omosessuali e non mi andava di sentirli insultare da una persona con cui avevo un legame, sentimentale o di altro tipo.

Le due settimane successive non portarono grandi novità per la storia di Paula e Michael. Li rividi un paio di volte, e le telefonate di Paula furono stranamente assidue. Il suo rancore verso l'ex marito sembrava rafforzarsi man mano che la sua vita e quella di Michael si intrecciavano sempre più strettamente, ma bisognava anche fare i conti con le norme del diritto di famiglia britannico. Continuavo a non capire perché Paula fosse sempre più polemica nei confronti di Geldof, e dovetti mordermi la lingua un paio di volte per la sua insistenza nel paragonarlo al mio ex marito. Alla fine le dissi che secondo me le sue paure che Bob ottenesse la piena custodia delle figlie per ordine del tribunale erano ingiustificate. Forse ero ingenua, ma volevo aiutarla a vedere le cose nella giusta prospettiva.

«Paula, se tu e Michael non vi drogate e non picchiate le bambine, nessuno, né la corte suprema britannica né nessun altro, te le porterà via. E non credo che Bob si sarebbe preso il disturbo di offrire alle figlie un ambiente familiare sicuro in casa sua se volesse davvero fartela pagare. Nessuno vuole rapirti le figlie» conclusi con malcelata irritazione, pentendomene immediatamente.

Seguì un silenzio stupito, ed ero convinta che Paula mi avrebbe mandato all'inferno. Invece, con mia grande sorpresa, lei riprese a parlare in tono pacato per un paio di minuti, per poi chiudere la telefonata con queste parole di nuovo esasperate: «Ma tu non lo conosci. La storia del tribunale e tutto il resto, lui è il diavolo in persona».

«Paula,» abbozzai «le cose si complicano quando un matrimonio si sfascia e la gente si arrabbia, ma tutto questo non è di aiuto alle bambine.»

«Hmmm… Ok» rispose lei, congedandosi.

Quella notte andai a letto pensando a quanto fosse improbabile che "san Bob" del Live Aid saltasse il cerchio di fuoco e diventasse un nuovo esponente del regno degli inferi.

Nicolas era impegnato durante il giorno, viaggi d'affari in Spagna, Germania e Francia che ogni tanto lo trattenevano fuori la notte, e ciò mi dava la libertà di fare esattamente quel che volevo. La mia cara amica Patsy venne a trovarmi un paio di volte dalla sua casa nel sud del Belgio, e fu magnifico. Andammo al parco di fronte all'appartamento per soddisfare la sua voglia di stare all'aperto e chiacchierammo fino a perdere la voce. Ma quando si conobbero, Nicolas e Patsy svilupparono un'immediata avversione reciproca: l'ostilità di Patsy fu così violenta che mi lasciò senza parole. Le loro frecciatine in francese e in fiammingo erano un po' misteriose per me. Patsy si rifiutava di parlare fiammingo e Nicolas si rifiutava di parlare francese: si scambiavano i loro strali verbali in due lingue diverse! È buffo a ripensarci adesso, ma all'epoca quella bizzarra circostanza mi parve un riflesso della lunga rivalità tra le diverse regioni del Belgio: la base industriale del Paese, le Fiandre di lingua fiamminga, e la zona agricola e di allevamenti della Vallonia, la parte francofona della piccola nazione. Era tanto più strano considerando che Patsy era sposata a un fiammingo, Walter. Ora sospetto che la sua curiosa reazione fosse legata al profilo pubblico della famiglia di Nicolas, politicamente di destra, ma ancora oggi Patsy si rifiuta di parlare di quelli che definisce «gli insulti» di quel giorno.

Quando Nicolas e io eravamo insieme, la nostra relazione era elettrica e volubile. Finché non si parlava di politica, cause umanitarie e questioni etniche, andava benissimo! Nicolas aveva la tendenza a essere imperscrutabile, un tratto che mi sembrava in contrasto con la schiettezza delle sue lettere e telefonate, e anche se nell'intimità continuava a mostrarsi appassionato, non riusciva a comprendere il mio crescente coinvolgimento nei progetti umanitari.

Non so se fosse eccessivo da parte mia, ma sapevo che il mio amante doveva almeno accettare la solidità delle mie convinzioni e non considerarle un semplice diversivo. Nelle lettere e in camera da letto Nicolas era sensazionale; ma a stretto contatto… be', cominciavo a definirlo "fascista" a bassa voce, un sentimento tutt'altro che ideale. Una cosa erano le dispute intellettuali, un'altra il pregiudizio nudo e crudo.

Appena prima che partissi per San Francisco, i nodi vennero al pettine.

Quella sera eravamo rientrati da una cena di gala al suo club, quando lui cominciò a fare obiezioni su un viaggio di lavoro in Bosnia (uscita da cinque anni di guerra) che stavo programmando per quell'anno. Fu la goccia che fece traboccare il vaso. Gli dissi che preferivo non mi raggiungesse a New York il mese seguente, che le cose fra noi non funzionavano e che continuare la nostra relazione sarebbe stato uno sbaglio.

Fu tutto molto civile. Decidemmo di separarci, sapendo entrambi che era la cosa migliore.

Patsy fu smodatamente e vergognosamente compiaciuta. «Brava, Jacqueline!» esclamò al telefono. «Che vada al diavolo, è un vero sollievo ricevere questa notizia! Lascialo perdere, è proprio un fascista, come hai detto tu.»

E così presi l'aereo per gli Stati Uniti senza rimpianti per il tempo che Nicolas e io avevamo trascorso insieme. Eravamo stati meravigliosamente onesti tra noi. Dopo tutte le sofferenze degli ultimi anni, e le profonde delusioni delle passate relazioni, Nicolas mi aveva restituito la mia sicurezza e autostima come donna. Andando via adesso per mia decisione mi sentivo padrona di me stessa. Compresi che era possibile conservare la propria identità e non sottomettersi al partner, avevo finalmente imparato questo segreto all'età di trentatré anni. Ora Nicolas e io potevamo sperare solo in una buona amicizia ma, se non altro, il cioccolato era stato fantastico.

13

UN DITO NELLA PIAGA

New York si stava rivelando un ottimo posto per fuggire da tutto ciò che mi aveva tenuto chiusa in me stessa in Australia. Stavo ancora aspettando una risposta da Paula e Michael sull'intervista. Parlavo con Paula quasi tutti i giorni e lei continuava a discutere di scadenze e sedute fotografiche per l'articolo. Avevo cominciato a sospettare che le piacesse semplicemente chiacchierare con me del più e del meno, e non incoraggiavo la sua amarezza. Lo spiegai alla direttrice della rivista, ma lei non sembrò preoccupata e mi invitò a rimanere negli USA o in Europa nel caso che l'intervista andasse a buon fine.

Nel frattempo, da quando ero partita dal Belgio avevo tenuto un ritmo frenetico, il che mi aiutava a far fronte alla nostalgia dei miei figli. San Francisco era stata stimolante, istruttiva e divertente: la città sulla baia era magnifica e l'ospitalità degli organizzatori del convegno calorosa e sincera. Al World Congress avevo ritrovato con piacere amici e colleghi di tutto il mondo. La mia relazione aveva ricevuto una buona accoglienza e avevo stabilito nuovi e preziosi contatti. I vari forum, le simulazioni di processi e le discussioni con giudici e avvocati, oltre che con attivisti per i diritti umani, mi fornirono un quadro più ampio di come reagivano i diversi Stati ai rapimenti da parte di un genitore, e arricchirono la mia lista di risorse e contatti.

Rivedere la mia grande amica Sally Nicholes fu la ciliegina sulla torta. Seguimmo insieme alcune sedute e rubammo un po' di tempo per fare shopping ed esplorare la città. Sally e io dividevamo la stanza e facevamo le ore piccole confrontando le nostre opinioni, ridendo e saccheggiando il minibar. Ci eravamo conosciute quando lei era una giovane laureata. Oggi è considerata una delle maggiori esperte di rapimenti internazionali da parte di un genitore, e una profonda conoscitrice della Convenzione dell'Aja. Avevamo trascorso ore e ore a lavorare insieme su casi di rapimenti in varie parti del mondo.

A Washington ritrovammo anche uno dei nostri primi clienti, Jim Karides. Avevamo conosciuto Jim quand'era venuto in Australia a cercare il suo bambino. Commercialista di Virginia Beach, in Virginia, specializzato in gestione di eventi sportivi, Jim aveva usato due volte la mia casa di Melbourne come base durante la ricerca del piccolo Adam rapito da sua madre, ricerca che era durata quasi un anno.

Jim era stato un ospite perfetto, malgrado la terribile esperienza che stava vivendo all'epoca. Sfiancato da mesi di indagini private e di polizia e da infruttuose campagne sui media, Jim era tornato negli USA a mani vuote dopo il suo secondo viaggio in Australia. Sally aveva provato di tutto per convincerlo a fermarsi un po' di più: «Resta ancora qualche giorno, Jim, aspetta a partire, sento che succederà qualcosa». Ma invano.

Sei giorni dopo, Sally e io gli urlammo al telefono: «Hanno trovato Adam, torna più in fretta che puoi».

Dopo un'udienza presso il tribunale della famiglia australiano, padre e figlio, raggianti, ebbero il permesso di tornare a casa per iniziare una vera vita insieme. Sally e io andammo a salutarli all'aeroporto, senza aver potuto passare un po' di tempo col piccolo Adam.

Ora il bimbo aveva quasi tre anni e mentre noi ci trovavamo lì stava aspettando la visita delle zie australiane.

Sally e io avevamo affittato un appartamento ammobiliato nel centro di Washington per poterci muovere con facilità, e fu lì che incontrammo Jim e Adam. Portammo il bimbo allo zoo nazionale e, nei giorni di libertà, a passeggiare nel parco. Fu incredibile tenerlo per mano, dato che l'ultima volta che l'avevamo visto era un bimbo in fasce reduce da una lunghissima e traumatica odissea. Mi resi conto che anche i miei figli dovevano essere molto cambiati fisicamente e provai un'incontrollabile sensazione di perdita. Ma non avrei rinunciato a quell'incontro per nulla al mondo, perché adoravo Jim ed ero felicissima di vederlo perfettamente a suo agio nel ruolo di papà tuttofare. Poi, quando i nostri impegni al dipartimento di Stato terminarono, Sally e io salimmo sull'auto di Jim e partimmo per la tranquilla cittadina dove risiedeva, Virginia Beach, per conoscere i suoi parenti.

L'esperienza con la grande famiglia e la cerchia di amici di Jim fu meravigliosa e rivelatrice. Organizzarono un barbecue per ringraziare Sally e me e ci offrirono persino una serata speciale con Jimmy Buffett e i Parrotheads, un'immersione in un particolare tipo di musica americana da cui non mi riprenderò mai! Sapendo che al concerto avremmo avuto i posti in un palco indossai un abito da cocktail di pizzo nero, per poi ritrovarmi in mezzo a un pubblico in bermuda, camicia hawaiana e cappello di paglia ornato di pappagalli e fiori esotici!

Quando Sally dovette partire, feci volentieri da babysitter ad Adam in modo da dare un po' di respiro a Jim. Scoprii le specialità locali – granchi dal guscio tenero e pasticci di granchio – e feci lunghe passeggiate col piccolo per pittoreschi sentieri di campagna. La responsabilità di un bambino e la possibilità di fargli più o meno da zia surrogata mi regalarono alcuni momenti molto intimi di gioia materna. Passando del tempo con Jim, i suoi genitori e le sue sorelle, mi convinsi ancor di più della sua dedizione al benessere del piccolo Adam e compresi, una volta di più, che essere un buon genitore significa soffocare i tuoi pregiudizi a favore di ciò che è meglio per tuo figlio. La madre di Adam fu incoraggiata a far visita al suo bambino, e Jim si morse la lingua facendo ciò che era moralmente e psicologicamente giusto per Adam.

Anthony (si prega di non pronunciare l'acca) Williams era un agente letterario e una potenza nel circuito dell'editoria internazionale da ben prima che diventassi sua cliente e amica. Ex direttore dell'agenzia letteraria britannica William Morris, aveva deciso di tornare in Australia dopo un'assenza di vari decenni per impiantarvi una filiale della prestigiosa agenzia. Tony non corrispondeva minimamente allo stereotipo dell'agente succhiasangue a caccia di percentuali che si vede nei film; anzi, era una persona educata ed elegantissima, con un umorismo tagliente e originale e un'assoluta lealtà nei confronti di coloro che si sceglieva come amici. Ultrasessantenne, Tony collezionava gente interessante e squisite ricette, e si divertiva a mettere insieme le due cose in una piacevole combinazione. Aveva occhio per il dettaglio e gestiva in modo isterico le mie avventure in giro per il mondo, somigliava straordinariamente a un incrocio tra una chioccia, uno stilista e un sensale di matrimoni.

Con un serrato interrogatorio prima di ogni mio viaggio oltreoceano, Tony valutava la natura della trasferta e verificava se avessi o meno delle conoscenze in loco. A quel punto annunciava il mio arrivo agli amici più stretti con un fax imperioso, chiedendo che mi prendessero sotto la loro ala. Nel frattempo mi riassumeva la loro storia con tanto di informazioni riservate, manie e leggende.

Tony aveva deciso che era possibile combinare la mia vita professionale e quella sociale in questo viaggio a New York, con un immancabile appuntamento alla William Morris Agency e un altro con uno dei suoi più cari amici, Sonny Metha, capo della Random House Publishing. Mi spedì un debito elenco di numeri di telefono, appuntamenti e impegni, con l'istruzione di chiamare Sonny Metha e gli Averett, anch'essi suoi buoni amici, appena arrivata a New York.

«Mia cara, Sonny Metha è il dio dell'editoria a New York» aveva insistito Tony. «È anche un vero gentiluomo e un mio carissimo amico.»

Una volta approdata al bizzarro Wyndham Hotel dove Tony mi aveva imposto di soggiornare (dato che aveva dei prezzi ragionevoli ed era frequentato da molti scrittori britannici a New York), mi disposi a seguire l'itinerario di Tony alla lettera: una colazione col mio agente americano alla William Morris, e in prima serata un invito a un evento letterario con il signor Metha.

La colazione da William Morris in Avenue of the Americas si rivelò un semplice atto di cortesia verso Tony. Mi resi conto con imbarazzo che i due agenti, un uomo e una donna, non erano minimamente impressionati da me e dalle mie origini australiane e non intendevano offrirmi altro che una brioche stantia e una tazza di caffè solubile. Ma a tre quarti di quella penosa seduta, il telefono dell'ufficio suonò: era Tony, per me.

«Ascoltami e di' solo sì o no» esordì. «Hanno chiesto un altro appuntamento o mostrato qualche interesse per quel che stai facendo a New York?»

«No» risposi, lanciando istintivamente uno sguardo ai due agenti.

«In tal caso, fra pochi minuti di' loro che devi andare perché hai un impegno per la serata. Lasciati sfuggire casualmente la frase "Sonny Metha manderà un'auto a prendermi alle sei" e guarda come quegli stronzetti supponenti diventano verdi di rabbia.» Ridacchiò maliziosamente e riappese.

«Ehm, d'accordo, lo farò, ciao ciao» balbettai al telefono ormai muto.

Restituendo la cornetta agli agenti palesemente distratti, ripresi il filo della conversazione, poi feci esattamente quel che mi aveva consigliato Tony.

Fu incredibile: come aveva previsto, li vidi cambiare improvvisamente colore, e si affrettarono persino a invitarmi a pranzo al rinomato Four Seasons per l'indomani, se ero libera. Con un pizzico di cattiveria, promisi di farmi sentire quando avessi avuto tempo. Avevo guadagnato posizioni sulla lista dei loro clienti.

14
UMORI NEWYORKESI

Avrei voluto che la terra si aprisse e mi inghiottisse. Sotto gli occhi di una piccola folla di newyorkesi, ero incastrata nella porta girevole del grande magazzino Bergdorf Goodman! Borse di acquisti, mano sinistra e polso sinistro erano ancora bloccati all'interno del negozio, mentre il corpo vestito di azzurro e la faccia rossa come una barbabietola tentavano di sbucare in East 58th Street. Quindici minuti dopo ero libera, con l'orologio Raymond Weil distrutto.

Scaltri passanti si affollarono intorno a me dandomi consigli. «Dovrebbe fargli causa» sembrava l'opinione generale. Io volevo semplicemente sgattaiolare fino al mio albergo e tentare di mettermi in ordine prima che arrivasse l'auto che mi avrebbe trasportato nell'orbita luminosa del dio dell'editoria newyorkese.

Approdata alla mia stanza d'albergo, mi stavo dirigendo verso la doccia quando il telefono si mise a squillare. Era di nuovo Tony. Guardando la sveglia sul comodino, mi resi conto che era il cuore della notte a Sydney. Perché diavolo mi stava chiamando?

Avrei dovuto immaginare che avrebbe attaccato con la sua inconfondibile cadenza strascicata: «Salve, mia cara, cosa indosserai stasera?».

«Ehm, pensavo al mio Dinnigan di pizzo nero con un paio di scarpe da sera di seta nera» abbozzai incerta.

«Sì, va bene» dichiarò Tony con tono imperioso. «Ma per l'amor di Dio non metterti in competizione con i gioielli. Gita, la moglie di Sonny, ha la più bella collezione che abbia mai visto, e faresti la figura della parente povera.»

Nessuno più di Williams andava dritto al punto!

«Be', a dire il vero pensavo semplicemente di mettere la collana di giaietto di mia nonna e di sciogliermi i capelli» dissi, meditando su quella bizzarra situazione.

«Perfetto» sentenziò Tony. «Buona serata, mia cara, comportati bene e va' fino in fondo.» Ridacchiò e chiuse la comunicazione.

Cos'avrebbe pensato mia nonna di tutto questo? Era un'anima così tranquilla e gioiosa, con un pizzico di pessimismo che l'aiutava a tenere la testa sulle spalle. Il suo primo viaggio oltreoceano era stato quello per il mio matrimonio reale; se adesso avesse visto sua nipote saltare da un'aereo all'altro come un pendolare e avviarsi verso il Santo Graal del musical, Broadway, sarebbe rimasta senza parole. L'apice del successo per mia nonna sarebbe stato stringere la mano al primo ministro, e io l'avevo fatto più di una volta.

Sonny Metha mi tese la mano sulla soglia del suo appartamento. Di altezza media e con una voce gradevole, tradiva nello sguardo un'intelligenza acuta che mi fece rimpiangere di non aver passato la giornata a provare facezie o a ripassare i classici. Mi sentivo fuori posto nell'atrio di casa sua, ammessa alla sua presenza grazie alle mie conoscenze.

Ma non ci misi molto a capire che Sonny era affabile e ospitale e non trovava nulla di strano nel fatto che il suo amico Tony Williams gli mandasse qualcuno cui fare da balia. Scambiammo due chiacchiere mentre io osservavo di soppiatto la sua magnifica biblioteca con scaffali che andavano dal soffitto al pavimento. Sonny mi spiegò che saremmo andati a un cocktail party per l'editore Condé Nast, e sperava che non mi sarei annoiata troppo. Poi avremmo cenato con alcuni suoi amici che riteneva potessi trovare divertenti. Sua moglie Gita era oltreoceano, quindi non sarebbe stata della partita.

L'ingresso al cocktail party sul tappeto rosso fu un momento alla *Sex and the City*, fra il lampeggiare dei flash e i fotografi che chiedevano il mio nome a Sonny mentre entravamo.

«Sta a vedere» bisbigliò lui con una scintilla di malizia negli occhi, e si voltò per rispondere a un reporter. «Questa è la principessa Yasmin, è una scrittrice.» La gente strabuzzò gli occhi soppesandomi mentre proseguivamo verso il sancta sanctorum.

All'interno, il signor Metha si comportò in maniera impeccabile, presentandomi in giro e procurandomi persone con cui chiacchierare mentre si aggirava per la sala a salutare i suoi conoscenti, sempre con una mano gentile sulle mie reni o sopra il mio braccio. Tutti quei nomi mi facevano girare la testa e mi sentivo come un pesce fuor d'acqua, ma ero decisa a non mettere in imbarazzo il mio ospite.

Quella sera cenammo in un ristorante elegante di proprietà del mio connazionale Nell Campbell e della sua compagna, Eamon. Alla tavolata si aggiunsero Susanne Bartsch – un bizzarro personaggio mondano che si alzava ogni giorno alle cinque di pomeriggio per prepararsi all'uscita serale, con un truccatore professionista sottomano – e suo marito David, più varie altre persone. La conversazione fu divertente e molto più rilassata che nella prima parte della serata. I nomi che rimbalzavano da un capo all'altro del tavolo sembravano usciti da riviste letterarie e da «Vanity Fair»: Márquez, Leibovitz, Vidal, Clinton, Sontag, tutti citati con una familiarità che tradiva una conoscenza approfondita. E io ora conoscevo qualcuno che conosceva davvero quelle persone, un esempio surreale della teoria dei sei gradi di separazione.

Nell decise di prendermi sotto la sua protezione, fornendomi suggerimenti e appuntamenti per incontrare i suoi amici. Chiacchierando in macchina mentre tornavamo al mio albergo, Sonny mi consigliò di accettare l'offerta di Nell. Lo ringraziai per la serata divertente e stimolante, dicendomi che aveva ragione Joan Didion quando aveva detto una volta del mio chaperon: «Emana… una sorta di irresistibile galanteria e intelligenza».

New York mi procurò la lucidità di cui avevo tanto bisogno e il coraggio e la sicurezza che mi mancavano. L'orda di artisti australiani espatriati in città non mi interrogò mai su Iddin e Shahirah, consentendomi di vivere quasi anonimamente per un certo periodo. Imparai il trucco di portarmi un libro in un piccolo ristorante francese sulla West 58th Street, per scoraggiare compagnie indesiderate. Ed esplorai i musei Metropolitan e Guggenheim per giorni di fila tra un appuntamento e l'altro. La collaborazione con l'Australian Consolidated Press mi aiutava a pagare i conti e mi teneva occupata mentre aspettavo l'esclusiva di Paula Yates e Michael Hutchence. Passeggiavo in continuazione per le vie di New York e ogni giorno mi recavo alla cattedrale di St Patrick col suo banco di candele votive. Poi scrivevo una cartolina a Iddin e Shahirah, scegliendo le più divertenti che riuscissi a trovare. Baciavo il francobollo quando lo incollavo, cercando di impregnare di amore senza fine la mia missiva.

Sonny Metha, insieme alla sua ampia cerchia di amici, mi consentì di conoscere persone affascinanti e di partecipare a una grande varietà di eventi. Una sera memorabile ballai in un locale di salsa con quattro o cinque artisti del New York City Ballet e due ballerini del Dance Theater di Harlem. Occupammo senza vergogna l'intera pedana godendo a pieno di quel momento.

Anche Ros e Jack Averett, cari amici di Tony che abitavano in Beekman Place, si presero gentilmente cura di me in modo più tranquillo, invitandomi a pranzo o a cena regolarmente. Erano una coppia affascinante sulla settantina, spiritosa e molto "vecchia New York". Il loro attico aveva un fantastico giardino pensile con vista su Manhattan e Roosevelt Island. Da allora Ros e io siamo rimaste amiche; non dimenticherò mai quando mi disse, con una mano sulla mia e le lacrime agli occhi, che se avesse avuto vent'anni di meno sarebbe andata lei stessa a riprendere i miei bambini.

Mi innamorai di New York, del suo ritmo e della sua vivacità, senza mai sentirmi preoccupata o in pericolo quano uscivo da sola. E spesso ero accompagnata da un amico che Nell Campbell e Sonny avevano ritenuto giusto per me, e al quale avevano fatto in modo di presentarmi.

Alto più di un metro e ottanta, con una lunga chioma spruzzata di grigio, carnagione scura e grandi occhi strizzati dietro gli occhiali, David Rieff era una presenza imponente. I suoi stivaletti da cowboy, il naso grosso, il fine intelletto e la sonora risata lo facevano notare in mezzo a una folla. Celebre giornalista e scrittore interessato ai diritti umani e ai conflitti internazionali, parlava della Bosnia in modo approfondito e coinvolgente, cosa particolarmente interessante per me dato che entro un paio di mesi sarei andata nei Balcani. La sua compagnia era piacevole e non minacciosa. Suppongo che lo divertisse il mio fervore nel lavoro umanitario e che mi considerasse piuttosto ingenua e idealista, visto che era stato nel cuore del sanguinoso conflitto nell'ex Jugoslavia e aveva vissuto l'assedio di Sarajevo.

La famosa mostra fotografica allestita da Annie Leibovitz era nata dal fatto che David l'aveva sfidata ad accompagnarlo nella zona di guerra per illustrarne la devastazione e i costi umani. L'aveva portata anche a documentare la crisi umanitaria in Rwanda, mi spiegò nel suo caotico soggiorno mentre passavamo in rassegna scatole di fotografie scattate dalla Leibovitz e mai pubblicate. La mia impressione era che la fotografa fosse stata travolta dal dramma umano dell'Africa; l'enormità della carneficina le aveva impedito di concentrarsi su una persona o un evento come faceva di solito, e per una volta la sua sicurezza di artista aveva vacillato.

L'abitazione di David era davvero fuori dal comune. Buio, quasi privo di luce naturale, il suo piccolo appartamento era pieno di libri, e ogni superficie disponibile era coperta di ritagli di giornale ingialliti dal tempo. Davanti a una delle immense librerie c'era la sua collezione di stivali da cowboy e una ciotola colma dei gioielli d'argento e turchese che gli vedevi sempre addosso. In un angolo della stanza c'era un letto, un armadio a muro fungeva da doccia rudimentale e da gabinetto, ma non ricordo di aver mai visto una cucina. Dalla parte opposta del corridoio teneva un altro appartamentino come studio, al quale mi fu concessa solo una rapida occhiata.

Unico figlio della scrittrice Susan Sontag e del suo ex marito e professore universitario Philip Rieff, David era stato educato in francese e in inglese, frequentando licei in America e in Francia.

Oltre a tutte queste attività, dovevo anche far fronte ai miei impegni di oratrice, che sembravano moltiplicarsi dopo l'operazione Book Power. Mentre ero ancora a New York, appresi che il Centro nazionale per i bambini scomparsi e sfruttati mi aveva assegnato un premio per il mio lavoro sul rapimento di minori e la protezione dell'infanzia. L'onore concessomi dall'istituzione americana e la conferma che ero servita a qualcosa mi diedero una grande soddisfazione. Il successo oltreoceano di *Braccia vuote, cuori spezzati* incrementò anche le richieste di tenere relazioni e discorsi, tutti senza compenso, ma cruciali nel mio tentativo di spiegare e ridurre l'impatto del rapimento di un minore da parte di un genitore.

Mentre ero negli USA feci un viaggio a Hong Kong

– allora in procinto di essere restituita alla Cina – per collaborare alla formazione di avvocati di famiglia a seguito della ratifica della Convenzione dell'Aja da parte di quel paese: una tappa importante a livello internazionale, che concedeva al trattato l'accesso a una giurisdizione fino a quel momento impenetrabile. Ci fu anche una visita lampo in Belgio, dove era fondamentale convincere il governo a sottoscrivere la Convenzione. Incredibilmente, il Belgio era uno dei pochi membri dell'Unione Europea che rifiutava di firmare il trattato. Erano così numerosi i minori penalizzati da questa posizione che fare pressione sui governi perché ratificassero la Convenzione diventò una questione centrale per me.

Più o meno in quel periodo arrivò una buona notizia. Il Regno Unito decise di chiudere una falla che aveva reso troppo facile rapire bambini in quel Paese e portarli altrove. Ora i minori di ogni età avrebbero avuto bisogno del loro passaporto individuale e di documenti di viaggio; un genitore non poteva più semplicemente scrivere il nome di un bambino sul passaporto di un adulto e sgusciare attraverso le frontiere internazionali. Era una grande vittoria da festeggiare.

Ma non c'erano solo giornate facili e un eccitante turbine di attività. Emotivamente ero un po' provata, non riuscivo mai a sfuggire la mia realtà. Era troppo penoso mantenere costantemente calma e professionalità discutendo di rapimenti di minori, statistiche, strategie legali e trame politiche, mentre dentro di me urlavo con tutte le mie forze per Shah e Iddin. A volte di notte non riuscivo a dormire, l'assenza dei bambini mi pesava enormemente; altre volte mi rimproveravo davanti allo specchio, dicendomi che quella era la condotta che i miei figli avrebbero approvato.

Ciononostante, quando tornai in Australia, alla prima occasione mi infilai a letto e ci restai per qualche giorno, tenendo alla larga il mondo il più possibile. Ero stanca di sopportare il vuoto lasciato dai miei figli, e stremata dalla mia incapacità di proteggere Iddin e Shahirah così come stavo proteggendo altri. Cominciai a piangere e non smisi per giorni. Le mie lacrime non avevano niente a che fare con quelle che avevo versato in Kenya – queste erano lacrime di dolore e di disperazione.

Avrei voluto dormire per anni fino al giorno in cui avrei potuto rivedere i miei bambini. Ma c'era ancora del lavoro da fare.

15

«SONO UN SOTTACETO AFFAMATO»

Poi venne la Bosnia. Ma persino lì i miei figli sarebbero stati con me.

Avevo contattato un paio di grosse organizzazioni umanitarie per seguire il loro lavoro e filmare alcuni dei loro progetti di recupero in vista di un eventuale utilizzo per un documentario o per una raccolta fondi. Intendevo anche accertare se il programma Book Power fosse adatto ai bambini di quella zona. Volevo stabilire quali risorse educative servissero a dei piccoli che dovevano imparare a ricreare un mondo di fantasia sicuro e felice in una realtà dove l'innocenza era stata distrutta. I dati sui traumi infantili nella Bosnia-Erzegovina erano agghiaccianti. Un bambino su tre aveva perso un genitore o un parente stretto in guerra, assistito allo scoppio di una mina terrestre, subìto mutilazioni per l'esplosione di una mina o assistito alla morte di un'altra persona.

Diana, principessa del Galles, aveva lavorato in quella regione solo qualche settimana prima e ora, tragicamente, era morta. Il mondo intero era addolorato e preoccupato per i suoi figli, era terribile che i suoi ragazzi non avessero la possibilità di conoscerla da adulti. Sia lei che io avevamo avuto matrimoni travagliati con membri di una famiglia reale ed eravamo state gettate nella mischia in giovanissima età. Ma nonostante le difficoltà, la sua brillante personalità aveva colpito molta gente in vari paesi, e la sua appassionata campagna aveva messo le mine terrestri sotto gli occhi di tutto il mondo, procurandole un sincero rispetto.

Mi aveva telefonato non molto tempo prima, a pochi giorni dalla famosa asta dei suoi abiti da Christie's nel 1997, quando entrambe eravamo a New York, e ricordo la sua risata allegra. Ora stavo partendo per la Bosnia, un luogo di cui avevamo parlato, e avrei passato del tempo con alcune delle persone che Diana aveva incontrato così di recente. Il giorno del suo funerale ero in viaggio per la Bosnia. In un'anonima stanza d'albergo, assistetti come milioni di altri individui in tutto il mondo al suo commiato in televisione, profondamente commossa per i suoi figli e per le tante opere di bene in cui si era impegnata a livello così personale. Lei e io eravamo nate a due anni di distanza, e i nostri compleanni erano separati solo da quattro giorni. Io avevo sposato il mio principe all'inizio del 1981 e lei il suo nel luglio dello stesso anno. I nostri figli erano nati in periodi analoghi e tutt'e due avevamo lottato per farci strada in famiglie reali molto rigide. Alla fine avevamo perso entrambe i nostri figli, solo che io avevo ancora la speranza di vedere i miei un giorno. Era una strana sensazione.

Il mio periodo in Bosnia mi segnò più profondamente del mio lavoro in Africa, o quantomeno in modo molto diverso. L'appartenenza a una nazione del primo mondo occidentale consente un certo distacco in Africa. C'è un'inespressa, quasi incoscia rete di sicurezza data dalla superiorità tecnologica, economica e architettonica che separa operatori umanitari e visitatori dalla gente con cui lavoriamo e ci mescoliamo in Africa. Una differenza che fa da pietra di paragone per quelli del primo mondo. La topografia e lo squallore che si incontrano non hanno alcun riscontro in patria. In Bosnia, invece, pregiudizio e intolleranza, sospetto e isteria riflettevano gli aspetti peggiori delle nazioni occidentali. Gli edifici bombardati e i muri butterati delle case investite dai colpi di mortaio sarebbero potuti appartenere a qualunque città di qualunque Paese del primo mondo. Vedevo i segni della guerra in situazioni che potevo comparare a quelle della mia stessa nazione e della mia vita: trasporre quelle scene alla periferia di Melbourne non era poi così difficile. Capivi finalmente come doveva essere stato in Belgio o a Londra dopo i bombardamenti e la guerra. Ogni villaggio che attraversavamo o aggiravamo sarebbe potuto essere un posto che amavo nel mio Paese sicuro e pacifico. I termini e le condizioni della guerra erano un concetto così poco familiare per una persona della mia età proveniente da una nazione che non aveva mai vissuto un conflitto moderno sul suo territorio.

In Bosnia, questo inferno in terra era il risultato di uno sciovinismo e di una xenofobia estremi che chiedevano disperatamente di essere saziati, come gli squali quando sentono l'odore del sangue. E il resto del mondo era rimasto a guardare lasciando senza rimorsi che si compisse il genocidio.

Con la firma degli storici accordi di pace a Dayton all'inizio dell'anno, sulla regione era calata una fragile pace che consentiva una valutazione concreta delle necessità più urgenti in termini di assistenza umanitaria per quella gente sfollata ed estremamente vulnerabile. Quanto a me, volevo a tutti i costi trovare il modo di dare un piccolo contributo.

Nel punto segnato sulla mappa come l'attraversamento principale del fiume Sava e la via per entrare in Bosnia dalla Croazia, c'erano massicce chiatte su cui era stata eretta una gigantesca zattera per sostituire il ponte bombardato che giaceva ai due lati, due tristi metà ridotte in macerie. I veicoli facevano la coda per attraversare. L'attesa era noiosa, ma tutti sembravano rassegnati ad aspettare il proprio turno per salire sulla zattera che traghettava passeggeri, macchine e qualche camion in entrambe le direzioni.

Con l'inevitabile Toyota a quattro ruote motrici, il viaggio per Tuzla, la nostra prima tappa, richiese sette ore di guida in un territorio montuoso su strade tortuose danneggiate dalle mine e dall'incuria, spesso a una sola corsia e con curve a gomito. Il tragitto si svolgeva fra paesaggi di incongrua bellezza e testimonianze di un dissennato vandalismo. Case abbandonate e semidistrutte mostravano slogan razzisti, segni di armi automatiche e manifesti di criminali di guerra ricercati, il più illustre dei quali era Radovan Karadzic, ex leader dei serbi di Bosnia durante la guerra, accusato di genocidio, crimini contro l'umanità, omicidio e plurime violazioni della Convenzione di Ginevra. Karadzic era medico e psichiatra praticante. C'è chi sostiene che le torture psicologiche e la pulizia etnica della guerra furono in gran parte pianificate da quest'uomo attento al minimo dettaglio, perfettamente consapevole dell'impatto a lungo termine di campi di stupro dove erano state rinchiuse oltre 50.000 femmine bosniache da tre a ottantatré anni. Un sottoprodotto di questo crimine di guerra erano decine di gravidanze indesiderate che le donne erano costrette a portare a termine. Donne che, con la mente sconvolta da quell'esperienza, spesso si suicidavano o abbandonavano i loro neonati per paura dell'ostracismo della società.

La Repubblica di Bosnia-Erzgovina è un collage di territori in conflitto e zone smilitarizzate. Anche le mie esperienze laggiù furono un collage di lacrime e risa, cultura e brutalità, dolcezza e forza.

Mi ero sforzata di imparare qualcosa della lingua locale ascoltando un nastro preparatomi dal mio amico John Udorovic, la cui famiglia era emigrata in Australia dall'ex Jugoslavia quando lui era bambino. Speravo di cavarmela con le mie frasi elementari e la mia opinabile pronuncia croata.

Tuzla è una piccola città con un quartiere commerciale di otto o nove strade annidato alla base delle colline circostanti. L'architettura ha un sapore spiccatamente italiano, con le sue piazze coi caffè e i portici che si dipartono dal centro cittadino, oggi tristemente noto. Proprio lì, durante un teorico cessate il fuoco, un attacco di mortaio aveva ucciso decine di bambini in un pomeriggio d'estate.

Il cibo era ancora distribuito in modo irregolare, per cui c'era sovrabbondanza di alcune cose e una netta penuria di altre. Gli scaffali dei negozi erano spesso perfettamente sistemati e riempiti, ma solo con una o due linee di prodotti. Un supermercato poteva avere solo detersivo e caffè solubile, un altro latte condensato e sale.

Le aree residenziali della cittadina si arrampicavano sulle ripide colline. Le strade erano per lo più in pessime condizioni, e scoprii che spesso si faceva prima a farle a piedi piuttosto che in un'auto che arrancava gemendo lungo la salita quasi verticale. Un tempo i borghesi benestanti vivevano sulla collina dove abitavo io adesso: case a tre piani butterate dagli immancabili fori di proiettile si aggrappavano alle pendici ed esibivano enormi antenne satellitari. Questo lato di Tuzla era stato il più bersagliato dalle postazioni di artiglieria serbe.

Poco dopo il mio arrivo a Tuzla, ero stata contattata da Sandra, una giovane donna di estrazione bosniaco-croata che aveva avuto mandato di accogliermi da un amico comune. Altissima e magra, con vivaci occhi azzurri e capelli biondi, Sandra aveva lavorato come interprete per la Croce Rossa Internazionale durante la guerra e, più tardi, per un'organizzazione umanitaria norvegese.

Una sera, mentre passeggiavamo nel suo giardino, Sandra cercò di spiegarmi come si viveva sotto assedio. Parlò di suo padre, morto durante il conflitto, e di come lei e sua madre fossero sopravvissute per pura tenacia, rifiutandosi di lasciare la loro casa anche quando i bombardamenti mandavano in frantumi le finestre e i mortai prendevano di mira le aiuole del giardino. Avevano ospitato la principessa Diana nella sua breve visita di un giorno, poiché la loro casa aveva un bagno e una camera da letto intatti. Le due donne avevano un bellissimo ricordo di Diana e della sua innata capacità di mescolarsi agli altri e di essere un'ospite normale. Sandra mi raccontò ridendo che aveva trovato la principessa a lavare i piatti nel lavandino della cucina con le braccia nella schiuma fino ai gomiti. «Pesci e ospiti puzzano dopo tre giorni» aveva detto Diana scherzando.

Le donne di Tuzla erano un vero spettacolo: molte erano incredibilmente belle, con la carnagione chiara e un colore di capelli che variava dal biondo cenere al nero corvino. Tenevano molto al loro aspetto e vestivano tutte alla moda. Le adolescenti prediligevano minigonne provocanti e lunghi stivali, mentre per le giovani donne e gli uomini erano di rigore i jeans. Tuzla era stata dichiarata cittadina musulmana dalle fazioni in lotta, anche se la maggior parte della popolazione aveva fatto matrimoni interreligiosi. Le labbra delle donne erano dipinte con rossetti di colori vivaci, e il contrasto tra le abitanti stabili di Tuzla e le profughe più tradizionaliste che venivano da altre parti della Bosnia era marcato. La miseria di chi viveva nelle comunità semipermanenti per i rifugiati era atroce.

Lavorai per un po' con i bambini, ascoltai le loro storie e mi sedetti accanto a loro mentre disegnavano immagini da incubo di membra insanguinate e padri perduti. Il gruppo più numeroso era rappresentato dalle donne di Srebrenica, che erano state cacciate dal loro villaggio sotto la minaccia delle armi, prendendo con sé solo ciò che riuscivano a portare tra le braccia. Tutti i maschi sopra i sette anni di età – l'intera popolazione maschile di 7.000 esseri umani – furono in seguito trucidati e sepolti in fosse comuni segrete nel maldestro tentativo di coprire il massacro.

(A questa pulizia etnica forzata assistette un contingente dell'UNPROFOR, la forza di protezione delle Nazioni Unite, soldati olandesi che non alzarono un dito mentre le forze serbe dividevano le famiglie e portavano uomini e ragazzi bosniaci nella foresta, da cui non sarebbero più tornati.)

Un giorno una donna pallida accompagnata dal figlio, che non poteva avere più di sette anni, entrò nell'ufficio dove stavo discutendo la distribuzione degli aiuti con alcuni colleghi.

«Scusatemi, mi stavo chiedendo se avete del sapone, perché vorrei lavare i miei figli» domandò educatamente. Risposi che eravamo solo un ufficio amministrativo e che il magazzino era lontano da lì. Offrii un biscotto al bambino che lo prese, ma si astenne dal mangiarlo. Mi parve strano per un ragazzino della sua età, e mentre osservavo il suo comportamento la madre barcollò e si accasciò a terra.

Quando riprese i sensi, ci raccontò la sua storia. La sua dignità e il suo pudore erano ammirevoli. Bevendo una tazza di tè, la donna spiegò che viveva sotto un ponte coi suoi tre figli, che suo marito era morto e che la famiglia conduceva una vita nomade da diciotto mesi. Imbarazzata, consegnai tutti i biscotti rimasti a suo figlio e mi detti da fare per trovare una degna sistemazione per lei e i suoi bambini.

Due cose non dimenticherò mai di quel giorno. Primo: nonostante tutte le difficoltà che stava incontrando, quella donna coraggiosa aveva abbastanza dignità e rispetto per se stessa da non rinunciare alla sua pulizia e a quella dei bambini.

Secondo: suo figlio non sgranocchiò una briciola del pacchetto di biscotti finché non ebbe condiviso quel tesoro coi suoi fratelli più piccoli, con grande serietà e compostezza.

L'Organizzazione per la sicurezza e la cooperazione in Europa (OSCE) e la Forza di stabilizzazione delle Nazioni Unite (SFOR) mi avevano scelto come osservatore internazionale nelle prime elezioni dalla fine della guerra. Poiché ero stata assegnata a uno dei più grossi contingenti militari americani di stanza nei Balcani, avrei dovuto trasferirmi da Tuzla a Eagle Base, un accampamento dell'esercito appena fuori dalla cittadina di Brcko.

All'epoca i cartelli stradali e i posti di blocco sulle vie di comunicazione erano pochi e distanziati, quindi fu un viaggio pieno di tensione in cui feci da navigatore seguendo istruzioni scribacchiate su un pezzo di carta, tipo: «Girare a sinistra al palo bianco 7,8 chilometri esatti a sud-est dell'ultima statale, poi cercare un grosso masso».

Per converso, la base dell'esercito era l'emblema della potenza della macchina militare americana. Era come se fosse stato fatto tutto il possibile per prelevare una fetta di America urbana e depositarla in Bosnia. Le unità di fanteria erano alloggiate per lo più in tende collegate da passerelle di legno sopraelevate per tenere i soldati fuori dal fango. Io ero ospitata in una sicura tenda privata adiacente a quelle delle soldatesse. C'erano una cappella, una biblioteca, due enormi punti di ristoro che offrivano Coca-Cola e pollo fritto, una sala da biliardo, un centro informatico e un cinema, tutti costruiti con materiali componibili. Il gioiello della corona per tutti gli operatori umanitari con scarse risorse era il “PX” della compagnia, uno spaccio unificato ed emporio in classico stile americano dove potevi comprare di tutto, dai Tampax alle magliette, dallo shampo ai cd. (A rigor di termini, era riservato al personale militare USA, ma sbattendo le ciglia e implorando ottenni il permesso di spuntare la mia lista della spesa, una lista copiosa, piena di richieste degli operatori umanitari della zona di Tuzla che avevano saputo della mia incursione in territorio militare USA.)

La mia assegnazione da parte dell’OSCE prevedeva che viaggiassi con le unità di fanteria della Eagle Base su carri armati e mezzi corazzati Humvee. Muovendosi sempre in convogli di quattro veicoli e armate fino ai denti, le forze di peacekeeping pattugliavano le aree circostanti ogni ora per controllare che il processo politico democratico non fosse ostacolato da violenze o sparatorie.

Il mio primo “inserimento” in un Humvee fu decisamente sconvolgente. Indossato il giubbetto antiproiettile obbligatorio, fui messa bruscamente a sedere contro le gambe di un soldato che rimase per tutto il viaggio in piedi voltato all’indietro, con la testa e le braccia che spuntavano dalla sommità del veicolo per coprirci le spalle con una mitragliatrice. Ancorati alla colonna centrale dell’Humvee, puntati più o meno verso la mia faccia, c’erano gli M16 dei soldati, lunghi e letali. Ancora più sconvolgente, però, fu il fatto che dopo la prima inquietante giornata di disinvolta esposizione alle armi da fuoco, finii per non badare più ai fucili presenti dappertutto.

Di tanto in tanto la pattuglia si fermava e controllava la situazione in un villaggio o in un seggio elettorale.

Talvolta i soldati aggiravano la norma che vietava la fraternizzazione e parlavano coi bambini, regalando caramelle. Era affascinante vedere i giovani americani giocare a basket coi piccoli rifugiati nel bel mezzo di un campo profughi. Malgrado il loro assetto da combattimento, gli elmetti e i giubbetti antiproiettile, per dieci minuti quei soldati sembravano poco più grandi dei bambini con cui giocavano.

Fu durante una di queste soste che un colpo di fortuna mi procurò le uniche notizie di prima mano di Iddin e Shah che ricevessi da molti anni.

Il convoglio si era fermato per ispezionare una cittadina appena fuori dal territorio serbo. Dal cielo grigio cadeva una pioggia intermittente e i bordi della strada erano scivolosi e insidiosi. I battistrada dei nostri veicoli lasciavano tracce profonde e i miei piedi scivolavano goffamente nel fango. In quel luogo non c'era un solo edificio risparmiato dalla guerra: ogni casa aveva la facciata bucherellata dagli shrapnel e non c'era più una finestra che avesse il vetro. Ci si difendeva dalle intemperie con vecchi sacchi di farina e fogli di plastica con l'emblema delle Nazioni Unite stampato in blu. Molti tetti mancavano e i muri erano costellati di crateri. Pochissimi alberi erano sopravvissuti; la maggior parte era stata tagliata per fornire legna alle stufe dell'accampamento improvvisato per la popolazione, in gran parte composta da profughi.

Il capitano e io, circondati da quattro soldati armati, ci avviammo verso l'edificio semibombardato che ospitava il seggio elettorale, gestito da volontari di tutta Europa. D'un tratto, un membro della Forza di polizia internazionale delle Nazioni Unite mi chiamò, in malese!

L'uomo sembrava stupito di vedermi con una scorta ufficiale della SFOR e un giubbetto antiproiettile nel bel mezzo della Bosnia. Date le circostanze, io ero non meno sorpresa di sentirmi rivolgere la parola in malese.

«Vuole notizie dei suoi figli?» domandò. «Il principe dice che non le interessano e che se ne frega di loro.»

In rapida successione, mi sentii strabiliata, presa in giro, esaltata, e infine determinata ad andare a fondo, per ottenere tutte le informazioni possibili.

Il poliziotto malese si fece un po' pregare, poi alla fine cedette e mi guardò dritta negli occhi.

«Allora, vuole davvero sapere?» disse sogghignando.

Repressi l'impulso di schiaffeggiarlo per il suo atteggiamento arrogante e condiscendente e mi imposi di rimanere calma.

«Ma sì, certo, voglio sapere quanto sono cresciuti, voglio disperatamente sapere qualcosa dei miei figli. Li ha visti sui giornali?» dissi in malese, non osando sperare. A quel punto lui parlò.

Prima di venire in Bosnia, era stato assegnato al contingente di polizia di Terengganu e aveva trascorso parecchio tempo al palazzo Badariah, presso la famiglia reale. Ebbi un vuoto allo stomaco e mi tremarono le gambe quando aggiunse, con un sorrisetto compiaciuto: «Ho badato a suo figlio, il principe Iddin, qualche volta».

Forzandomi a rimanere calma e quieta, cercai di evitare di afferrarlo per il bavero per estorcergli altre informazioni. Dovevo solo concedergli di esibire il suo sprezzante potere; dovevo permettergli di affermare la sua superiorità su di me. Alla fine, accettò di dirmi qualcosa di più.

«Il principe Iddin è molto alto. È almeno un metro e ottanta, forse quasi uno e novanta.»

L'uomo non sapeva altro e non aveva molte informazioni su Shahirah.

Mi congedai con tutta la dignità che potevo e girai l'angolo di un edificio bombardato, circondata dai militari sbalorditi. Non avevano capito una parola di ciò che avevamo detto, dato che la conversazione si era svolta interamente in malese. Quando fui fuori dalla vista del poliziotto, mi piegai in due scossa da conati di vomito e da singhiozzi.

Cercando di ricompormi, riuscii a balbettare una sintetica spiegazione del mio malessere ai soldati americani. A quel punto, togliendosi l'elmetto e grattandosi la testa, il sergente, che si chiamava Larry – un ragazzo corpulento di venticinque anni dell'Indiana – se ne venne fuori con una domanda che mi fece ridere e dissipò la mia angoscia.

«Vuole che lo sistemiamo, signora?» chiese con sollecitudine.

Non sapevo se Larry intendesse il poliziotto dell'ONU o il mio ex marito, ma per una frazione di secondo mi concessi il lusso di immaginare cos'avrebbe fatto Bahrin se un plotone di soldati americani si fosse presentato alla sua porta!

Ringraziai Larry, ma declinai l'offerta.

Dopo quell'incidente, per giorni la mia mente fu agitata da un turbine di pensieri contraddittori. Ero contenta di aver ricevuto un briciolo di informazione su Iddin, più o meno di prima mano, ma ero anche depressa e indignata perché avevo dovuto apprendere quei dettagli da uno sconosciuto di dubbia affidabilità.

Ma a questo si riduceva ormai il mio essere madre: a qualche pettegolezzo da giornale scandalistico.

Il resto del mio periodo in Bosnia fu ricco di eventi in netto contrasto fra loro. Cantavo canzoni sui kookaburra e imitavo i bizzarri versi di animali australiani per i bambini nei resti di una scuola semidistrutta dalle bombe, e poi incontravo degli adolescenti che avevano perso gli arti saltando su una mina e chiedevo la loro opinione sul disarmo. Mi intrattenevo con donne in lutto fuggite dal devastato villaggio di Srebrenica, e parlavo con operatori serbi, croati e musulmano-bosniaci poco più che ventenni, che rifiutavano di farsi definire dalla loro etnia e lavoravano insieme in armonia per le famiglie bisognose serbe in un'unità di crisi nella cittadina di Banja Luka. Sulle rive di un lago di un azzurro cristallino annidato fra le colline intorno a Tuzla, sorseggiavo caffè turco ascoltando in silenzio quattro miei giovani colleghi, alcuni dei quali erano stati soldati, che mi spiegavano cos'era successo alle donne delle loro famiglie, alle fidanzate e alle colleghe che si erano trovate fra le 50.000 donne portate nei campi di stupro. Il giorno seguente capeggiavo una fila indiana di bambini che saltavano allegramente come canguri, a soli dieci metri dal campo minato ancora non bonificato. Tutte queste situazioni e logiche contrastanti mi lasciavano confusa, emozionata e angosciata allo stesso tempo.

Una volta, quando il nostro convoglio di mezzi umanitari rimase senza sorveglianza per breve tempo, ci rubarono il carico di libri per bambini, valigie e denaro. Un'altra volta, durante il mio secondo viaggio in Bosnia, il mio veicolo fu bloccato e l'autista e io fummo rapinati sotto la minaccia delle armi. Stupidamente avevo rifiutato la scorta per il breve tragitto fra il territorio serbo e quello bosniaco. Nulla come la canna di un AK-47 appoggiata alla nuca ti rende consapevole della tua sventatezza.

Fui anche testimone di un evento storico ed esaltante per una miriade di ragioni. In una serata limpida ma fredda, entrai nello stadio olimpico di Sarajevo segnato dagli scontri, passando davanti a carri armati della NATO, cordoni di filo spinato e soldati dell'ONU in assetto da battaglia. Aerei Awacs (sistema di allarme e controllo aviotrasportato) giravano in cerchio sopra di noi per scongiurare un attacco missilistico da parte degli irriducibili. Il controllo di sicurezza era estremamente necessario, dato che dominava ancora una mentalità da frontiera. Sotto un cielo illuminato dai riflettori mi sottoposi a due perquisizioni da parte di robusti soldati italiani (un'esperienza molto gradevole, a dire il vero, fui tentata di fare un secondo passaggio) prima di accedere all'evento più atteso a Sarajevo dopo il cessate il fuoco: uno straordinario concerto rock del gruppo irlandese degli U2.

C'era un'atmosfera di grande aspettativa fra le 45.000 persone in attesa che la band salisse sul palco. Il concerto simboleggiava il ritorno della città, un tempo assediata, a una vita "normale". Il pubblico, di età compresa fra i cinque e i cinquantacinque anni, scattò in piedi quando il primo attacco di chitarra riempì lo stadio. Migliaia di accendini si accesero e ondeggiarono all'unisono e la folla cominciò a cantare. Bono, il cantante degli U2, aveva il volto rigato di lacrime quando esortò il pubblico a mandare affanculo la guerra e festeggiare la pace. Per una sera, il popolo della Bosnia diventò una forza unita intorno a un solo obiettivo: ascoltare uno dei più importanti gruppi del rock internazionale, venuto da una piccola isola anch'essa con la sua storia di guerra civile. La gente di Sarajevo fu cementata dall'unica cosa che trascende la lingua e l'odio: la musica.

Quella serata resterà per sempre una delle più indimenticabili della mia vita. La mia ammirazione per l'attivismo degli U2 e di Bono mi fece diventare una loro fan, il gruppo aveva mantenuto una promessa fatta al culmine del sanguinoso conflitto e non si era sottratta a quell'impegno.

Un'altra sera mi ritrovai all'interno di un forte. Eretto su una delle alture che dominano Sarajevo, era stato una postazione perfetta per l'artiglieria pesante e i cecchini. Guardando giù, vidi un cimitero annidato alla base della collina. Centinaia di semplici lapidi bianche segnavano le sepolture. Lo raggiunsi e constatai che le tombe erano quasi tutte recenti. Un fragile cancello inserito in uno steccato verde dava accesso al cimitero. Dentro c'erano altre persone che tagliavano l'erba e curavano il verde, ma impiegai qualche minuto a rendermi conto che erano tutte anziane. L'ordine naturale della vita e della morte era stato stravolto dalla guerra, genitori e nonni curavano le tombe dei giovani. Vite piene di promesse erano state cancellate dalla guerra civile e dalle divisioni religiose.

Passeggiai lentamente tra le file di lapidi finché non notai che in un settore del cimitero le lapidi riportavano tutte la stessa data. Le ventisei tombe appartenevano tutte a bambini uccisi in un attacco di mortaio probabilmente calcolato. Quei bambini avevano la stessa età di Shahirah e Iddin. Guardando più da vicino, di colpo restai senza fiato e mi parve che il tempo si fosse fermato. Mi spostai rapidamente da una tomba all'altra. Due di esse riportavano il primo nome di Iddin: Baharuddin; altre tre ospitavano delle bambine, una si chiamava Shahirah e le altre due Aishah, il secondo nome di Shah. Che ingiustizia, che orrore! I figli non dovrebbero morire prima dei genitori e i bambini non dovrebbero essere vittime designate di un conflitto sanguinoso.

Nessuno di noi che viviamo fuori da quel territorio martoriato dalla guerra può sfuggire alla responsabilità di quel che è accaduto ai bambini della Bosnia. Quanti di noi hanno guardato i servizi sul conflitto trasmessi dalla CNN o dalla BBC mentre cenavano o prendevano l'aperitivo, cambiando canale quando le immagini erano troppo violente? Dov'era la nostra voce forte e unita per chiedere un intervento deciso e la pace? Perché abbiamo tanta paura del pacifismo, di un'iniziativa politica pacifica e umana? Perché, ancora oggi, quando assistiamo a interventi militari in varie parti del mondo e le stragi dei terroristi ci stringono alla gola, i leader politici non ascoltano i nostri appelli per una soluzione pacifica dei conflitti? Questo non è solo un fallimento delle società occidentalizzate, è un crimine orrendo perpetrato da tutti coloro che appoggiano l'intolleranza politica, la violenza e la supremazia culturale, nascondendosi dietro la religione o la politica. La guerra non può mai essere la risposta ai nostri problemi.

Quando fui spostata a Banja Luka, nel territorio serbo di Bosnia, ricevetti l'incarico di monitorare il lavoro del Centro delle Nazioni Unite per l'azione contro le mine (UNMAC). Il centro aveva la responsabilità di seguire e portare avanti in condizioni di sicurezza il disinnesco e la rimozione delle mine terrestri, oltre che di condurre campagne di informazione fra la popolazione.

In una mattinata calda e senza nuvole, accompagnai una squadra di sminatori dell'UNMAC in una missione di bonifica. I militari erano per lo più britannici, a parte un maggiore dell'esercito australiano in trasferta, e provenivano da vari reggimenti: il 21° squadrone dei Royal Engineers, il 3° squadrone degli Armoured Engineer, e il 38° Engineers Regiment.

Lo sminatore che cerca una mina terrestre attiva comincia indossando un grembiule non molto protettivo, un paio di guanti e un elmetto con la visiera di perspex. Poi prende i ferri del mestiere: una sonda di metallo lunga e sottile e una paletta a mano. Lo sminatore si mette a quattro zampe e avanza sondando e grattando ogni centimetro quadrato di un piccolo terreno, per tre rischiosissimi mesi.

Un'impresa faticosa, snervante e delicata.

All'epoca degli Accordi di Dayton, quando la fragile pace era stata siglata, si stimava che ci fossero tre milioni di mine terrestri sul suolo bosniaco. Le mine terrestri non decadono. Fatte di plastica e altri prodigiosi materiali moderni, conservano il loro letale potere esplosivo finché non vengono disinnescate, il che significa che possono rimanere passivamente nel terreno per decenni in attesa di esigere il loro mortale tributo. In termini economici attuali, la produzione di una mina terrestre costa meno di 3 dollari, ma ce ne vogliono 1.000 per localizzarne una e rimuoverla senza conseguenze.

All'epoca, nei Balcani, ogni mese ottanta ragazzi uscivano di casa per giocare o andare a scuola e restavano uccisi o menomati da una mina terrestre. Persino i bambini piccoli erano presi di mira, in un'oscena campagna di terrore: capsule esplosive venivano inserite in alberi da frutto, attrezzature dei parchi giochi e strumenti musicali per trasformarli in trappole mortali. I bambini perdevano le dita, gli occhi, le mani.

Nel mio breve periodo con l'unità dell'UNMAC, persi un po' di udito dall'orecchio destro. Un arrogante soldato serbo, che doveva far brillare una mina anticarro su ordine dell'UNMAC, pensò che sarebbe stato divertente anticipare l'operazione di due minuti, prima che l'evacuazione del personale dall'area fosse completata. Voleva essere uno scherzo per infastidire i genieri britannici, un piccolo atto di ribellione. Lo scoppio, trasmesso dalle cuffie che indossavo per le riprese cinematografiche, mi ha tolto la capacità di udire alcuni suoni dall'orecchio destro e mi ha creato delle difficoltà in ambiente rumorosi e durante una conversazione. Be', ho sempre sognato un cornetto acustico, ma per me le paroline dolci sussurrate all'orecchio appartengono ormai al passato.

Una sera, completamente esausta e in preda ai morsi della fame poiché non avevo avuto il tempo di mangiare per ventiquattr'ore, divorai un intero barattolo di sottaceti locali e piombai in un sonno profondo. Al mattino presto, la mia pelle aveva assunto una meravigliosa sfumatura verdastra e la mia temperatura corporea era quella di un'ondata di caldo tropicale: intossicazione da ptomaina.

«Sono un sottaceto affamato!» gridai disperata in un confuso bosniaco al medico chino sul mio letto, cercando disperatamente di spiegare che non avevo bisogno di un'appendicectomia! La cosa era resa molto difficile dal fatto che, nonostante le mie proteste, al mio arrivo in ospedale mi era stata iniettata una robusta dose di petidina che mi rendeva sconclusionata.

Conservai la mia appendice, e imparai qualche preziosa lezione: mai mangiare sottaceti come unico pasto della giornata; mai tentare di parlare una lingua straniera in uno strano ospedale dopo una dose di petidina; e indossare sempre biancheria decente in zona di guerra.

16

SEGUITA A CORRERE E NON VOLTARTI INDIETRO

La famosa intervista che avrei dovuto scrivere per «Women's Weekly» non si realizzò mai, sebbene sia Paula che Michael ne parlassero con me di tanto in tanto. Solo un paio di settimane prima della sua morte, Michael mi fece una confusa telefonata da New York, sconvolto, ma molto protettivo verso Paula. Voleva sapere se lei e le sue quattro figlie potevano usare la mia casa di Melbourne come rifugio nel caso lo avessero seguito in Australia nelle settimane seguenti. «Tu hai una vecchia casa grande e piuttosto normale, no?» indagò. «Sarebbe una soluzione ai nostri problemi.» Concluse la telefonata dicendo che Paula mi avrebbe contattato di lì a poco.

Paula non chiamò mai e io non parlai con lei se non dopo il funerale di Michael, cui lei partecipò seduta sul primo banco della chiesa, cullando la figlioletta Tigerlily e piangendo silenziosamente. Intorno a lei c'erano le splendide ex ragazze di Michael, come la cantante Kylie Minogue e la modella Helena Christensen. L'atmosfera era mesta e modaiola allo stesso tempo, una combinazione incongrua ma comprensibile, date le circostanze. La presenza di grossi nomi del mondo dello spettacolo, e il fatto che il funerale fosse trasmesso in diretta televisiva, creavano una confusione fra mezzi di comunicazione e persone in lutto. Io ero seduta accanto a una vecchia conoscenza, lo scrittore e commentatore Richard Neville, mentre i familiari di Michael Hutchence riflettevano sulla loro perdita.

Dopo il funerale, i paparazzi e gli inviati dei giornali scandalistici assediarono Paula, facendo scivolare biglietti sotto la porta della sua stanza d'albergo nel tentativo di strapparle un commento sulla morte di Michael. Lei fu costretta ad andare a nascondersi in un residence a Sidney, inconsolabile, e assolutamente certa che Michael non si fosse deliberatamente tolto la vita. Riuscii a contattarla per telefono e ci parlammo un paio di volte nei giorni dopo il funerale.

«Non si è ucciso, cazzo!» singhiozzava Paula. «Non ci avrebbe mai fatto questo. Perché nessuno mi sta a sentire? È stato un fottuto incidente.»

«Non capisco comunque come sia successo, tesoro» balbettai maldestramente.

«Tu hai visto quanto ci voleva bene, non è vero?» Continuava a implorare il mio assenso che le diedi ben volentieri, sconcertata da quanto era emerso sulla notte in cui Michael era stato trovato morto al Ritz Carlton Hotel. Michael parlava del futuro quando mi aveva chiamato quella sera, qualche settimana prima. Non sapevo cosa fare per Paula e Tiger; sapevo che era accompagnata da un'amica, ma mi offrii ugualmente di occuparmi della bambina, l'unica cosa che potessi fare per lei.

Dopo il viaggio in Bosnia, mi capitava spesso di pensare alle donne incontrate laggiù, che vivevano in condizioni così difficili. Continuavo a tornare con la mente alla madre che mi aveva chiesto un pezzo di sapone per lavare i suoi figli, e alle altre donne che mi avevano avvicinato, non per chiedere cibo, ma per cercare prodotti per l'igiene femminile, domandando se mi fosse avanzato qualcosa dalla mia riserva personale. Mi sembrava non ci fosse niente di peggio per una donna già oppressa da circostanze precarie e umilianti che trovarsi senza assorbenti igienici o tamponi per il flusso mestruale, e con scarse alternative praticabili. La carta igienica era una merce costosa e spesso assente dagli scaffali dei negozi, quindi non era possibile usarla per imbottirsi le mutandine. E i soldi, ammesso che le donne bosniache ne avessero, servivano per il cibo e il combustibile per cucinare, non per qualcosa che la maggior parte delle donne nei Paesi del primo mondo dà per scontato.

Così elaborai un progetto chiamato operazione Angelo, volto ad assistere le donne e i bambini coinvolti nel conflitto. Non era incentrato sul denaro; cercavo beni e servizi in natura che fossero utili e adeguati.

Nel 1998 l'obiettivo principale fu raccogliere prodotti igienici e sanitari dalla popolazione e dalle aziende australiane per darli alle donne e ai bambini della turbolenta zona balcanica. Con l'aiuto di gente dell'industria cinematografica, che in gran parte offrì gratuitamente il proprio contributo, fu girato un originale spot televisivo per promuovere l'idea. Richard Lowenstein fece un magnifico lavoro come regista, e il gruppo di Michael Hutchence, gli INXS, diede prova di amicizia e sostegno concedendo la canzone *Mediate* come colonna sonora dello spot. Si invitavano i consumatori a contribuire raddoppiando l'acquisto quando compravano uno dei prodotti igienici Johnson & Johnson citati; e per ogni due prodotti l'azienda ne donava generosamente uno all'operazione Angelo. Come ulteriore incentivo, i consumatori potevano ritagliare un tagliando dalla rivista femminile «New Idea» e partecipare all'estrazione di vari premi. Spedire via aerea un'enorme quantità di assorbenti igienici, saponette, deodoranti e shampoo sembrava un modo concreto e praticabile per ridare un pizzico di dignità. La campagna raccolse merci per un valore di oltre 600.000 dollari australiani, che furono mandate ai profughi della guerra del Kosovo.

A posteriori, mi rendo conto che stavo tirando troppo la corda. Ero andata a Vienna a incontrare i dirigenti della Lauda Air, oggi defunta, per procurarmi un Boeing 777 con cui inviare le merci dell'operazione Angelo nei Balcani. Poi, in rapida successione, tenni discorsi in Scandinavia, Belgio, Hong Kong, Sudafrica, Parigi e Washington.

Qualcuno, immagino, potrebbe sostenere che mi davo alla fuga allontanandomi dall'Australia, anche se il tentativo sarebbe stato inutile e la fuga in sé impossibile. Ma viaggiare mi rendeva appena tollerabile il vuoto che avevo dentro, almeno per un po'.

Così, quando la nipote di una famiglia in vista di Hong Kong fu rapita e portata in Colombia via Londra, accettai di dare una mano.

Il padre della bambina voleva disperatamente rivedere la sua figlioletta di quattro anni, ed era molto preoccupato per gli equivoci legami del nuovo compagno della sua ex moglie. Per fortuna di quella famiglia il denaro apre molte porte e, con risorse illimitate a disposizione per sostenere accuse e controaccuse in tribunale, il caso si risolse ben presto grazie a specialisti di diritto internazionale di quattro Paesi e senza far ricorso a un controrapimento. Una famiglia con mezzi più modesti non avrebbe mai potuto ottenere una soluzione così veloce. Ma io non deploravo i mezzi finanziari che avevano reso possibile quel risultato, un bambino in pericolo merita ogni azione legale disponibile per essere protetto.

Di tanto in tanto, quando partecipavo a conferenze sui diritti umani o sulle leggi internazionali, altri delegati mi chiedevano dei miei figli. Molti lo facevano in buona fede, ma alcuni erano specialisti senza cuore che volevano farsi un nome in un nuovo campo; mi irritava sentirli trattare i genitori abbandonati come una specie da studiare e masticare per ottenere un merito accademico, ignorando l'aspetto umano della loro terribile situazione.

Avevo sempre un attacco di nausea in queste situazioni, e alla prima occasione mi defilavo per rifugiarmi nel bagno più vicino a riprendere fiato e reprimere le lacrime che mi affioravano agli occhi. Era essenziale che mantenessi l'autocontrollo. I miei figli erano costantemente e continuamente nei miei pensieri, non erano relegati in un angolo della mia mente per essere tirati fuori quando volevo mettere in scena il mio dolore. Non mi era stata concessa nemmeno una telefonata in tanti anni. Ma non sarei stata efficace se avessi mostrato troppo dolore; volevo a tutti i costi mantenere una distinzione tra me e i genitori abbandonati e spesso profondamente feriti che a volte si presentavano a quei congressi solo per sostenere il loro caso. Un atteggiamento non rigorosamente professionale sarebbe stato un enorme svantaggio per la causa nel suo complesso. Io guardavo al quadro generale, ogni contatto e briciola di rispetto intellettuale che guadagnavo mi dava la possibilità di aiutare altri bambini e i loro genitori. E forse, solo forse, i miei figli ne avrebbero beneficiato nel lungo periodo.

A Washington, per un convegno di una settimana organizzato dal Centro nazionale per i bambini scomparsi e sfruttati, conobbi un nuovo protagonista in tema di rapimenti internazionali di minori da parte di un genitore, la dinamica Catherine Laylle, fresca sposa di sir Christopher Meyer, ambasciatore britannico negli Stati Uniti. Lady Meyer era una bionda elegante e sofisticata di ascendenze francesi e russe che in precedenza aveva lavorato a Londra come intermediario sul mercato delle merci. Ma soprattutto Catherine era una madre che, come me, aveva perso i suoi figli. La sua battaglia per il ritorno dei due figli maschi, Alexander e Constantin, rapiti nel 1994 dal padre di nazionalità tedesca, si era dimostrata inutile come la mia.

Prima di essere sottratti alla custodia di Catherine, i ragazzi avevano vissuto a Londra, dove lei si era rifatta una vita dopo la separazione. I ragazzi avevano nove e sette anni quando furono trattenuti in Germania in seguito a una visita al padre. Quando Catherine e io ci conoscemmo, ai due figli era concessa solo una superficiale forma di contatto con la madre. Di dieci anni più vecchia di me, Catherine aveva battuto ogni via legale disponibile per ottenere il ritorno dei suoi ragazzi, rischiando il tracollo finanziario. Eppure aveva continuato a fare pressioni e a bussare a ogni porta.

Un giorno questa odissea l'aveva condotta all'ufficio di Christopher Meyer, che allora era ambasciatore britannico in Germania. Qualche mese dopo si sposarono e lei si ritrovò su un aereo e con un nuovo ruolo, quello di *first lady* dell'ambasciata britannica negli USA.

Proiettata nel circuito diplomatico dal suo matrimonio con Christopher, Catherine lasciò rapidamente la sua impronta sulla scena di Washington col suo stile e la sua conversazione erudita. Coinvolta ben presto nelle attività del Centro nazionale per i bambini scomparsi e sfruttati, la Meyers si era offerta di ospitare una cena di gala all'ambasciata per i delegati del convegno, più un tè pomeridiano.

Durante le chiacchiere prima di cena, Catherine e io provammo una simpatia reciproca, perché entrambe sembravamo guardare la nostra situazione e il dolore per la separazione dai nostri figli in un contesto più ampio. Confrontare le nostre opinioni e discutere i nostri casi in privato fu uno sbocco naturale. Quando fu il momento di andare a tavola, ci venne incontro l'alta figura di Christopher che posò con sollecitudine una mano sulla spalla della moglie mormorandole all'orecchio: «Tesoro» con grande dolcezza e affetto. Lei rispose con un sorriso abbagliante e un leggero cenno del capo in direzione della mano del marito. Fu l'unica volta che ricordo di aver provato un senso di solitudine che non aveva niente a che fare coi miei figli, ma riguardava esclusivamente il mio essere una donna sola. Perché per quanto apparissi indipendente, la solidarietà e l'amore evidenti nella coppia più scintillante di

Washington fecero sembrare la mia lotta solitaria, per una frazione di secondo, terribilmente isolata e sconsolante.

Catherine e io ci salutammo alla fine della settimana con un caloroso abbraccio e un buffo scambio di libri sui rapimenti dei nostri figli, c'erano cose troppo penose per essere dette di persona. Né lei né io eravamo persone arrendevoli, ed entrambe eravamo determinate a lavorare all'interno del sistema per ottenere il miglior risultato per coloro che più amavamo nella nostra vita, i figli. Eravamo più che in grado di badare a noi stesse; quello che ci preoccupava di più era l'impatto emotivo e psicologico sui nostri bambini.

17

UNA PICCOLA GOBBA SULLA STRADA

Era già quasi il 1998. Il tempo sembrava correre a velocità folle. Dentro di me inveivo per i miei figli che crescevano e maledivo le ore, i giorni e le settimane che mi allontanavano ancora di più da loro.

Ero tornata a New York, dopo un viaggio in Kenya, per scrivere degli articoli, qualunque cosa pur di stare lontana dall'Australia nel mese sciagurato che odiavo. Il mio compleanno era il 5 luglio, quello di Shahirah il 7 e il 9 luglio era l'anniversario del rapimento.

I giornalisti tenevano nota dell'anniversario e mi contattavano per un commento, tentando di persuadermi a collaborare ad articoli e programmi televisivi da sfruttare per farsi un nome. Tutti speravano in un'esclusiva che non avrebbe contribuito a far tornare a casa i miei figli. Questo nuvolone annuale era opprimente e avrei fatto qualunque cosa e sarei andata ovunque pur di evitarlo.

Fu allora che il mio agente, Tony Williams, mi contattò al Wyndham Hotel dove soggiornavo sempre, per sua insistenza. Dopo aver controllato che mi tenessi fuori dai guai vagando per i musei e le gallerie di Manhattan, lanciò la sua prossima campagna. Con un profluvio di telefonate, mi chiese di incontrarlo a Los

Angeles, mi diede istruzioni e si assicurò che avessi un abbigliamento adatto per la California.

Quando seppe che avevo fatto dei piani per conto mio sul soggiorno a LA, Tony si affrettò a riorganizzare le mie prenotazioni alberghiere e gli incontri con la William Morris Agency. Erano riprese le trattative sui diritti cinematografici del mio primo libro, ma io ero decisamente poco entusiasta; sapendo che Hollywood predilige il lieto fine, pensavo che sarebbe stata un'altra discussione inutile.

Il turbine di attività mondane organizzato da Tony mi travolse fin dal pomeriggio in cui arrivai da New York. Il party a casa della sua cara amica Pamela Godfrey traboccava di scrittori, registi e persone di talento che Tony conosceva a Los Angeles. Ci sedemmo intorno a un enorme tavolo di legno in giardino, e tutti risero quando seppero degli appuntamenti al buio che mi erano stati fissati nei mesi precedenti. Scherzai su quegli imbarazzanti e disastrosi appuntamenti, con coloriti aneddoti dei miei incontri con un avvocato della regina d'Inghilterra, un produttore cinematografico americano e il rampollo di un'aristocratica famiglia francese.

A quel punto fioccarono i consigli sulle persone che avrei dovuto conoscere a Hollywood. Rabbrividii al pensiero e rifiutai educatamente, una cosa era cenare con una persona colta, un'altra combinare un appuntamento con delle aspettative.

Il giorno dopo passai una marea di tempo con Tony nei sacri corridoi degli uffici della William Morris Agency a Los Angeles, poi superai me stessa pranzando sulla terrazza dei grandi magazzini Barney's, con vista della famosa scritta HOLLYWOOD sulla collina alla nostra destra. Più tardi facemmo due passi in Rodeo Drive dove Tony si comprò degli abiti e fece feroci e spiritosi commenti sugli esempi di abbigliamento antietà e di chirurgia plastica più o meno riuscita che circolavano per strada.

Non avevo mai passato del tempo a Los Angeles prima di allora, ed ero curiosa di scoprire com'era. A stimolare in parte la mia curiosità era stata una mia icona, Jackie Collins, che ammiravo da molti anni. Ci avevano presentate durante il tour promozionale di uno dei suoi libri in Australia, avevamo pranzato insieme e in generale eravamo andate d'accordo. Nel corso dei nostri incontri lei era stata molto carina con me e mi aveva caldamente incoraggiato a scrivere.

Jackie disse che i suoi amici sarebbero stati felici di conoscermi, io speravo solo di non tradire le loro aspettative. Il pranzo fu fissato al famoso ristorante Le Dôme in Sunset Boulevard. Vergognosamente, cambiai d'abito tre volte prima di andarci, decidendo alla fine per un tubino in jersey di seta grigia con accessori di camoscio nero.

Mentre venivo scortata a un'enorme tavolo rotondo in fondo al ristorante, mi feci coraggio e mi disposi a seguire la corrente. Con un'acconciatura perfetta, un abito semplice ma elegante e gioielli che rubavano l'attenzione, Jackie si alzò per baciarmi sulle guance e fece le presentazioni. Tra gli ospiti c'erano la bellissima Shakira Caine, David Niven Jr. e Joanna Poitier.

Avevo sempre considerato Jackie una persona estremamente intelligente e incredibilmente spassosa, una donna in gamba che si era scavata una nicchia come scrittrice e sapeva esattamente come intrattenere il suo pubblico. I suoi amici quel giorno furono affabili e ciarlieri, si interessarono al mio lavoro umanitario e ai problemi dei bambini rapiti. Anche loro avevano qualche idea sulle persone da presentarmi nel gioco degli appuntamenti di Hollywood, ma io rifiutai educatamente e fermamente. Non riuscivo a immaginare cos'avrebbe pensato mia nonna di tutto questo, ma mi sentivo una specie di intrusa che tratteneva il respiro per non essere scoperta.

Il resto del mio scintillante soggiorno a Los Angeles passò in un susseguirsi di pranzi e cene – Spago, The Ivy e Le Dôme erano i luoghi privilegiati per farsi vedere, e mi divertii un mondo ad andarci – ma non potei evitare di sentirmi un pesce fuor d'acqua.

Il mio ultimo giorno a LA, il produttore cinematografico David Giler si offrì gentilmente di portarmi in aeroporto a prendere il mio volo serale per l'Australia. Passammo il pomeriggio ai bordi della sua piscina, cuocendo bistecche alla griglia, prendendo il sole e nuotando, una giornata tranquilla e priva di formalità.

Mentre facevo la doccia dopo la nuotata, di colpo ebbi un brivido, come se qualcuno fosse appena passato sulla mia tomba.

«C'è qualcosa che non va» mormorai sfiorando con le dita il mio seno destro vicino all'ascella. C'era un piccolo rigonfiamento grosso come un pisello. «Maledizione» esclamai.

Avevo avvertito una protuberanza quand'ero in Kenya qualche settimana prima, poi era scomparsa. Ma di recente i miei seni erano diventati imprevedibili – a un certo punto avevo avuto una lattazione spontanea dovuta a un eccesso di estrogeni, conseguenza del dolore per la mancanza dei miei figli. Gobbe e rigonfiamenti erano diventati la norma.

Ma non c'era niente che potessi fare in quel momento a Los Angeles, visto che nel giro di qualche ora sarei salita su un aereo. Così soffocai il panico e finii di vestirmi.

Più tardi, in aeroporto, ero così distratta mentre salutavo David da non accorgermi che lui mi aveva fatto spostare in prima classe, e non feci molto caso all'uomo che mi presentò, Wes, in partenza anche lui per Melbourne. Nel corso del lungo volo chiacchierammo un po', ma io avrei voluto solo addormentarmi e svegliarmi senza quella piccola stupida gobba che mi dava fastidio.

Durante lo scalo in Nuova Zelanda, Wes si stese sul pavimento della sala VIP e si dedicò alla più incredibile attività di stretching che abbia mai visto fare a un uomo. La gente cominciò ad additarlo e un paio di hostess chiesero un autografo, aggirando le sue guardie del corpo. Nel mio intontimento, mi resi conto che Wes era Wesley Snipes, la star dei film d'azione.

Stava viaggiando con il suo entourage per promuovere la sua ultima pellicola. Quando ci separammo all'aeroporto di Melbourne, Wes mi strappò la promessa che avrei assistito alla prima del suo film quella sera, e partecipato al party successivo.

Ci andai per pura curiosità, e ben presto mi resi conto che tutto ciò che avevo visto a Hollywood era roba per educande paragonato a quell'evento nella mia città, che tutti consideravano così noiosa! Assordata dalla musica che filtrava dalle porte chiuse della sala privata del nightclub, mi guardavo intorno e mi sentivo un'intrusa in quella brutta caricatura della vita sfrenata dei privilegiati.

Battei in ritirata quando spuntarono i "rinfreschi" e l'"animazione" preparati dall'entourage di Wes. Fu comunque una scena divertente e surreale che avrei potuto rievocare nelle settimane successive, per farmi due risate in un momento di bisogno.

«Bevi questa» disse Mandy, la mia vicina, porgendomi una tazza di zuppa di miso. Da giorni non riuscivo a trattenere altro nello stomaco. La piccola protuberanza si era rivelata più insidiosa di quel che avessi immaginato all'inizio. Era stata asportata d'urgenza, e con mio immenso sollievo il chirurgo riteneva che fossi stata fortunata. Ma per completare la cura stavo facendo un ciclo di radioterapia in un ospedale vicino, nelle prime ore del mattino per sfuggire alla curiosità dei media.

Mi concentrai ostinatamente sull'obiettivo di vincere la malattia con tutta la rapidità ed efficacia possibile. Ero decisa a rivedere Iddin e Shahirah, di morire non si parlava nemmeno. Per la maggior parte del tempo mi chiusi in me stessa limitando i contatti agli amici più cari, che mi aiutarono a tirare avanti in quel periodo; pensavo unicamente a far sì che il mio corpo desse il miglior risultato a lungo termine.

Il mio grande rimpianto fu che dovetti rinunciare al mio impegno nell'operazione Angelo. Fu terribilmente duro ammettere che non ero in grado di profondere nel progetto l'energia necessaria, ma non avevo altra scelta. Per fortuna la rivista «New Idea», principale sponsor e promotore del programma, riempì il vuoto e mandò avanti il progetto, senza farsi sfuggire nemmeno una parola sulle mie condizioni. Bunty Avieson, Sue Smethurst e Laurelle Duffy mantennero un segreto assoluto sulla mia salute e non tentarono di ricavarne un articolo o di invadere la mia privacy in alcun modo. Il loro aiuto e la loro amicizia segnarono uno spartiacque nello spietato settore dell'editoria femminile.

Dodici mesi dopo, in seguito a varie discussioni, la rivista si impegnò attivamente nella raccolta di fondi per l'informazione e la ricerca sul cancro al seno, e io accettai di esporre pubblicamente il mio caso (ormai) risolto sulle pagine della rivista. Evidentemente qualcuno lassù si prendeva cura di me.

18
ASSISTENZA

Erano passati sette anni, ma il mio desiderio di Shahirah e Iddin non si era mai placato. Mi mancava il loro odore, quella meravigliosa combinazione di aromi che avverti nei tuoi figli. Rimpiangevo persino le piccole seccature, il sudiciume infantile che domina quando vivi a stretto contatto col sangue del tuo sangue. Razionalmente capivo che Iddin e Shah non erano più bambini, ma il ricordo delle loro manine sporche sul mio viso quando protendevano le labbra per baciarmi riusciva ancora a fermarmi il cuore e a mandare all'aria la compostezza che mi ero faticosamente costruita. Il mio desiderio era intransigente e incessante, tanto quanto la mia rabbia. Il fatto che Shahirah e Iddin fossero stati presi ed esibiti come trofei per spogliarli della loro volontà e capacità di ragionare mi mandava su tutte le furie. Privarli unilateralmente del loro diritto di conoscere entrambi i genitori significava pregiudicare la loro capacità di sviluppare una personalità autonoma, e mi chiedevo con preoccupazione come questo deficit si sarebbe manifestato nella loro vita di adulti.

Quanto a me, sapevo di essere qualcosa di più del risultato della perdita dei miei figli. Non ho mai voluto farmi intrappolare nella tragedia del loro rapimento.

Fin dai primi giorni di assenza dei miei bambini, sono maturata e ho allargato i miei orizzonti; ho imparato ad accettare i capricci della vita e a vivere meglio con me stessa, meno preoccupata dell'opinione altrui e più a mio agio davanti allo specchio e con le mie risorse interiori.

Ammetto però, soprattutto dopo la mia breve lotta col cancro al seno, che buona parte della mia forza è venuta dagli amici, dai miei cari, e da tutto ciò che ho avuto la fortuna di sperimentare e osservare in giro per il mondo. Questo aspetto della vita mi ha permesso di reagire in modo appropriato al bombardamento di immagini mediatiche che affligge la coscienza collettiva della nostra società.

Ho imparato a canalizzare questa intuizione, insieme alla mia innata e fastidiosa cocciutaggine, in progetti e cause che sento profondamente; grazie ad essa sono riuscita a non impazzire e mi sono convinta, anche nei momenti più neri, che la nostra missione è continuare a vivere, e cercare di cambiare le cose quando crediamo che ci sia qualcosa di sbagliato da correggere. Credo che un modo di cambiare il mondo sia dire ad alta voce ciò che si pensa, l'omertà può essere vergognosa tanto quanto l'ingiustizia.

Io *so* che una persona è in grado di cambiare il mondo, magari non causerà un terremoto, ma stimolando un nuovo modo di pensare o dando un contributo all'umanità potrà rendere l'esistenza di un altro essere umano più tollerabile.

Quando la situazione in Kosovo si fece incandescente – più o meno nel periodo in cui diventai ambasciatrice speciale di CARE International, una delle più grosse agenzie indipendenti per le emergenze e lo sviluppo a livello internazionale – sperai di riuscire a scavarmi una nicchia per fare qualcosa di concreto in un insieme di forze complesso e diversificato. Discutendo della mia nomina ad ambasciatrice speciale con Charles Tapp, all'epoca responsabile di CARE Australia, posi come condizione che mi fosse concesso di lavorare sul campo, nelle zone di guerra e di emergenza. (Per fortuna ci conoscevamo da anni e Charles era abituato alle mie idee eccentriche sull'intervento umanitario, quindi non mi prese per una pazza completa.) Non volevo limitarmi al ruolo simbolico di "celebrità in affitto" mandata in giro a farsi fotografare. Volevo essere certa di poter continuare a sporcarmi le mani e calarmi nel fango insieme alla gente che CARE stava cercando di aiutare. Così nei miei discorsi in pubblico o nei dibattiti sull'attività di CARE non mi sarei limitata a recitare il testo di un addetto stampa, ma avrei parlato in base a un'esperienza di prima mano.

Per darvi un quadro generale, la federazione di CARE International è formata da dodici Stati membri – USA, Danimarca, Germania, Francia, Canada, Giappone, Austria, Olanda, Australia, Regno Unito, Norvegia e Thailandia – con la supervisione di un segretario generale basato a Ginevra, in Svizzera.

Ogni singola nazione gestisce progetti autonomi in diverse regioni e aree di competenza, oltre a portare avanti programmi in collaborazione con altri membri della federazione. CARE è un organismo assolutamente non settario e non politico, un fattore importante per me che non volevo affiliazioni religiose a inquinare la purezza dell'opera umanitaria in cui ero coinvolta, né obiettivi dispersivi legati al sesso, alla razza o alla politica.

In situazioni di emergenza come terremoti, guerre o carestie, lo spiegamento di una squadra di risposta alle emergenze (ERT) da parte di CARE International è rapido, solitamente nel giro di quarantott'ore. Questi specialisti di pronto intervento lasciano le loro occupazioni, chiedono un'aspettativa non pagata al datore di lavoro, fanno i bagagli e saltano su un aereo, per collaborare col personale di CARE che già lavora in quella regione. Sono persone esperte e addestrate provenienti da tutto il mondo, con competenze che spaziano dall'ingegneria alla logistica, l'infermeria, la cura dei minori, la comunicazione, la contabilità e l'esercito. La paga è minima per i membri dell'ERT, appena sufficiente a pagare le bollette in patria e a garantire il vitto nel Paese in cui sono stati inviati.

CARE nacque in America nel 1945 come risposta della società civile agli strascichi della Seconda guerra mondiale; i pacchi di sopravvivenza CARE erano spediti dagli USA, più benestanti, ai superstiti del conflitto. Questi pacchi contenevano tè, carne in scatola e altri generi alimentari, con l'aggiunta di coperte calde man mano che il programma si evolveva. Spesso i pacchi CARE fecero la differenza fra la vita e la morte per intere famiglie bisognose. Nei primi due decenni di vita dell'associazione ne furono consegnati 100 milioni, prima in Europa e più tardi in Asia e in altre aree del mondo in via di sviluppo.

Negli anni l'attività di CARE si è allargata, affrontando i più gravi problemi mondiali. Durante gli anni

Cinquanta l'organizzazione cominciò a operare nei paesi emergenti e a usare le eccedenze alimentari statunitensi per nutrire gli affamati. Negli anni Sessanta CARE fu tra i primi a lanciare programmi di assistenza sanitaria di base, e nei due decenni successivi reagì a massicce carestie in Africa con interventi di emergenza e piani di agricoltura e forestazione a lungo termine che integravano pratiche sostenibili di sfruttamento del territorio con iniziative mirate di allevamento. Dagli anni Novanta a oggi CARE ha sottolineato l'importanza di progetti microeconomici, come il miglioramento della vita delle donne attraverso l'indipendenza economica e l'istruzione, quale elemento chiave per sradicare la povertà e la mortalità infantile.

Con più di 14.500 operatori in tutto il mondo – per la maggior parte cittadini dei paesi in cui CARE opera – l'organizzazione si concentra soprattutto su programmi che creino soluzioni durature alle cause più profonde della povertà. Si stima che i programmi di emergenza e sviluppo di CARE tocchino più di 50 milioni di persone ogni giorno in tutto il globo.

CARE è l'acronimo di Cooperative for Assistance and Relief Everywhere, Inc (Cooperativa di assistenza e soccorso ovunque), ma se chiedete a quelli che lavorano fuori dagli uffici dell'organizzazione, di solito vi risponderanno: «Non so, noi siamo semplicemente CARE». Sinceramente, ritengo che nella sua semplicità questo nome funzioni perfettamente anche se non se ne conosce il significato, dato che la parola "CARE" si traduce magnificamente in molte lingue. Questo è ciò che conta per me.

Il presidente John F. Kennedy disse nel 1962: «Ogni

pacco CARE è un contributo personale alla pace mondiale...»

Ogni volta che CARE assiste un essere umano, noi sosteniamo la promessa di un mondo migliore e più sicuro per i nostri figli.

Avevo il cuore animato da una grande speranza quando accettai di assumere il mio nuovo ruolo. Soprattutto volevo che i miei figli fossero orgogliosi di me e potessero un giorno condividere le mie convinzioni. Era come se iniziando quel lavoro potessi gettare un ponte che Shahirah e Iddin avrebbero potuto attraversare in futuro.

Per prepararmi seguii un corso avanzato di pronto soccorso, in modo da non trovarmi a mal partito in una situazione difficile e da poter gestire una rianimazione o un'emorragia. Studiai anche le cure per i traumi psicologici, che in un certo senso erano un'estensione naturale del mio lavoro sui rapimenti di bambini e le loro conseguenze.

Prima di partire avevo dei compiti da svolgere sul fronte della Convenzione dell'Aja: riunioni in Francia coi rappresentanti dell'Unione Europea e un convegno a Londra sulle modifiche alla politica UE in tema di rapimenti internazionali di bambini da parte di un genitore, convegno che coincideva con l'uscita del mio libro in Gran Bretagna.

A Parigi ebbi due mezze giornate di libertà e le usai per rivedere alcuni amici, tra cui lo stilista Martin Grant che aveva il suo atelier nel quartiere del Marais. Martin aveva cominciato studiando scultura a Melbourne prima di allargarsi al settore della moda e trasferirsi a Parigi, dove si era fatto un nome grazie alle sue linee classiche ed eleganti. Fornitore di negozi esclusivi come Harvey Nichols e Barneys, Martin crea modelli che sottolineano le curve del corpo femminile. In quell'occasione ideò per me un abbigliamento adatto ad affrontare lo sbarramento di giornalisti che mi attendeva nelle settimane successive. Era confortante averlo accanto: la sua attenzione al dettaglio, il suo comportamento e il suo amore per i tessuti e il cucito mi ricordavano tanto mia nonna. Ogni volta che emergevo dal camerino con uno dei suoi abiti addosso, aveva un modo di strizzare gli occhi che mi faceva tornare a quando avevo sette anni e la nonna mi girava intorno, armeggiando e appuntando spilli a un modello che mi aveva confezionato con avanzi di tessuto per tende.

Tutto ciò che Martin creava per me era facile da indossare e aumentava enormemente la mia sicurezza; non avevo mai portato abiti così belli e ben fatti. Non erano che un elemento della mia armatura: a dispetto della mia spavaderia, ero terrorizzata all'idea di un tour promozionale per il mio libro in Gran Bretagna.

Arrivai a Londra in un momento che stava diventando tumultuoso per CARE. La guerra in Kosovo stava andando fuori controllo e decine di profughi stavano varcando i confini con l'Albania e la Macedonia in cerca di un rifugio. La NATO era intervenuta nel conflitto per cercare di riportare l'ordine e stava bombardando Belgrado. Ad aggravare l'emergenza umanitaria, in Serbia il presidente Slobodan Milosevic aveva fatto arrestare e mettere in carcere tre operatori di CARE – Peter Wallace, Branko Jelen e Steve Pratt – accusandoli di spionaggio. Concordai con Charles Tapp che avrei parlato dell'attività di CARE in Kosovo e promosso una raccolta fondi durante il mio tour pubblicitario, combinando la mia vecchia vita con la nuova.

A Londra, i quattordici giorni successivi furono frenetici: il convegno dell'UE, interviste, qualche cocktail party e un'infinità di autografi sui libri. Feci anche da portavoce nel Regno Unito all'Appello per la crisi in Kosovo, e nelle trasmissioni in diretta sfruttai ogni opportunità per esortare il pubblico a fare donazioni al fondo che saggiamente la Croce Rossa, Oxfam, Save the Children, CARE e altre organizzazioni avevano unificato, evitando di competere nella raccolta di aiuti in un momento di emergenza internazionale.

Fu un susseguirsi di eventi contrastanti. Viaggi in treno a Edimburgo per fare promozione; un rapido volo a Dublino per partecipare a un talk show; sveglia alle cinque di mattina con un'auto che mi viene a prendere e mi deposita alla radio della BBC per registrare venti interviste consecutive in un bunker senza finestre per le edizioni regionali. Sbucando come una talpa alla luce, mi sentii sicura di aver parlato della crisi in Kosovo e di avere aggirato alcune domande su di me per affrontare un argomento più importante.

Ci fu anche una massacrante intervista con Tim Sebastian per il programma di BBC World *Hardtalk*. Avevo lo stomaco in subbuglio durante quell'intervista poiché, come Sebastian mi ricordò appena prima che iniziasse la ripresa, sapevo che c'era una possibilità che Iddin e Shahirah guardassero quella particolare puntata o ne sentissero parlare. *Hardtalk* era trasmesso in tutto il mondo, con lo stesso episodio ripetuto varie volte in un giorno, quindi mentre cercavo di rispondere alle minuziose domande di Sebastian immaginavo i miei figli che mi vedevano per la prima volta da anni. Mi sentivo balzare il cuore in petto per la speranza e la trepidazione.

Fu affascinante entrare nella Camera dei Lords ed essere scortata da un paggio in uniforme verso un'enorme poltrona in pelle con lo schienale alto che mi fece sentire una lillipuziana. La baronessa Patricia Scotland, che avevo conosciuto durante il convegno dell'Unione Europea sulla Convenzione dell'Aja, mi fece rapidamente visitare il palazzo, dopo di che ci rifugiammo nel bar per qualche immangiabile panino e dell'ottima vodka. Patricia era la prima donna nera a diventare consigliere della Corona e pari a vita in Gran Bretagna, un'autentica pioniera. (In seguito è stata ministro della Giustizia nel governo laburista di Tony Blair.) Nelle sacre sale della Camera dei Lords mi intrattenni con due pari d'Inghilterra, visto che fui anche presentata a Waheed Alli, anche lui nominato di recente. Mi chiesi se la nonna mi stesse guardando a bocca aperta dal cielo.

Mia nonna non era mai stata molto impressionata dal titolo del mio primo marito; per lei, i reali erano quelli britannici o europei, con le armature, non c'è niente di meglio di una nonna per riportarti coi piedi per terra.

Il vero clou della serata per me fu riuscire a rivedere Shakira Caine, che avevo conosciuto a Los Angeles. Intelligente e sofisticata, quella donna era ben più che la bella moglie di un marito famoso. Shakira mi invitò a cena in un ristorante che lei e suo marito, l'attore sir

Michael Caine, possedevano a Chelsea Harbour. Fu una magnifica serata con una gradevole conversazione e una fantastica ospitalità, un buon contrappunto alle due settimane precedenti trascorse a ripetere freneticamente fatti e dati alla stampa. Anche la compagnia era piacevole, e molto rilassata. Avevo chiesto a un amico, Salah Bramini, di accompagnarmi, e insieme a Patricia Scotland si creò una dinamica interessante al tavolo.

All'ultimo momento inserii nel mio programma un pranzo col direttore generale della Polaroid in Gran Bretagna; mi era venuta un'idea per un'iniziativa umanitaria nella crisi del Kosovo e volevo discutere la mia proposta con lui. L'invito fu prontamente accolto.

Al Café Orsino, a Covent Garden, per ironia della sorte gli illustrai le condizioni dei campi profughi davanti a un pasto delizioso. Spesso, spiegai, i bambini dispersi non erano in grado di dare il proprio nome o quello dei genitori, quindi riportarli fra le braccia dei loro cari era difficilissimo. Le fotografie avrebbero accelerato enormemente il processo, ma non c'era elettricità nei campi profughi, quindi non si potevano sviluppare rapidamente le pellicole. La Polaroid accettò di donare cento macchine fotografiche e migliaia di confezioni di pellicola per aiutare la Croce Rossa e altre organizzazioni a riunire le famiglie che si erano disperse nella fuga per la salvezza. Fu un pranzo che avrei benedetto nelle settimane successive.

19

AGENTI SEGRETI, SCARPONI E BASTARDI

Avvertendo la pressione di una mano sullo schienale del mio sedile in aereo, mi voltai per vedere chi fosse. «Roger Moore» disse la voce roca e profonda conosciuta in tutto il mondo. Sbattei le palpebre mentre lui mi tendeva la mano. «Moore, Roger Moore» scherzai dentro di me in una pessima imitazione della classica battuta di James Bond, e cercai faticosamente di concentrarmi sul signore elegante e occhialuto che incombeva su di me. Mi spiegò che mi aveva visto di recente alla BBC e che conosceva la mia storia.

Il volo da Zurigo ci stava portando a Skopje, capitale della Macedonia e centrale operativa per buona parte delle iniziative umanitarie durante la guerra in corso. Roger stava andando a Skopje con la moglie svedese, Kristina (Kiki) Tholstrup, come ambasciatore dell'UNICEF, ruolo che rivestiva da molto tempo.

Mi chiese se potesse presentarmi una persona. Sapevo di essere lontanissima dall'immagine di una "Bond girl". Mi ero infilata la maglietta CARE oversize in pantaloni sportivi neri stretti in vita perché non mi cascassero, e i miei enormi stivali belgi da paracadutista occupavano buona parte del corridoio. Ma non era il momento di pensare all'eleganza – nel giro di un paio di minuti, Roger tornò con un sorridente signore dai capelli neri che mi presentò come Toni Popovski, ministro per l'Ambiente e la Pianificazione Urbana della Repubblica di Macedonia.

«Eccellenza, posso presentarle l'ambasciatrice speciale di CARE International, l'ex principessa Yasmin» disse Roger con la famosa voce dei suoi film. «Preferisce essere conosciuta come Jacqueline Pascarl» aggiunse, quasi di sfuggita. Sorrisi, ma dentro di me mi irrigidii e lanciai un'occhiataccia a Roger oltre la spalla del ministro. Lui si limitò a scuotere impercettibilmente il capo. Chiaramente conosceva meglio di me i trucchi del mestiere di un'ONG. Congedandosi con un sorriso, 007 si voltò e si sedette accanto alla moglie, mentre il ministro scavalcava i miei piedi per accomodarsi nel posto vuoto accanto a me.

A proposito di tuffarsi senza paracadute! Pur sapendo quanto sia importante conoscere un membro di governo del Paese che ti ospita, non ero ben preparata e non capivo niente delle dinamiche politiche macedoni, ma improvvisai.

Popovski doveva avere sui trentacinque anni ed era ansioso di piacere. Mi fece un serrato interrogatorio sul mio ruolo in CARE e sul lavoro dell'organizzazione per i rifugiati kosovari che affluivano nel suo paese. Il ministro disse che mi aveva riconosciuto dalla copertina del mio libro che aveva visto in una libreria dell'aeroporto, e mi chiese se avessi un copia con me, come se stessi facendo un tour promozionale!

Chiacchierammo per il resto del volo e Popovski insistette perché nei giorni successivi partecipassi ad alcuni ricevimenti governativi e diplomatici come sua ospite personale. “Be’, non si sa mai quando un numero di telefono privato può venirti utile”, pensai quando mi mise in mano il suo biglietto da visita. Sotto la sua protezione passai la dogana e il controllo immigrazione.

Entrare in una cerchia di persone precostituita è sempre un’impresa difficile, ma lo è il triplo quando si tratta di operatori umanitari decisi a mettere sulla graticola l’intruso. I primi due giorni nella sede ufficiale di CARE International in Macedonia furono piuttosto solitari. Molti membri dello staff kosovaro erano traumatizzati dall’arresto di tre loro colleghi, soprattutto perché alcuni di loro avevano lavorato a stretto contatto con Steve Pratt e Branko Jelen prima che scoppiasse la guerra. Temevano di essere a rischio anche loro, così come i familiari che avevano lasciato in Kosovo durante l’evacuazione. Erano essi stessi dei profughi, che stavano cercando di svolgere attività umanitarie in un Paese straniero. Inoltre il direttore dell’ufficio era stato chiamato altrove per riunioni operative, e il morale era molto basso.

C’è una netta distinzione tra il personale amministrativo della sede centrale e la squadra di emergenza che lavora sul campo. Il primo cura i dettagli, mentre l’altro bada soprattutto alle razioni alimentari per le persone che segue e della fornitura di acqua potabile nel luogo in cui opera.

Io ero a cavallo tra i due gruppi in una strana zona grigia che confondeva chiunque non avesse familiarità col mio ruolo all’interno di CARE International. A volte persino io ero un po’ perplessa, anche se mi sentivo sempre più vicina agli operatori umanitari. Ero lì per rappresentare CARE presso i mezzi di informazione, lavorare nella conduzione complessiva del campo, partecipare a tutte le riunioni con l'ONU o il Paese ospitante, girare abbastanza materiale sull'attività di CARE da utilizzare a scopo pubblicitario, e in generale trovarmi una collocazione. A ciò si aggiungevano le ulteriori istruzioni del segretario generale di CARE, Guy Toussignant. Aveva ripetutamente sottolineato l'importanza del mio ruolo come ambasciatore speciale e voleva che mi concentrassi sulla diplomazia e l'immagine pubblica, attingendo a tutte le lezioni di comportamento e conversazione che avevo utilizzato nella mia vecchia vita di principessa.

I due aspetti del lavoro umanitario erano complementari; l'uno senza l'altro produrrebbe il caos. Questo non era un film o un esercizio accademico, solo un idiota o un cowboy piomberebbe in un'area di emergenza senza infrastrutture o piani in atto. Nessuna agenzia umanitaria efficace può assumersi il compito di operare in condizioni così difficili, per settimane e mesi di seguito, senza il sostegno di un gruppo diversificato e preparato di persone che si occupano degli aspetti pratici. I problemi logistici in un intervento umanitario così imponente sono tanti e complessi. Tutto deve funzionare con un effetto a catena. Denaro, trasporti con una fonte di carburante affidabile, uno staff nazionale (come vengono designati gli addetti del luogo), elettricità, carta, computer (o almeno penne), contabilità, alloggiamenti in loco – tutto deve mettersi in moto prima che tu possa avviare la fase più "gradevole": contribuire a ricostruire la vita delle persone.

Davo per scontato di incontrare del cinismo, sarei

stata ingenua a pensare diversamente. Sapevo che avrei dovuto guadagnarmi i galloni, e volevo avere la possibilità di farlo.

Normalmente Skopje contava 450.000 abitanti. Ora la città vacillava per l'afflusso di truppe della NATO, centinaia di operatori dell'ONU e di altre ONG, un'orda di giornalisti internazionali e un enorme numero di rifugiati kosovari ospitati da lontani parenti nel sottoscala o sul pavimento del salotto in tutta la città. Se si aggiungevano tutte le persone confinate nei campi profughi sorti in aree periferiche, la città stava scoppiando.

Molti residenti avevano scelto di lasciare le loro case per affittarle ammobiliate ai numerosi operatori umanitari internazionali, una manna per i locali, e una soluzione che accontentava tutte le parti coinvolte. Una pioggia di denaro si rovesciava sull'economia del Paese. Ma la pressione sulle infrastrutture macedoni era immensa e alimentava tensioni etniche sotterranee nell'ex Stato della Jugoslavia di Tito.

Nel corso dei secoli, Skopje era stata colpita da vari terremoti, quindi l'architettura era un incongruo miscuglio di rovine romane e ottomane, orribili condomini in stile sovietico e ville in stile mediterraneo. Le strade erano ampie e ben tenute e la popolazione cordiale, anche se la parola macedone *ostavime*, che significa "lasciami in pace", si rivelò utile ogni volta che giovani uomini più spavaldi che sensati mi fischiavano dietro o tentavano un approccio.

CARE aveva una base a Skopje, ma era già piena. Così fui alloggiata al Roza Diplomatik, un piccolo albergo in una zona molto tranquilla vicino a una chiesa cattolica, a due passi dall'ufficio di CARE. Il Roza Diplomatik era un posticino bizzarro, con quattro piani e solo dodici stanze, una scala tortuosa e un cortile aperto sul retro, era più una pensione familiare che un hotel. Dotata di un bagno personale e un condizionatore funzionante, potevo ritirarmi nella mia stanza all'ultimo piano ogni volta che non ero di turno o non dormivo in un campo profughi.

Al Roza si poteva fare colazione e chiedere bibite e caffè, ma per mangiare bisognava rivolgersi a uno dei piccoli caffè o ristoranti che punteggiavano Skopje. Vedevo di rado gli altri ospiti dell'albergo, poiché dovevo lasciare il Roza alle sei di mattina per prendere la navetta delle 6.30 che in mezz'ora mi portava a Stenkovec II, uno dei due campi profughi gestiti da CARE che all'epoca ospitava oltre 27.000 persone.

In città si diceva scherzando che i funzionari dell'USAID (l'Agenzia per lo sviluppo internazionale del governo americano) che risiedevano nel mio hotel erano in realtà degli agenti della CIA. Inutile dire che controllavo sempre la mia scatola di cereali in cerca di una telecamera nascosta!

Schermando gli occhi dal sole, alzai lo sguardo sulla bandiera dell'UNHCR che sventolava dal pennone. Finalmente il danese Fred, uno dei funzionari dell'ONU che lavorava al campo, sarebbe stato soddisfatto, commentai rassegnata; negli ultimi giorni non aveva fatto altro che tormentare gli operatori di CARE per fare erigere quell'asta. Francamente c'erano altre questioni più urgenti da sistemare, ma tutto sommato valeva la pena di avere un minuto di pace.

Ero salita in macchina sulla collina più alta di

Stenkovec II per sottrarmi un quarto d'ora dall'aria puzzolente che ristagnava nei corridoi fra le tende del settore G. Bevvi un po' d'acqua dalla bottiglia che tenevo nella tasca dei pantaloni, accanto al mio coltellino multiuso, e mi tolsi sciarpa e cappello. Venti minuti prima avevo dovuto affrontare un uomo robusto e aggressivo con un coltello in mano, e ammetto che non è una situazione facile per una donna. Sfortunatamente la batteria del mio walkie-talkie si era scaricata, quindi non potevo chiamare aiuto anche se avessi voluto. L'uomo si era ribellato quando avevo chiesto a lui e alla sua famiglia di dividere la tenda con un altro gruppo di rifugiati, e aveva estratto il coltello dicendo che mi avrebbe tagliato la gola piuttosto che accettare di spartire il suo alloggio. Non era la prima volta che accadeva, e non sarebbe stata l'ultima. Sembrava inevitabile che gli uomini facessero i gradassi con me e non coi miei colleghi maschi. Probabilmente alcuni dei profughi più violenti e traumatizzati pensavano di poter convincere una donna minacciandola, ma sapevo di dover scoprire quel bluff. Il mio ragionamento era che non si sarebbero arrischiati a commettere un reato che avrebbe necessariamente coinvolto la polizia macedone. Ma soprattutto sapevo che se non avessi tenuto duro, si sarebbe sparsa la voce e gli altri operatori umanitari del campo sarebbero stati presi di mira. A quel punto le dispute sarebbero state davvero risolte a colpi di coltello, e non ci sarebbero più stati limiti alle aggressioni e al caos.

La collinetta su cui mi trovavo mi consentiva di osservare dall'alto l'arido accampamento sottostante. Privo di alberi, era invaso da turbini di polvere ogni volta che soffiava il vento. In ogni canalone dell'ex cava centinaia di tende erano aggrappate al terreno accidentato. Gli alti muraglioni creati dai vecchi scavi fungevano da strade che noi percorrevamo a bassissima velocità per evitare incidenti. Eravamo senza fognature, acqua corrente o elettricità – non era affatto semplice fornire ai nostri profughi i servizi essenziali. A ogni settore del campo era stata assegnata una lettera dell'alfabeto, che era impressa in rosso sul lato di ogni tenda insieme a un numero. Questo sistema ci permetteva di allocare le risorse e contare i residenti di ciascuna area. Ogni settore aveva una rappresentanza scelta dai suoi occupanti che collaborava col personale di CARE in tutte le questioni che riguardavano la gestione del campo, dalla consegna del pane alle piccole lagnanze. Era importante permettere alle persone che eravamo venuti ad aiutare di partecipare attivamente a decisioni che riguardavano la loro esistenza quotidiana, non c'è spazio per un atteggiamento condiscendente in simili situazioni.

La fornitura d'acqua a ogni settore era a dir poco sommaria, ma era essenziale mantenerla, specialmente per le migliaia di bambini e anziani di cui ci occupavamo con una temperatura estiva di quaranta gradi. Ogni settore aveva un tubo che forniva acqua a decine di famiglie, alimentato per forza di gravità da serbatoi di lamiera ondulata. Questi imponenti serbatoi erano una straordinaria impresa ingegneristica realizzata sulla collina alle mie spalle dall'agenzia umanitaria Oxfam, i nostri esperti idrici e sanitari. I serbatoi erano riforniti da camion che circolavano per il campo dodici ore al giorno. Senza quei camion non funzionavano nemmeno i rubinetti, quindi ero particolarmente infastidita dalle visite dei cosiddetti VIP, dato che in tali occasioni le consegne d'acqua venivano sospese.

Su una collina più piccola adiacente a quella su cui mi trovavo io sorgeva un'enorme installazione gialla simile a una nave spaziale aliena. Era l'ospedale di emergenza francese, un'incredibile struttura che ricordava un enorme scivolo gonfiabile per bambini. Dotato di generatori diesel, era senza dubbio una moderna opera d'ingegno e il miglior progetto di ospedale da campo che avessi mai visto. Provvisto di aria condizionata, comprendeva un dormitorio per il personale medico, una camera operatoria, una sezione di radiologia, tre reparti e un laboratorio di patologia. Poiché le notti potevano essere molto fredde nella ex cava, e le giornate terribilmente calde, l'ospedale era un vero dono del cielo per i neonati e i pazienti operati. Gestito da un misto di medici e infermieri dell'esercito e da pompieri con una preparazione paramedica, l'ospedale sarebbe rimasto solo trenta giorni, il massimo concesso dal governo francese.

A integrare le cure specialistiche di questo ospedale c'era un piccolo ambulatorio più in basso. Affidato all'International Medical Corps (IMC) e condotto da una manciata di dottori e infermieri volontari di varie parti del mondo, era in prima linea per molte delle cure e delle visite mediche. Dentisti senza frontiere e Farmacisti senza frontiere si dividevano fra i tre campi principali della Macedonia, gli altri due erano Stenkovec I e Cegrane, dove io lavoravo ogni tanto.

Anche se la bandiera dell'UNHCR sventolava sul campo, la presenza delle Nazioni Unite era minima.

L'ONU aveva conferito un incarico e un appalto ufficiale a CARE International per la gestione quotidiana di Stenkovec II, assegnandole un budget per la fornitura di cibo, acqua e alloggi e per lo staff nazionale scelto fra la popolazione del campo. (Questa è la procedura normale in molte zone di guerra e di catastrofi naturali, per garantire che le competenze delle diverse agenzie umanitarie siano utilizzate a pieno.) Il personale di CARE dormiva nel campo ed era responsabile di tutti gli aspetti della sua conduzione, compresa la sicurezza. Ci occupavamo anche delle Unità mamme e bambini, frutto della nostra convinzione che nelle avversità i piccoli dovessero essere protetti da infermieri e personale specializzato. Queste unità, che occupavano tende apposite disseminate per il campo profughi, assicuravano alle madri la possibilità di lavare i figli e l'accesso ad alimenti per neonati, latte in polvere, acqua potabile e pannolini usa e getta, tutte cose essenziali per tenere lontane le malattie in condizioni estremamente difficili. Le donne che partorivano al campo erano incoraggiate ad allattare per la propria salute e per quella dei loro bambini. C'era anche un programma speciale di nutrizione e monitoraggio per mantenere in salute i tanti bambini che vivevano quella situazione tutt'altro che ideale.

Le altre organizzazioni che lavoravano a Stenkovec II e Cegrane erano il Comitato internazionale della Croce Rossa (ICRC), impegnato nell'immane compito di rintracciare bambini e adulti dispersi e riunire le famiglie, e l'UNICEF, che si era insediata su quella modesta collina relativamente fresca dove mandava avanti un asilo nido, uno spazio giochi e una scuola per i bambini del campo, sempre in un ambiente molto polveroso: gran parte del terreno era privo d'erba.

Nelle ore diurne, in una roulotte di fronte ai container che utilizzavamo come uffici amministrativi del campo, operava l'IOM (Organizzazione internazionale per le migrazioni). Lì gli sfollati restavano lunghe ore in coda per chiedere di essere temporaneamente riallocati in vari punti del globo per motivi umanitari. Tutte le agenzie presenti nel campo interagivano e lavoravano con le altre senza rivalità, una situazione ben diversa da mondi lontani come l'Australia e gli USA, dove di norma le associazioni umanitarie competono per farsi pubblicità e aggiudicarsi i soldi dei donatori. L'intervento di emergenza era tutt'altra cosa; il fatto che lavorassimo tutti insieme in armonia era una delle cose che apprezzavo di più, insieme al cameratismo.

Le tende disponibili per i profughi erano un misto di vecchie eccedenze dell'esercito e rifugi forniti dai donatori. Trovavo buffo il fatto che allo Stenk II le tende sembrassero sempre disposte in raggruppamenti strampalati e con curiose angolazioni – i meravigliosi e sempre allegri pompieri e soldati francesi si erano sobbarcati buona parte del lavoro pesante – mentre a Cegrane il genio militare tedesco aveva allestito il campo con teutonica efficienza e precisione. I tedeschi avevano utilizzato ricevitori GPS per ricercare l'esattezza, e il risultato era che le loro tende si stendevano perfettamente allineate a perdita d'occhio, ospitando 57.000 anime sfollate in quella che era stata una discarica.

Non era facile la vita allo Stenk, sovraffollato di persone provenienti da diversi settori della società kosovara. Zingari, insegnanti, operai, contadini, musicisti, professori universitari, casalinghe, negozianti e idraulici erano costretti a vivere appiccicati l'uno all'altro in situazioni anguste senza alcuna intimità o autonomia.

Il fuoco era un enorme problema. Di notte le candele erano proibite nelle tende buie, ma spesso questa regola era ignorata. Un altro rischio erano i fuochi per cucinare. Non c'era una cucina centralizzata che somministrasse cibi precotti ai residenti; ogni settore aveva dei punti prestabiliti dove si distribuivano razioni di pesce o carne in scatola, cipolle, pane e frutta per due giorni, annotandole su una tessera. Gli incendi dentro o accanto alle tende causati da fuochi di cucina sfuggiti al controllo erano così numerosi che ancora oggi non riesco a credere che non sia morto nessuno.

Quando sfoglio il mio diario di quel periodo, mi rendo conto di quanto fossero diversificati i miei compiti. La squadra lavorava ogni giorno senza lagnarsi troppo. L'unica cosa che detestavo era distribuire i materassi, perché erano preziosi come l'oro e altrettanto ricercati. Spesso quel lavoro toccava a me perché parlavo bosniaco e avevo un'infarinatura di albanese, la lingua del Kosovo. L'assegnazione dei fogli di gommapiuma grandi come un letto singolo era regolata da criteri molto rigidi. In sostanza erano riservati alle donne incinte, agli anziani e ai malati gravi, anche se a volte la presenza di molti figli giustificava la concessione di un unico materasso all'intero gruppo familiare. Tutti gli altri profughi dormivano direttamente sul pavimento della tenda, isolati dal terreno sottostante da un semplice telo impermeabile. Le coperte venivano consegnate all'arrivo, una ciascuno. Non c'erano cuscini.

Odiavo il potere di decidere del benessere dei profughi; odiavo il fatto di non poter offrire loro di più. Soprattutto odiavo il clamore e le suppliche quando scoccava l'ora stabilita per le richieste, la disperazione dei giovani che si battevano per le loro donne mi sconvolgeva. Era come se la loro autostima di maschi fosse legata alla capacità di procurare un giaciglio confortevole alla nonna o alla sorella minore. Imparai che in un campo profughi sono gli uomini a soffrire di depressione e senso di privazione.

Giorno dopo giorno, entravo nelle tende e trovavo decine di uomini stesi con la faccia rivolta verso il telo; il loro sconforto era quasi palpabile. Avevano perso tutti i loro beni materiali, ma peggio ancora, molti di loro non erano riusciti a proteggere le donne della famiglia da abusi sessuali, rapine o torture ai varchi di confine controllati dalle forze serbe.

Questa umiliazione a volte si manifestava sotto forma di aggressioni, esibizioni di coltelli e minacce. Era l'unica cosa che potevano fare per le loro donne martoriate, pretendere una tenda e impedire agli intrusi di metterci piede. Le donne, nelle circostanze in cui si trovavano, non potevano permettersi il lusso del dolore o della solitudine; la famiglia dipendeva da loro per procurarsi le razioni di cibo e l'acqua quotidiana, lavare i panni e badare ai bambini e agli anziani. Il divario fra i sessi era enorme e le reazioni al trauma dell'esilio, della violenza e della guerra erano significativamente diverse.

Uno dei miei compiti era ispezionare ogni tenda del settore assegnatomi per quel giorno e verificare il numero di persone e lo spazio disponibile. Stenkovec II e Cegrane erano ufficialmente dei campi di transito, il che significava che molti rifugiati stavano aspettando procedimenti di immigrazione ed evacuazione in luoghi temporanei sicuri messi a disposizione da varie nazioni del mondo.

Gli occupanti dello Stenk II potevano trascorrere solo cinque giorni da noi, oppure parecchie settimane. La popolazione era così variabile che era fondamentale tenere il conto delle persone e degli spazi che si liberavano nel campo.

In ventiquattr'ore potevano riempirsi sei pullman da cinquanta posti ciascuno, che lasciavano il campo per altri Paesi. Di notte, quando il governo macedone apriva le frontiere – a partire dall'1.00 – un immenso convoglio di pullman si presentava ai nostri accessi sorvegliati, scortato da soldati della NATO o dalla polizia macedone. Autobus da cinquacinque posti che trasportavano centoventi persone stipate, l'immagine stessa del trauma e della disperazione. Dall'altra parte del confine, nel pieno della calura estiva, i paramilitari serbi riempivano quei pullman quando il sole era allo zenit. Poi chiudevano le porte. Se i profughi non si erano portati dell'acqua, non avevano modo di placare la sete.

Non ero affatto preparata la notte in cui assistetti al mio primo grosso arrivo. Facce schiacciate contro il vetro, gente in piedi che tendeva la mano dalle piccole aperture scorrevoli vicino al tetto del veicolo. Bambini sollevati verso le prese d'aria per respirare un po' d'aria. La condensa che colava lungo i vetri, denunciando il caldo opprimente che regnava all'interno. Le autorità macedoni non ci lasciavano aprire le porte dei pullman contemporaneamente, ma solo uno dopo l'altro. Io avrei voluto spaccare i vetri e tirare fuori tutti, ma non potevamo opporci ai nostri ospiti.

Le nostre radio avevano cominciato a gracchiare appena prima del crepuscolo, avvertendoci che dei pullman avrebbero attraversato la frontiera quella notte. Erano circolate voci per tutto il giorno, e io avevo fatto preparare le tende nel settore A trasferendo gli attuali occupanti nel settore G e in tutto il settore C. Mi consigliarono di riposare un po', ma di dormire vestita. A mezzanotte si annunciò il lamento delle sirene in lontananza, che si fece sempre più vicino mentre io infilavo gli stivali e cercavo la mia lampada da minatore.

Quando apparve il primo pullman con le luci interne accese, scorgemmo le facce stanche e stravolte della gente che lo affollava. Uno, due, tre, quattro, cinque, sei autobus transitarono al seguito delle auto della polizia, oltrepassarono i cancelli dello Stenk II e proseguirono per Cegrane, altre tre ore di viaggio nel caldo opprimente. Sette o otto minuti dopo, una macchina della polizia varcò i nostri cancelli seguita da otto pullman oppressi dal peso di troppi passeggeri. La necessità più immediata era l'acqua, e ci mettemmo a correre come degli ossessi per tutta la lunghezza del convoglio inciampando sui sassi e i ciuffi d'erba, infilando bottiglie d'acqua nei finestrini mentre le anime imprigionate lì dentro gridavano disperate *vodu*, acqua. La temperatura esterna era di almeno trenta gradi. La mia frustrazione si stava rapidamente trasformando in rabbia disperata, poiché non ci lasciavano aprire semplicemente le porte degli autobus per smistare la gente all'aria aperta.

Finalmente, almeno mezz'ora dopo che gli autobus erano entrati, ottenemmo il permesso di scortarli al settore A del nostro accampamento sovraffollato, dove avremmo liberato i nuovi arrivati. Mi misi a correre in mezzo ai campi, schivando i tiranti delle tende e le buche, per raggiungere rapidamente la zona di scarico. I pompieri stavano freneticamente regolando la lampada ad arco alimentata da una batteria d'auto e riposizionando i camion per illuminare l'area delle operazioni coi fari, dato che non avevamo generatori per fornire luce elettrica. Gli abitanti dell'accampamento si riunirono per darci una mano o nella speranza di trovare un parente o un amico perduto.

Fu il caos organizzato, uno scenario drammatico di sofferenza e trauma. Finalmente aperto, il primo autobus vomitò il suo carico, un'esplosione di umanità disidratata, esausta, piangente e sporca, che stringeva al petto ciò che aveva di più prezioso. Passarono alcuni istanti prima che mi rendessi conto che alcuni di quei fagotti erano dei neonati, avvolti secondo la tradizione con strati di fasce e stringhe. Surriscaldati, i fragili esserini erano pallidi e con lo sguardo vitreo. Bambini traumatizzati si aggrappavano alle gambe dei genitori e piangevano.

Paramedici e operatori umanitari si fecero subito largo tra le file di gente accoccolata e barcollante, cercando prima di tutto di valutare le necessità mediche.

Una donna sui venticinque anni con un bimbo in braccio si mise a strillare. Corsi da lei, cercando di decifrare il motivo della sua angoscia. Controllando il piccolo, che non doveva avere più di due mesi, mi accorsi che respirava appena e aveva un colorito smorto.

«Troppo caldo» dissi alla madre sfilandomi il coltellino dalla cintola e cercando disperatamente di liberare il bimbo dai lacci e dalle bende.

Sedendomi a terra, deposi il piccolo sulle mie gambe e strappai via gli ultimi strati, compresa una borsa di plastica putrida che era stata utilizzata come pannolino. Era una bambina e giaceva immobile sul mio grembo. Togliendole il berretto, vidi un ciuffo di capelli biondi.

«Su, tesoro, fa' un bel respiro» la incoraggiai, mentre la madre piangeva e mi tirava per un braccio.

La bimba era terribilmente magra e con la pelle irritata dal caldo. Cominciai a strofinarle gli arti e il corpo mentre chiamavo Jean Paul, un paramedico, perché venisse ad aiutarmi. Poi mi arrischiai a soffiarle dolcemente in bocca e nel naso, il battito del cuore era appena percettibile. Dopo qualche drammatico istante, la bambina trasse un grande respiro che parve gonfiarle il corpicino flaccido, e con un debole vagito protese il musetto in cerca di cibo. In quel momento Jean Paul mi raggiunse. Guardandomi in faccia, mi mise una mano sulla spalla dicendo «*Aucun problème, Jacqueline, c'est OK, n'est-ce pas?*» (Non c'è problema, Jacqueline, mi sembra stia bene ora, no?) e passò rapidamente a una ferita d'arma da fuoco appena individuata.

La madre riconoscente prese la bimba dalle mie braccia, e io le feci capire a gesti e in un bosniaco rudimentale che faceva troppo caldo per fasciarla. Lei annuì, scoprendo un seno per allattarla.

Era vergognoso che la dignità umana fosse ridotta alla possibilità di trovare un pannolino per una bambina e un riparo per lei e sua madre. Come potevano i responsabili di quella pulizia etnica lasciare che dei neonati giacessero nei propri escrementi, soffrissero per la mancanza di ossigeno, e si vedessero negare il diritto di crescere in sicurezza, circondati dalla propria famiglia?

La squadra ce la metteva tutta. Molti dei nuovi arrivati avevano dormito in grotte sulle montagne, o al riparo dei cespugli, mentre cercavano di mettersi in salvo nel nostro accampamento. I genitori erano intontiti e i bambini esausti; avevano tutti uno sguardo inquieto, un'insicurezza che trascendeva il dolore, e una spossatezza venata di sospetto nei confronti del loro nuovo ambiente.

Andando avanti e indietro tra le famiglie in fila, continuai ad aprire fagotti di bende per rinfrescare neonati surriscaldati e sofferenti. Uno di loro aveva le convulsioni, e i pompieri lo trasferirono sul loro mezzo per portarlo all'ospedale sulla collina. Poi un uomo con una ferita d'arma da fuoco che seguitava a perdere sangue e pus fu caricato sul camion insieme al neonato e a sua madre.

Gruppo dopo gruppo, i nuovi arrivati venivano condotti alle enormi tende che li avrebbero ospitati nei giorni seguenti. Ci seguivano incerti nelle tenebre dove avrebbero dovuto dormire pigiati spalla a spalla con degli sconosciuti, nelle condizioni più disagevoli. Distribuimmo pacchi di razioni, spiegammo che era proibito accendere candele e chiedemmo alla gente di usare le latrine e di non fare i loro bisogni nelle tende.

Li lasciammo che strizzavano gli occhi nel buio. Mentre mi allontanavo, sentii qualcuno piangere e lamentarsi. Infelicità, paura, dolore e disperazione si esprimono allo stesso modo in tutte le lingue, e per qualche motivo suonano più angoscianti nel buio.

La notte successiva ricominciò tutto da capo.

Un intenso gemito di dolore, gutturale e pieno di stanchezza, sfuggì dalle labbra della donna. Scostandole la frangetta umida dal viso, lanciai un'occhiata ai miei compagni. Tre paia di occhi scintillarono alla luce della lampada da minatore che portavo sul capo. Un'unica luce ad arco montata a sei metri di distanza illuminava la notte e la fila di pullman allineati di fronte a noi.

«*Oui*» annuì Jean Paul, «*le temps pour pousser*», era il momento di spingere per la donna, appena scesa da un autobus.

«OK» risposi, voltandomi verso la partoriente che stringeva convulsamente nel pugno l'orlo della mia maglietta. Era appoggiata alla ruota del mezzo col bacino su un materassino sterile che i pompieri avevano posato sopra la mia cerata, per isolarla dal terreno. Guardandola negli occhi, le parlai in un albanese soffocato, esortandola a spingere. Passando al bosniaco, la incoraggiai, «*guranje*», aggiungendo qualche effetto sonoro per buona misura. Cingendola con un braccio, mimai un profondo respiro e una spinta. Grazie a Dio i suoi istinti primordiali prevalsero. Erano i pompieri a tenere d'occhio la zona da cui doveva uscire il bambino, ma dopo due poderose spinte della donna mi accorsi con una rapida occhiata che la testa cominciava a spuntare.

«*Attendez une seconde*» ordinò seccamente Jean Paul: voleva evitare qualunque strappo ora che la testa stava uscendo, e doveva rallentare le cose.

«*Poor marlo*» dissi alla donna in pessimo bosniaco, «piano, aspetta», e respirai lentamente perché capisse.

A un nuovo cenno di Jean Paul, tutti noi la esortammo, con un coro poliglotta, a spingere. Con un gemito roco, la donna raccolse tutte le sue forze, e in un'unica poderosa spinta il neonato scivolò nelle mani di Jean Paul che lo attendeva.

«*C'est un garçon!*» – un maschio – esclamò raggiante Jean Paul con le lacrime agli occhi. Mostrò alla madre il nuovo esemplare della razza umana, e la creaturina lanciò il suo primo grido di indignazione.

Niente tappetino caldo coi coniglietti per quel neonato, né abitini delicati, né morbidi asciugamani, solo un materassino sterile su cui il piccolo fu deposto mentre i pompieri legavano il cordone ombelicale e liberavano le vie respiratorie. Non appena Jean Paul e gli altri ebbero terminato, mi sfilai la maglietta di CARE, la rivoltai in modo da utilizzare la parte pulita e la detti a loro perché vi avvolgessero il bambino, ringraziando il cielo di avere sotto una provvidenziale canotta. Quando il piccolo fu al sicuro tra le braccia della madre, la aiutai a sbottonarsi il vestito e sollecitai il bimbo ad applicare la bocca un po' pigra al seno. Avevo gli occhi gonfi di lacrime, che cominciavano a rigarmi il viso. Nel frattempo era stata portata una barella, e madre e figlio furono caricati sul camion dei pompieri per essere trasferiti all'ospedale francese, dove i medici li avrebbero adeguatamente visitati e avrebbero provveduto all'espulsione della placenta. Salendo su una ruota, mi issai con cautela oltre il bordo del camion e baciai la donna sulla guancia.

Poi mi tirai indietro e osservai il dondolio dei fanali

posteriori del camion lungo la salita, finché non sparirono. Ripulii la mia cerata sull'erba meglio che potevo e me la infilai sopra la canotta. C'erano ancora centinaia di profughi da smistare, e il mio compito era contribuire a metterli al riparo per la notte.

Un paio d'ore prima dell'alba crollai sul mio sacco a pelo sul pavimento del container con lo stesso piacere con cui mi sarei adagiata su un letto di piume al Plaza Hotel. Sprimacciando il mio zaino per farne un cuscino accettabile, e ancora vestita da capo a piedi, allungai una mano per accertarmi di avere accanto gli stivali e chiusi gli occhi. Sapevo che tutt'intorno i colleghi erano stesi come me e dormivano quasi tutti. Tre giacevano spalla a spalla e un altro era allungato su una fila di scatoloni sotto la finestra. Soffocando un gemito, pregai che la mia vescica tenesse per un paio d'ore e piombai immediatamente in un sonno profondo ed esausto, era stato un lungo turno di settantadue ore.

A svegliarmi fu un gallo che cantava in lontananza e la sonora esplosione che una scoreggia umana produce in un ambiente ristretto. Coprendomi bocca e naso con un braccio, socchiusi un occhio e provai a indovinare quale dei miei colleghi maschi avesse cantato la serenata agli altri.

Di regola gli operatori umanitari devono essere asessuati nell'interazione con la struttura della propria organizzazione. Stava qui il problema di essere spesso l'unica donna presente in una missione di emergenza: era fondamentale che ti considerassero uno dei "ragazzi", e non una donna. A giudicare dalla scoreggia, sembrava proprio che ci fossi riuscita, anche se non avevo intenzione di competere su quel terreno. Sorrisi tra me mentre gli altri intorno si svegliavano; e pensare che solo dieci giorni prima pranzavo in eleganti ristoranti londinesi frequentati dalle celebrità, indossando abiti firmati. È incredibile quanto ci si abitui in fretta al sibilo di missili aria-terra sopra la testa, agli elicotteri e alle latrine!

«*Bonjour, Jacqueline*» mi sentii salutare allegramente quando sollevai la testa bagnata dal secchio d'acqua dove avevo fatto le mie abluzioni mattutine dietro il container. «Devi venire in ospedale» disse Jean Paul giunto dal quartiere francese lì accanto. «È la tradizione albanese: la nuova *maman* vuole che tu dia il nome al bambino.» Con un ampio sorriso e un cenno di saluto, si dileguò.

Fu così che un neonato kosovaro venne chiamato Baharuddin, in onore del mio figlio perduto, Iddin. Per un caso fortunato, era un nome appropriato per un bimbo musulmano e non troppo insolito nella sua cultura.

Prendendo in braccio il prezioso fardello, gli sussurrai il nuovo nome all'orecchio e lo benedii con tutto l'amore di cui ero capace. Sua madre giaceva raggiante sulla sua brandina, mentre le immagini del mio Iddin quand'era piccino mi affollavano la mente.

«Dio ti protegga, tesoruccio, cresci forte e al sicuro con la tua mamma; sii un uomo buono e generoso» pigolai al piccolo Baharuddin, mentre i suoi occhi aperti da poche ore mi osservavano con aria saggia e il suo viso esprimeva un'intensa concentrazione.

Poi, con un abbraccio e un ultimo bacio, salutai e mi ritirai frettolosamente, temendo che le mie lacrime di gioia potessero trasformarsi in lacrime di dolore.

20

LA VERITÀ SUL SESSO IN EMERGENZA

Noi operatori umanitari siamo gente strana, di solito con qualche grosso problema o con una sorta di complesso di inferiorità che ci spinge a voler fare di meglio. Ci sentiamo costretti a lavorare direttamente in aree che traboccano di morte, malattia e sofferenza.

Non c'è dubbio che gli operatori umanitari si impegnino a fondo per costruire un mondo migliore ed eliminare la sofferenza umana, ma sono forse più santi e più nobili dell'uomo della strada? Assolutamente no.

L'attività di assistenza spoglia una persona dei suoi meccanismi di difesa lasciandola nuda ed esposta. Svela le fragilità umane, ma soprattutto fa emergere un'incredibile forza e profondità di carattere. Ti bastano settantadue ore per definire i tuoi rapporti con un altro cooperante in situazione di emergenza. È questo il tempo che ci vuole perché venga fuori la persona vera. Io so con certezza che la manciata di amici veri che ho trovato durante le missioni umanitarie sono le persone più affidabili, sincere e generose che abbia mai conosciuto. I migliori fra loro sanno valutare un problema e trovare una soluzione creativa in un batter d'occhio. L'indecisione non fa parte del loro vocabolario, semmai la cautela. Nei migliori di loro, una cautela intelligente si unisce a un'ostinata determinazione. Non avrei esitazioni ad affidare a queste persone la mia vita, come ho già fatto in varie occasioni.

Il problema per molti operatori umanitari consiste nel tornare alla vita normale dopo una missione. Una volta rientrata in Belgio o in Australia, per settimane provavo un malessere fisico davanti agli scaffali del supermercato traboccanti di prodotti alimentari, e dovevo soffocare la mia indignazione assistendo a stupidi litigi fra automobilisti o a manifestazioni di inconsapevole avidità. Provavo un forte distacco e senso di isolamento quando tornavo, tanto più intensi perché sommati al mio inesauribile desiderio di Iddin e Shahirah.

Le mie esperienze di inviti a cena coi "civili" erano le stesse degli altri cooperanti. «Dicci com'era» ti chiedono di solito. A tavola con amici e conoscenti che vogliono sapere com'è il Sudan, la Bosnia, Timor Est, l'Iraq, l'Afghanistan o New Orleans, un operatore umanitario appena tornato ha tre possibilità a disposizione.

I veterani delle missioni di emergenza preferiscono abbozzare una descrizione molto purgata con un lieto fine riguardante una madre o un figlio, e acqua potabile o medicine. Annuiscono con aria compresa e scrollano le spalle quando qualcuno osserva «Be', sei bravissimo a fare quel lavoro, io non credo che ci riuscirei», e cambiano subito argomento.

La seconda opzione è raccontare la verità nuda e cruda, descrivendo torture e violenze, fame e ferite in suppurazione. Poi, per buona misura, spiegare cos'hai provato quando un bambino è morto di morbillo fra le tue braccia, o quando l'hai visto rovesciare gli occhi crepando di fame. Puoi tentare di spiegare quanto siano inadeguate le parole per una donna che ha perso tutto, e la gente comincia ad agitarsi sulle sedie. Il loro sguardo si fa vitreo e il tavolo piomba nel silenzio. Poi qualcuno accenna una lode e propone di aprire un'altra bottiglia di vino per celare l'imbarazzo. Nel frattempo tu resti seduto con un sorriso stampato sul viso, irritato da quegli sguardi ottusi, e ti rendi conto che in realtà nessuno vuole sapere com'era.

L'ultima possibilità è seguire l'esempio di un'infermiera della Croce Rossa Internazionale che ho conosciuto. In genere lei mente sulla sua professione di fronte a conoscenti occasionali, fingendo di essere una segretaria o un'odontotecnica, non sopporta i commenti superficiali e gli inevitabili sguardi vuoti che riceve se dice quel che fa veramente.

Mi rendo conto che queste sono osservazioni molto polemiche, ma la schiettezza non toglie nulla alla sincera e appassionata dedizione degli operatori umanitari di tutto il mondo.

La mente e l'anima dell'uomo hanno i loro limiti, e a volte è necessario un corto circuito per non crollare traumatizzati di fronte alla ferocia dell'uomo verso l'uomo, o all'indecifrabile crudeltà di Madre Natura.

A volte nelle zone di emergenza si creano unioni tacite e banali. Ogni settimana capita che elementi di diverse agenzie umanitarie organizzino qualcosa per alleviare la tensione. Non si passa la serata in discoteca; piuttosto si divide una preziosa bottiglia di Baileys brindando con tazze di metallo fuori da una tenda, o una quindicina di operatori umanitari si riunisce in un caffè locale per bere o mangiare qualcosa, o si organizza una modesta festicciola invitando qualche militare che ha fornito un supporto logistico diretto. Questi eventi sociali non sono il preludio a un'orgia o qualcosa del genere, e se qualcuno intreccia una relazione, non lo fa come gli ubriachi che si sbaciucchiano in un angolo durante una festa chiassosa in ogni parte del mondo. Spesso le interazioni che osservavo in silenzio in queste occasioni partivano da una conversazione pacata e intensa lontano dal gruppo, di solito incentrata sui problemi di lavoro, le risposte frustranti della sede centrale, e la stanchezza.

Nel bel mezzo di queste chiacchiere di lavoro, la dinamica cambiava leggermente – di colpo i due componenti della coppia si sentivano al sicuro e completamente liberi dalle miserie quotidiane. Due creature stranamente asessuate che cercano sollievo da egoismi e giochetti.

Chi meglio di un tuo collega può comprendere la sofferenza e la barbarie che hai osservato e affrontato quel giorno? In quale altro luogo puoi trovare una persona capace di trovare un risvolto umoristico nel calpestare senza volerlo dei resti umani? In quale altro modo puoi cancellare quelle immagini, e il ricordo dei suoni prodotti da un essere umano quando sprofonda nell'abisso della sua tragedia?

Rob e io ci eravamo conosciuti a un cocktail delle Nazioni Unite in onore di un VIP in visita in Macedonia. Avevamo avuto il discutibile privilegio di essere invitati in rappresentanza delle rispettive agenzie umanitarie, ed eravamo entrambi consapevoli delle implicazioni politiche dell'evento. Era anche un'affascinante opportunità di vedere in azione l'aspetto frivolo degli aiuti internazionali in zona di guerra quando arriva un divo, l'assurdità della cerimonia di accoglienza di una celebrità. Sostanzialmente detestavo questo genere di eventi; capivo che erano una parte necessaria del mio lavoro, ma dentro di me ero furiosa perché sapevo che gli ospiti del nostro campo non mi avrebbero riconosciuto vedendomi tutta in ghingheri sorseggiare vino ghiacciato a pochi chilometri dalla loro esistenza distrutta.

Per me quella serata era il terzo ricevimento in tre giorni per lo stesso VIP. Dopo la sveglia alle cinque di mattina e una giornata di lavoro nel caldo soffocante di un campo profughi, su e giù per le piste polverose con temperature che rasentavano i quaranta gradi, a venti minuti dall'inizio della festa ero ancora incrostata di terra. Riuscii appena a trovare il tempo di levarmi gli stivali infangati e la maglietta CARE e i pantaloni da lavoro tutti sporchi, infilarmi sotto la doccia nel mio albergo in città, il Roza Diplomatik, e indossare l'unico vestito che avevo avuto la preveggenza di infilare nel mio zaino insieme a un paio di sandali Gucci con tacco a spillo. Aggiungendo un tocco di lucidalabbra e uno strato di eyeliner e mascara nel taxi che mi portava al centro di Skopje, sciolsi la treccia che legava i miei capelli e mi immersi nella frescura dell'edificio con aria condizionata. Non avevo la minima voglia di chiacchierare, dopo un pomeriggio schifoso passato a cercare un sistema per spostare un'anziana donna fino alle latrine del campo senza una vera e propria sedia a rotelle. Come se non bastasse, avrei dovuto parlare della situazione con un tizio dell'altro campo, lo Stenkovec I, ma nessuno aveva il numero del suo cellulare o l'indicativo di chiamata del suo apparecchio radio.

Arrivando per ultima, e avendo la sfortuna di entrare nel bel mezzo di un discorso che si sarebbe rivelato noioso e prolisso, scrutai la sala in cerca di un volto familiare ma non ne trovai, a parte il rappresentante dell'ONU in Macedonia e l'ospite d'onore. Mentre mi rassegnavo alla deprimente serata che mi toccava, notai all'altro capo della sala un uomo alto, magro e calvo che sembrava trovare spassose quanto me le espressioni ampollose di quel discorso. Sui trentacinque anni, vestito con una polo azzurra e un paio di jeans, era appoggiato a una colonna e si guardava intorno a intervalli regolari. Alla fine i nostri sguardi si incontrarono e ci scambiammo un sorrisetto ironico.

Quando finalmente potemmo abbandonare le nostre postazioni d'ascolto, ci ritrovammo in un gruppo che discuteva i problemi sanitari più recenti nei rispettivi campi profughi. Cominciai a descrivere le mie difficoltà nel soddisfare i bisogni della vecchia signora, aggiungendo qualche commento velenoso sull'irreperibilità dello sfuggente "tuttofare" del campo profughi vicino. Mi interruppi di colpo quando vidi spuntare un largo sorriso sul volto di Rob.

«Lo trovi divertente?» lo apostrofai.

«No,» rispose lui «è solo che sono io lo stronzo con cui ce l'hai a morte.»

Mi scusai umilmente, facendomi piccola piccola, ma lui la prese sul ridere.

Guardandomi intorno, mi accorsi che la folla si stava diradando e mi facevano male i piedi, anche il mio stomaco emetteva feroci e sonori brontolii. Evidentemente uno di essi arrivò all'orecchio di Rob, il quale scoppiò a ridere e mi invitò a mangiare qualcosa.

Accettai volentieri, e quando uscimmo dal palazzo salii sulla sua jeep bianca, l'immancabile mezzo di trasporto degli operatori umanitari.

Qualche minuto dopo giungemmo a un caffè famoso per le sue insalate greche e i suoi piatti di carne arrosto. Durante la cena, che per fortuna fu servita rapidamente, chiacchierammo delle condizioni nei campi e dello stato dei nostri assistiti nei rispettivi domini. Il pasto e la conversazione risultarono gradevoli, usammo il gergo tipico degli operatori umanitari da quelle parti evitando temi scabrosi e poco piacevoli come lo stress lavorativo, le nostre condizioni psicologiche e l'inevitabile rabbia e disperazione che tanti di noi celano dietro la facciata.

Non era ancora buio quando arrivammo al mio albergo. Optando per un drink nel cortile a piano terra, facemmo ancora due chiacchiere e quando chiuse la cucina ci ritrovammo nella mia stanza al calare della notte. Non era amore a prima vista, e nemmeno attrazione fisica. Non c'era uno straordinario trasporto, era quel che era: consolazione e fuga dal tumulto di una guerra atroce e dalle sue tragiche conseguenze umane, una notte di libertà, senza sperare di partire verso il tramonto insieme, senza complicazioni, o romanticismo, o aspettative. E una volta sudato e riso insieme, ci furono i primi approcci verso un'amicizia e una timida curiosità reciproca. Questo, per quanto mi riguardava, significava avventurarsi in un terreno minato, un argomento di conversazione cui ero fin troppo preparata per apparire sciolta e spigliata. Mi spaventava tentare di spiegare il mio passato.

«Allora, a quante guerre sei arrivato?» azzardai, tentando un attacco preventivo.

«Be', vediamo» cominciò lui, elencando alcune località. «Bosnia, Somalia, Irlanda del Nord e un paio di posti che non posso nominare, e poi questa. E tu?»

Issandomi su un gomito e coprendomi col lenzuolo, snocciolai la mia lista. «Bosnia subito dopo la guerra, Rwanda e poi qui, in Macedonia. Prima ancora, Sudafrica e Africa orientale per semplici progetti di sviluppo.»

Con la coda dell'occhio vidi Rob lanciare una rapida occhiata alla mia carta d'identità e al tesserino di CARE International posati sul comodino.

«Allora, Jack, che mi dici del nome alternativo che compare sulla carta d'identità ufficiale?» indagò. «So che sei ambasciatrice di CARE, ma stasera abbiamo parlato solo del tuo lavoro sul campo. Il titolo di ambasciatrice, e questa» aggiunse col suo accento di inglese del Sud, accennando alla carta d'identità, «non fanno pensare esattamente a qualcuno che si sporca le mani, tesoro.»

Mi irrigidii, mettendomi sulla difensiva e sentendomi esposta come ogni volta che dovevo parlare del mio passato e della realtà della mia vita con tutte le sue complicazioni. Come si fa a imbastire una storia per un amante che conosci appena, e che non ha la più pallida idea dei tuoi precedenti? Dovevo alzarmi dal letto, avvolgermi in un lenzuolo e dichiarare pomposamente: «Un tempo ero una principessa, e non ci sono molte offerte di lavoro per noi principesse decadute»? Oppure dovevo aprire il mio cuore abbattendo la facciata che mi ero costruita con tanta cura, e spiegare che mi ero sposata giovanissima con un membro di una famiglia reale islamica, e che molti anni dopo la fine del matrimonio il mio ex marito, il principe, aveva rapito entrambi i miei figli animato dalla vendetta e da un calcolato fervore religioso? Entrambe le soluzioni avrebbero comunque sgretolato la mia capacità di controllo e i miei meccanismi di sopravvivenza.

Mi sporsi dal bordo del letto per pescare una maglietta oversize di CARE dalla pila accanto al mio zaino e me la infilai, preparandomi mentalmente. Poi mi voltai verso Rob che era appoggiato alla testata del letto con le mani dietro la testa e cominciai a parlare: «Meglio che tu lo sappia da me piuttosto che dai pettegolezzi che prima o poi finiranno per circolare nella rete degli operatori umanitari».

Mi sedetti incrociando le gambe di fronte a lui sul letto e proseguii, le braccia strette intorno al petto come per difendermi.

«Il 9 luglio 1992, i miei due figli, Iddin e Shahirah, sono stati rapiti e non li ho più visti né sentiti da allora, sono passati sei anni, dieci mesi e un paio di giorni.» Prima che Rob riuscisse a formulare una domanda, mi misi a raccontare tutto ciò che era successo e tutto ciò che avevo perduto. Sentendomi parlare rapidamente, mi resi conto che ormai ero un torrente in piena, troppo scatenata per prendere fiato o aspettare un commento, nel timore di arenarmi.

«Dal giorno in cui sono stati rapiti dal mio ex marito Bahrin – questo è il suo nomignolo – non mi è mai stato permesso di vedere Shah e Iddin o di parlare con loro: zero, *nada*. È stata una battaglia molto dura e alla fine ero svuotata, lo sono ancora per la verità, la mia vita è andata in frantumi, e ad essere sincera questo è uno dei motivi per cui sono qui. Comunque, ho scritto un libro sull'accaduto che è appena stato pubblicato a Londra, quindi il mio arrivo qui è stato preceduto schizofrenicamente da un lungo tour promozionale e un convegno internazionale.»

Presi fiato e lanciai una rapida occhiata al mio compagno, aggiungendo: «CARE mi ha nominato ambasciatrice speciale, ma eslusivamente in base a criteri imposti da me. Ecco, ora conosci la mia vita in dettaglio.»

Rob aprì la bocca, espirando profondamente.

«Accidenti, alcune delle cose che ho sentito raccontare nei miei viaggi sono una vera passeggiata in confronto a questo. E adesso tocca a me. Sono un ex agente delle Forze speciali britanniche, sono stato schierato a lungo in Bosnia prima di lasciare il reggimento, mi ero stufato e non avevo più voglia di stare dalla parte armata della barricata, quindi eccomi qui, a guidare una missione di un'ONG in zona di guerra. I miei ragazzi sono qui con un finanziamento minimo per cercare di aiutare i profughi di cui non si occupa nessuno... gli handicappati, mentali e fisici, e anche gli anziani.»

Inarcando un sopracciglio aggiunse: «Suppongo sia per questo che ti hanno fatto il mio nome quando hai chiesto una sedia a rotelle per l'anziana del tuo campo. Ho dei fondi per questo, e a Stenk I abbiamo predisposto un angolo per occuparci delle persone con "esigenze speciali", quelle a rischio e senza una famiglia che si occupi di loro».

Grattandosi la testa, domandò allegramente: «Allora, quanto sei famosa nel Regno Unito?».

«Abbastanza perché il giornalista del "Times" Danny McGrory, inviato qui, voglia intervistarmi finché sono in zona, e anche la NBC americana, e così via» risposi, vedendolo sussultare.

«Uhm, fantastico, senti, io non sono sposato né niente, sono single, quindi nessun problema in questo senso, ma odio la stampa scandalistica. Mi sembra già di vedere il titolo... *La principessa e il parà*.»

Risi a denti stretti e alzai le spalle. Cos'altro potevo fare? Aveva ragione, in una giornata povera di notizie, una storia come quella poteva saltar fuori, distogliendo l'attenzione dal lavoro che CARE stava facendo in Macedonia e nel resto dei Balcani. Rischiare un titolone per qualcosa che al momento non era ancora neanche una buona amicizia, men che meno una relazione amorosa, era semplicemente inopportuno, e francamente avrebbe richiesto troppe energie.

«Ehi, sono una buona amica e un'ottima collega» dissi spegnendo la luce.

«Dormi bene.»

«Anche tu, Jack.»

Ci rivedemmo sul lavoro, dato che lui si muoveva tra il mio campo e il suo, Stenkovec I, a qualche chilometro di distanza. A volte mi facevo dare un passaggio in città o lavoravo con lui, e di tanto in tanto mangiavamo insieme. Dormire insieme o fare sesso era il semplice coronamento di intense conversazioni. Nello squallore di quel luogo, la tenerezza fu un fattore essenziale della nostra amicizia. Entrambi dovevamo essere così duri e concentrati nei nostri compiti che spesso, quando eravamo insieme, il rilassamento fisico ed emotivo ci faceva scoppiare a piangere nei momenti più impensati.

Proteggevamo ferocemente la nostra amicizia, tenendola per noi e facendo finta di niente quando eravamo con altri. Stavamo attenti anche a non suscitare l'interesse dei media.

Col passare delle settimane, finii per considerare Rob un amico col quale occasionalmente facevo sesso, o più spesso uno con cui piangere e dormire senza alcun contatto sessuale. In piena fiducia e rilassamento, potevamo mettere a nudo i nostri sentimenti ed essere sinceri in una situazione di estrema solitudine. Ancora adesso, separati da migliaia di chilometri, ci sentiamo spesso via e-mail, e abbiamo condiviso la felicità per i nostri ripettivi matrimoni e la nascita dei nostri figli.

Civettare per mangiare era tutt'altra cosa ed era una pratica che divertiva enormemente tutte le persone coinvolte.

Una volta, verso sera, stavamo ancora aspettando l'automobile che veniva dalla città a portarci il pranzo, pane, formaggio, frutta e salame. I nostri stomaci brontolavano, dovevamo restare in servizio fino a tarda ora quella notte. L'enorme magazzino lì accanto era pieno di razioni alimentari, ma era fuori questione toccare il cibo destinato ai profughi. Così sgranocchiavamo una riserva di Mars mezzi sciolti che ci aveva mandato in regalo da Londra un benefattore, sorseggiando acqua per placare la fame.

Intorno a noi ardevano i fuochi delle cucine, e dal vicino accampamento francese arrivavano risate e aromi stuzzicanti.

Rovistando nel mio zaino, ne estrassi due confezioni di zuppa di miso disidratata che portavo con me per ogni evenienza, e mostrandole agli altri quattro membri della squadra di CARE dissi loro che avevo un'idea.

Sciolsi la lunga treccia, estrassi la mia boccetta di profumo, mi applicai un'ombra di lucidalabbra e annunciai che sarei andata alla cucina da campo dei francesi a fare rifornimento.

«Va' e colpisci» commentò ironicamente il mio collega Michael mentre mi allontanavo.

Oltre al meraviglioso ospedale gonfiabile, i francesi si erano portati dietro una cucina perfettamente equipaggiata per sfamare tutto il loro contingente. Provvista di una robusta stufa con forno, una dispensa, una riserva di vino e piatti e posate veri, era uno spettacolo che non ho mai visto né prima né dopo nel mondo dell'intervento umanitario. La tenda della mensa era occupata da un lungo tavolo per trenta persone, e in quella accanto c'era un frigo con congelatore. I francesi si trattano bene in una zona di guerra, con cibo e vino buono!

Aggiustandomi i capelli prima di girare l'angolo, entrai nell'accampamento tra fischi di approvazione e saluti. Prendendo il toro per le corna, avvicinai il capitano e avanzai la mia richiesta. «Avete un paio di uova da regalarmi?» domandai, sbattendo le ciglia in modo esagerato e facendo violenza alla lingua francese. «*Certainement*» rispose lui sorridendo, ma perché non mi fermavo a mangiare col contingente francese e a dividere un bicchiere di *vin rouge*? Sarei stata una rosa fra le spine, scherzarono bonariamente affollandosi intorno a me, mentre io tentavo disperatamente di distogliere lo sguardo dai pompieri a torso nudo che uscivano dalle docce.

Li ringraziai, ma spiegai che il resto della squadra di CARE aveva fame, e dovevo mangiare con loro.

Porgendomi generosamente tre uova da aggiungere alla mia zuppa, il capitano invitò tutta la squadra di CARE a tornare la sera dopo per dividere con loro un pasto decente e una buona bottiglia di vino. Ridacchiando, mi mostrai lusingata dall'invito e dallo spirito con cui era stato formulato e mi congedai.

Mentre divoravamo la nostra zuppa col pane, gli altri componenti della squadra concordarono che era valsa la pena di spruzzare quel pizzico di profumo. Se qualcuno ci avesse visto chini intorno alla luce di un'unica candela mentre calava la notte, ci avrebbe trovato buffi: eravamo tutti tesi in avanti per tentare di udire la musica proveniente da una piccola cuffia collegata a un lettore cd e appoggiata su una bottiglia vuota. I piccoli lussi vogliono dire molto in mezzo al nulla.

Rieccoci. Dovevo di nuovo usare la latrina riservata agli operatori di CARE. Avevo imparato ad apprezzare immensamente il bagno del mio albergo, e questo era un momento sempre temuto. Quel luogo era talmente schifoso che tenevo duro per ore, più di quanto fosse fisicamente indicato per la mia vescica!

Lungo la strada mi slacciai la cintura ed estrassi dalla tasca una boccetta di Diorissimo che mi spruzzai addosso generosamente. Feci un respiro profondo prima di sollevare il chiavistello, entrai nel cubicolo cercando di non guardare giù e riuscii a trattenere il fiato per l'intera durata dell'operazione.

Quando riemersi coi polmoni in fiamme, mi sentii chiamare. Un collega veniva verso di me insieme a un fattorino che portava un enorme mazzo di rose rosse ornato da un nastro. Un altro momento veramente surreale! Ne avevo abbastanza di episodi assurdi per quel giorno, dopo che una Paula sconvolta e poco coerente era riuscita a rintracciarmi sul cellulare.

Porgendomi il bouquet con un leggero inchino, il fattorino si allontanò con un'auto del governo. Era il secondo mazzo di fiori che ricevevo quella settimana, nel bel mezzo di un campo profughi!

I fiori erano accompagnati da un biglietto complimentoso di Toni Popovski, il ministro macedone per l'Ambiente e la Pianificazione Urbana. Stava davvero passando i limiti. Si era già presentato senza preavviso a visitare il campo, ma almeno avevo colto l'opportunità per chiedere altri camion d'acqua e un allargamento del campo di Cegrane alla foresta confinante.

Avevo persino cominciato a sospettare che il ministro seguisse attentamente i miei movimenti. Una sera, proprio quando stavo per farmi una doccia al mio albergo, una telefonata della reception mi annunciò la sua visita. Ci incontrammo in cortile e passai una mezz'ora di totale imbarazzo con lui bevendo il liquore locale, la slivovitz, prima di congedarmi con la scusa della stanchezza.

Un'altra volta, mentre mangiavo insieme a dei colleghi in un ristorante locale, sbucò improvvisamente dal nulla e mi propose un giro in macchina per vedere le parti antiche della città. Al mio rifiuto, si sedette prontamente a un altro tavolo e mi scrisse un biglietto romantico, facendomelo recapitare da un cameriere.

Avere buoni rapporti col governo che mi ospitava era una cosa, avere un ministro del governo come corteggiatore era decisamente un'altra! Finii per telefonare ad Antony Robbins, il mio brillante e sollecito mentore nell'ufficio londinese di CARE, chiedendo istruzioni. Posso dire soltanto che la nostra conversazione mi fece ridere a crepapelle e non fu di alcun giovamento. Naturalmente il ministro Popovski era stato di immenso aiuto, e grazie a lui nella mia qualità di ambasciatrice speciale avevo incontrato sia il primo ministro sia il presidente macedone, ma questa era una situazione delicata da cui volevo uscire in modo elegante.

Con un sospiro incredulo, decisi di trarre il miglior partito da quella situazione. Dopo aver raccolto tutte le bottiglie di plastica vuote che riuscii a trovare, presi la macchina e andai all'ospedale sulla collina. Con le rose rosse (che comunque non sono i miei fiori preferiti) preparai vari bouquet per le pazienti dell'ospedale. I medici francesi mi guardarono come se fossi un po' matta, ma a mio parere tutte le donne del mondo meritano dei fiori dopo un parto o un'operazione chirurgica, tanto più in mezzo a un campo profughi, lontano da casa.

21

PANEM, NON CIRCENSES

Può capitare ovunque di subire un'attenzione maschile indesiderata particolarmente sgradevole. Ma questa volta il responsabile era un nuovo membro della mia stessa organizzazione.

Era uno di quei cooperanti totalmente scombinati e assurdi che capita di incontrare a volte, un fanatico delle zone di guerra, e a tutta evidenza aveva deciso che la sua missione era quella di umiliare un'ex principessa.

La sua prima trovata fu di assicurarsi che non avessi un mezzo a disposizione per andare dal caffè di un paese vicino, dove avevo mangiato insieme agli altri operatori di CARE, fino alla casa che l'organizzazione aveva affittato per il personale nell'insediamento di Cegrane, costringendomi a fare tre chilometri a piedi da sola a tarda ora sulle stradine della campagna macedone, illuminate solo dalla mia lampada da minatore.

«Bastardo» mormorai tra me e me lungo tutto il tragitto pieno di buche, col coltello sguainato in mano. Ma il peggio doveva ancora venire.

Dopo un paio di settimane, nelle quali rese molto difficile il mio lavoro al campo, mi ritrovai sola con lui nel retro dell'ufficio di Cegrane, dove stavo mettendo in ordine degli scatoloni. Quando mi raddrizzai, con la schiena contro il muro, lui mi mise le mani sulle spalle e cominciò a parlare.

«Allora, se io avessi un castello scoperesti con me?» domandò malignamente, il fiato caldo sul mio viso.

«Nemmeno per sogno!» replicai.

«Puttana arrogante» sibilò lui cercando di afferrarmi i seni e posando la sua bocca sulla mia.

Per fortuna quella settimana Rob mi aveva insegnato qualche mossa di autodifesa, e posso dire con certezza che procurai al mio sgradevole collega una buona dose di fastidio. Probabilmente non avrebbe cercato di importunare alcuna donna nei giorni seguenti, né cercato qualunque forma di "sesso d'emergenza". Non tutti gli operatori umanitari sono dei santi, e di tanto in tanto ti può capitare un autentico bastardo.

La visita di un personaggio famoso in una zona di emergenza è un'arma a doppio taglio. Da una parte è un'opportunità per accendere i riflettori su circostanze tragiche, portando all'attenzione del pubblico situazioni disperate e stimolandolo a fare donazioni. Dall'altra, chi opera in zone di guerra e di catastrofi naturali spesso considera l'intrusione di un divo col suo seguito di giornalisti un male necessario che il suo capo gli ha chiesto di agevolare, e maledice in silenzio lo stravolgimento della calibrata routine del campo profughi.

Perché di uno stravolgimento si tratta. Mentre ero in Macedonia, arrivò un vero e proprio circo di celebrità: Richard Gere, Bianca Jagger, Hillary Rodham Clinton, Vanessa Redgrave, Roger Moore, il primo ministro tedesco e quello olandese con la moglie, solo per citarne alcuni, tutti per indagare sui fatti e tutti, ne sono certa, sinceramente turbati dalla sofferenza umana cui assistevano.

Ma ogni volta che un VIP fa una visita lampo in un campo profughi, almeno tre operatori umanitari dell'agenzia da lui sponsorizzata devono abbandonare i loro compiti quotidiani per fare da accompagnatori, rispondere alle domande e dare una mano a gestire il seguito del divo, i fotografi e altri curiosi. Dato che la maggior parte dei campi soffre di una cronica carenza di personale, la normale programmazione subisce un'alterazione notevole, e molte attività quotidiane vanno a farsi friggere.

Quando Hillary Rodham Clinton visitò il campo di Stenkovec I, per esempio, le consegne di pane e acqua furono sospese tutto il giorno per motivi di sicurezza, e alcuni profughi semplicemente non ebbero da mangiare. Molti servizi essenziali si bloccarono mentre gli agenti dei servizi segreti sciamavano nella ex cava e ripulivano un'area perché la vista non fosse troppo offensiva. Non credo che Hillary abbia avuto un'idea realistica del campo. Certo non era colpa sua se le esigenze della stampa e della sicurezza erano così devastanti, e naturalmente l'influenza politica che lei poteva esercitare era importante. Ma spesso mi chiedevo se i VIP avrebbero insistito ugualmente per osservare i tormenti dell'umanità da vicino, sapendo cosa significava per una famiglia di profughi con una vita già molto difficile restare senza pane per un giorno.

Non c'è dubbio che i potenti della terra, quelli che prendono le decisioni e tengono i cordoni della borsa, debbano vedere in prima persona la sofferenza altrui e portare con sé quelle immagini e l'odore acre della miseria mentre prendono provvedimenti su questioni di vita e di morte. Ma attori e modelle non hanno necessità di avere lo stesso accesso a quella che spesso è solo una buona occasione per farsi fotografare.

Se il divo arrivasse senza pompa tre giorni prima dei giornalisti – senza addetto stampa, guardia del corpo o seguito – per aprire gli scatoloni degli aiuti, distribuire razioni alimentari e vivere fianco a fianco con gli operatori umanitari... se i VIP fossero esposti a settantadue ore di realtà prima di affrontare una conferenza stampa, quanti di loro preferirebbero mandare un'offerta in denaro?

Il campo di Cegrane ospitava 57.000 persone sfollate e traumatizzate; ex discarica trasformata in campo profughi, ora accoglieva sui suoi ripiani di granito bianco tagliati in una ripida collina file e file di tende a perdita d'occhio, appena in grado di reggere la pioggia.

Prima che il premier olandese Wim Kok venisse a Cegrane, varie organizzazioni umanitarie si dettero da fare per ripulire il campo, avvertendo tutti quanti di comportarsi bene. Vedere la gente darsi tanto da fare e preoccuparsi delle macchie sulle magliette mi mandò su tutte le furie. Le cure mediche rallentarono, mentre le putride latrine furono isolate dalle aree ritenute idonee a essere visitate dal primo ministro. Erano considerate troppo ripugnanti per la sua sensibilità.

Il grande giorno, il comitato ufficiale di accoglienza si dispose in una fila ordinata per salutare il premier, che aveva appena ispezionato la clinica e alcune tende ripulite. Come ambasciatrice speciale di CARE ero veramente impresentabile: quel mattino un acquazzone improvviso aveva rapidamente cominciato ad allagare una fila di tende, e avevo dovuto scavare un canale di scolo con le mani e col coperchio di una lattina. Ora ero tutta macchiata di fango, anche se avevo fatto del mio meglio per lavarmi le mani.

Quando il primo ministro si trovò davanti a me lungo la fila, si accertò che fossi l'ambasciatrice di CARE, poi chiese a sua moglie Rita, che casualmente aveva appena finito di leggere il mio libro in olandese, di raggiungerci. Chiacchierammo un po' del lavoro e delle condizioni nel campo, finché non riuscii più a resistere.

Attirando l'attenzione di Kok, chiesi audacemente se lui e sua moglie volessero vedere il vero campo profughi.

«Certamente» fu la risposta convinta e, sotto lo sguardo inorridito del loro seguito, il signore e la signora Kok mi seguirono attraverso la zona chiusa da un cordone verso le latrine, a qualche centinaio di metri di distanza.

Avvicinandosi, la puzza diventava quasi insopportabile e io spiegai che ogni blocco di cinque latrine serviva i bisogni di quasi duemila persone. Privi di sciacquone, i servizi consistevano in grossi buchi nel terreno circondati da tavole di legno. Non c'erano docce in tutto il campo, dissi alla coppia allibita.

Da lì ci spostammo verso una fila di tende che dai teli spalancati lasciavano intravedere esseri umani allo stremo, con un'espressione impaurita o assente, piegati e umiliati dalle condizioni in cui erano ridotti. Ogni tenda era fatta per accogliere sei persone, ma ospitava venti anime disperate.

La signora Kok si fermò di colpo e si voltò verso di me.

«Sa, dopo la guerra, quand'ero bambina, sono stata una profuga» mi confidò con le lacrime agli occhi. «Cosa possiamo fare per lei, come possiamo contribuire?»

«Be', abbiamo un bisogno urgente dei materassi e dei fondi che il governo olandese ci ha promesso» le dissi. «Non fra un mese, ma subito. I malati e i bambini non possono dormire sul granito, è troppo duro.»

«Wim,» fece lei, rivolta al marito «questo va fatto.»

Il primo ministro mi guardò negli occhi e mi prese la mano. «Le prometto che cercherò di fare in fretta» disse, e a quel punto fummo raggiunti dal suo seguito.

Molti rappresentanti dell'UNHCR avevano gli sguardi puntati su di me, ma non osarono dire una parola di rimprovero. Fu uno di quei rari momenti in cui essere una principessa decaduta servì a qualcosa, e l'etichetta fu abbandonata per una buona causa.

Ventiquattr'ore dopo i fondi olandesi erano in banca, e i materassi di schiuma arrivarono due giorni dopo.

Mentre giravo per lo Stenk II col vecchio e malconcio furgone azzurro che usavamo per trasportare profughi e derrate alimentari, se avevo qualche minuto libero mi fermavo. Era il momento di divertirsi un po'.

Nelle settimane precedenti i bambini e i loro genitori si erano abituati a vedermi saltar giù dal furgone e improvvisare un gioco nello spiazzo polveroso più vicino. Spesso, quand'ero di passaggio per svolgere qualche incombenza, i piccoli correvano dietro il camion e chiedevano che mi fermassi a giocare. Ormai sapevano come funzionava.

«Canguro, canguro» gridavano eccitati formando una lunga fila dietro di me, e io cantavo *Skippy il cangu-*

ro del bosco con tutta la voce che avevo. Poi veniva *Hokey Pokey*, e *Il kookaburra sta sul vecchio albero della gomma*, che si concludeva con la mia assordante imitazione del folle verso dell'uccello australiano, con gran divertimento degli adulti presenti. Non mi importava un accidente di sembrare sciocca; ai bambini piaceva giocare e a me piaceva vederli ridere a crepapelle.

Sorrisi e risate erano merci così rare nel luogo in cui quei bambini erano confinati. Loro avevano bisogno di divertirsi; io non avevo bisogno della mia dignità. E ogni volta che facevo nascere un sorriso su un faccino serio, benedivo i miei figli e speravo che qualcuno li facesse ridere nella loro prigionia. In ogni piccolo viso levato verso di me vedevo il riflesso di Iddin e Shahirah, e sentivo la loro mancanza più che mai. Per il momento, nulla più dei bambini dei campi mi faceva sentire vicina ai miei figli.

Un mattino il celebre fotografo britannico Tom Stoddart arrivò nel nostro campo e chiese di potere immortalare le attività quotidiane. Scortare i rappresentanti dei media rientrava nei miei compiti, ma non ne potevo più delle troupe cinematografiche fuori programma che si aggiravano per i campi ostacolando il nostro lavoro, spesso con scarso rispetto per la tragedia umana che le circondava. Diffidente, lo osservai con attenzione mentre seguiva gli operatori umanitari nelle loro consuete attività. Con mia sorpresa lo vidi chiedere il permesso del soggetto coinvolto prima di scattare una foto. Era un gradito cambiamento rispetto ai tanti esponenti del quarto potere che arrivavano, filmavano e se ne andavano come se fossero venuti a osservare degli animali in uno zoo. Tom invece si accoccolava a parlare con tutti, dando un po' di dignità a gente che viveva in condizioni veramente indegne. Era un uomo di cui fidarsi, un uomo da ammirare.

Tom e io viaggiavamo insieme quand'eravamo diretti dalla stessa parte. Lui tendeva a evitare la massa di giornalisti famelici e preferiva girare per conto proprio, cercando di scoprire l'umanità dei suoi soggetti. Senza un buon fotogiornalismo rispettoso dell'argomento di indagine, tanti esempi di ingiustizia sociale, violenza e bisogno passerebbero inosservati e il mondo rimarrebbe nell'ignoranza. Una foto di Tom, secondo me, valeva più della visita di mille celebrità.

Kushtrim, un ragazzino magro di dodici anni, era il nostro volontario kosovaro più giovane. Serio e cortese, aveva spinto la vecchia nonna sulla sedia a rotelle fino a Stenkovec II, attraversando zone di montagna per arrivare da noi. Erano gli unici sopravvissuti al brutale massacro dell'intera famiglia ed erano stati costretti a nascondersi sotto i cadaveri per due giorni prima di fuggire in Macedonia. Se c'era un adolescente con un buon motivo per essere cupo, taciturno e aggressivo, quello era Kushtrim. E invece lui aveva deciso di farmi da protettore e aveva preso l'abitudine di seguirmi in giro per il campo mentre lavoravo.

Qualcuno aveva segnalato una coppia di "matti" e dei bambini "inselvatichiti" nel settore F, e io fui mandata a indagare. Con Kushtrim alle calcagna, trovai un uomo in stato catatonico steso in una pozza di urina, e sua moglie, probabilmente schizofrenica, che defecava nella tenda che dividevano con altre persone. La loro bambina di tre anni era sporca e affamata e mendicava avanzi di cibo dagli altri rifugiati. La donna sembrava dimentica del neonato che respirava appena sul giaciglio accanto al padre. Gli altri profughi riferirono che la madre non allattava il piccolo da almeno tre giorni. Secondo alcuni passanti, la coppia gestiva un'edicola a Pristina. Al loro arrivo nel campo si erano sottratti alle procedure di registrazione e ora erano privi dei farmaci che assumevano regolarmente per curare la loro malattia mentale.

Dovevo prendere una decisione rapida. Afferrando il neonato inerte, corsi al furgone, affidai il bimbo a Kushtrim e mi misi al volante diretta all'ospedale francese, ma era troppo tardi – era già stato sgonfiato e predisposto per la partenza. Allora mi avviai verso la clinica più in basso, ma a metà strada Kushtrim mi fissò con gli occhi sbarrati e disse che il bambino non respirava. Mi fermai e cominciai a praticare al neonato la rianimazione cardiopolmonare, mentre Kushtrim cercava di aiutarmi. Per fortuna il piccolo ritrovò un leggero respiro e proseguimmo fino alla clinica, dove un medico californiano dell'International Medical Corps gli applicò una flebo e io gli somministrai una soluzione pediatrica di reidratazione, sempre con Kushtrim accanto. Date le circostanze, il dottore disse che poteva trattenere il piccolo solo per una notte, per farmi un favore. Al mattino sarebbe dovuto tornare dai suoi genitori. Non potei far altro che organizzare una visita medica per i genitori del bambino e strappare al Comitato Internazionale della Croce Rossa la promessa di trovare dei farmaci per loro. Sapevo che senza un aiuto per i genitori malati, probabilmente il neonato sarebbe morto. Una giornata come le altre, al campo.

Una coppia era scesa da un pullman nel nostro campo, la moglie sorretta dal marito a sua volta sofferente e disperato. Erano stati divise dalle due figlie piccole alla frontiera, nella confusione creata da paramilitari molto aggressivi. I genitori avevano protestato con veemenza, ma senza esito. La madre era talmente disidratata che non si riusciva a trovarle una vena per inserire la flebo, e quasi ammutolita dalla preoccupazione e dallo shock. Dovetti mordermi le labbra per non piangere insieme a lei, poiché capivo perfettamente la sua sofferenza fisica e psicologica.

Passarono quattro giorni senza notizie delle bambine. Conoscevo la disperazione dei genitori: mi sembrava di vedere me stessa a 18.000 chilometri da casa e a sette anni dalla scomparsa di Shah e Iddin.

Con una delle Polaroid mi diressi verso la tenda ospedale dove la madre era ancora ricoverata. Scattai tre foto dei genitori e chiesi a Tom di consegnarle ai centri di ricongiungimento familiare della Croce Rossa a Cegrane e a Stenk I.

Due giorni dopo, a Cegrane, due bambine di soli tre e quattro anni indicarono le foto del papà e della mamma. Vittoria!

Il giorno seguente la famiglia si ricongiunse, fra un diluvio di lacrime. Mi sembrava di esplodere per la contentezza. Speravo solo di poter contribuire a qualche altro lieto fine.

22

IL SOTTILE CONFINE TRA PIACERE E DOLORE

Lasciai la Macedonia nel giugno del 1999, in coincidenza con un cessate il fuoco ufficiale in Kosovo. Ero combattuta sul mio ritorno a Parigi e a Londra – il mondo *reale* era quello in cui avevo lavorato fino a quel momento. Avevo dei compiti da svolgere per conto di CARE, ma questo non rese affatto più facile la mia partenza, né meno struggenti gli addii. Avrei voluto rimanere e lavorare al rimpatrio dei profughi; volevo tanto vedere Pristina, la capitale kosovara, e dare una mano a risistemare le case di alcuni nuovi amici. Ma c'era bisogno di me per la raccolta fondi e impegni pubblicitari, e sapevo che se fossi rimasta avrei seriamente rischiato l'esaurimento. Mi angosciava la situazione di alcuni bambini dei campi i cui genitori erano stati uccisi, e che alla tenera età di dodici o tredici anni si trovavano a dover badare a fratellini e parenti anziani. Ero particolarmente preoccupata per Kushtrim, ma presi accordi con un'altra famiglia perché desse un passaggio sul suo trattore a lui e a sua nonna quando fosse arrivato il momento di tornare a casa.

Al mio rientro a Melbourne in luglio, bastarono tre giorni perché tornassero gli incubi su Iddin e Shahirah.

Sembrava che il contesto familiare accelerasse il loro ritorno nel mio subconscio. Le notti non erano più il tempo del riposo e finii per convincermi che dormivo meglio in una zona di guerra che a casa.

Svegliata nottetempo da quelle che sembravano le voci dei miei figli che mi chiamavano, non potevo fare a meno di alzarmi dal letto e dare un'occhiata in casa. Sapevo che era solo un'illusione prodotta dai miei incubi, ma il desiderio di Iddin e Shahirah che ardeva in ogni fibra del mio corpo, il dolore che sentivo nei miei lombi, mi dicevano che il legame tra loro e me non era spezzato.

Come in un riflesso pavloviano, feci un balzo sulla sedia quando un'e-mail apparve nella mia casella. Era vera, o era l'ennesimo inganno? L'intestazione diceva che era di Iddin. Ma era un Iddin che sembrava non sapere niente della storia privata della mia famiglia. Io però nella mia disperazione fui capace di trovare giustificazioni anche per questo, tant'era la voglia di credere che i miei figli potessero tentare di contattarmi – forse, dopo tanti anni, avevano solo ricordi confusi della loro vita a Melbourne. Mi aggrappai con tutta la mia testardaggine al seme di speranza che affiorava, anche se la mia parte razionale mi diceva di non credere nell'impossibile. La lotta fra il cuore e la mente mi dava un malessere fisico.

Ogni volta che parlavo coi media in Australia, come feci al mio ritorno dalla Macedonia, si riaccendeva l'interesse sulle vicende della mia famiglia. Un reporter alle prime armi decideva di scrivere qualcosa di nuovo sul rapimento dei miei bambini presentandosi alla "madre sventurata" come un amico fedele; oppure uno sconosciuto perverso fingeva di essere uno dei miei figli contattandomi via internet.

Tornata a casa, risposi meccanicamente all'ennesimo "Iddin" con la consueta cautela, ponendogli alcune domande e poi arrovellandomi e aspettando con ansia una risposta per giorni.

Ne passarono quattro prima che "Iddin" si facesse vivo implorandomi: «Portaci via di qui. Procurati uomini e armi e vieni a liberarci». Il burlone a quel punto si tradiva: «Mi chiedi se mi ricordo del nonno – certo che me ne ricordo, mi spiace davvero che non stia bene. Vieni a prendere me e Shariah, così potremo abbracciarlo. Riportaci a casa. Con affetto, tuo figlio Iddin».

Il nonno dei miei figli era morto prima che nascessero – avevo solo quattordici anni quando mio padre morì a Singapore di un cancro al naso e alla gola. E il nome di Shahirah era scritto in modo errato.

Non avevo modo di sapere se si trattasse di un giornalista o di un ragazzino a caccia di denaro. Un articolo sulla mia disponibilità a riprendermi i figli con le armi sarebbe stato un bello scoop. Ma io non avevo né tempo né voglia di interessarmi ulteriormente a quel pazzo. Dovevo attenermi alla regola "va' avanti e ricomincia", o non sarei mai sopravvissuta.

Una cosa però non cambiava mai: la coscienza di ciò che erano e di chi erano i miei figli, doni rari e preziosi, spiriti individuali che amavo con tutto il cuore e tutta l'anima. Speravo e pregavo che un giorno trovassero il modo di tornare da me.

23
UN COCCODRILLO E UN PROIETTILE

Sullo schermo televisivo, immerso in un inquietante bagliore verdastro, si vide un neonato gettato da una madre disperata oltre un'alta barriera di filo spinato, e per pura fortuna atterrato tra le braccia di un funzionario dell'ONU. Le telecamere a infrarossi inquadrarono lo scintillio di occhi spaventati e imploranti – il puro terrore della gente di Timor Est. Il tutto fra sparatorie e grida forsennate in sottofondo.

Cominciai a ricevere telefonate di amici da tutta l'Australia, sconvolti da quel che avevano visto in tv e indignati perché quella violenza stava accadendo alle porte di casa nostra, a sole due ore di volo da Darwin, capitale del Nord dell'Australia.

Il giorno dopo, alla radio, il filo diretto con gli ascoltatori registrò chiamate di allevatori, insegnanti, camionisti, veterani di guerra, adolescenti, tutti insolitamente unanimi nelle loro reazioni, quale che fosse l'età, la posizione politica o economica: «Non sotto i nostri occhi, non alle porte di casa nostra, dobbiamo fermare tutto questo».

La violenza sfrenata cui il mondo stava assistendo via satellite era conseguenza di un referendum senza precedenti coordinato dall'ONU il 30 agosto del 1999 per dare alla popolazione di Timor Est il diritto di chiedere autonomia e indipendenza dall'Indonesia se avesse ottenuto la maggioranza. Il presidente indonesiano in carica, Habibie, aveva promesso che il suo governo avrebbe accettato di buon grado i risultati del voto, anche se l'Indonesia aveva invaso Timor Est nel 1975 in seguito al ritiro dei portoghesi dopo più di tre secoli di colonizzazione.

Nei venticinque anni di dominio indonesiano, a Timor Est, aveva praticamente regnato il terrore: chi contestava l'occupazione veniva fatto sparire, ed era nato un attivo movimento di resistenza per lottare contro la soppressione della democrazia. I ribelli si nascondevano sulle colline ed erano sostenuti da una rete di coraggiosi abitanti dei villaggi che passavano cibo e messaggi ai combattenti nella giungla.

La lingua indonesiana era diventata obbligatoria per tutte le necessità quotidiane in campo amministrativo ed educativo (mentre prima il portoghese e il tetum facevano da lingua franca), e l'Indonesia aveva adottato una politica di migrazione forzata per liberarsi di chi protestava e non cooperava e per insediare una popolazione di etnia indonesiana in quel territorio prevalentemente cattolico.

Il 4 settembre 1999, quando l'allora segretario generale delle Nazioni Unite Kofi Annan aveva dichiarato che ben il 75 per cento della popolazione timorese aveva votato per il diritto all'autodeterminazione e la fine del dominio indonesiano, caos e anarchia si erano diffusi in tutto il territorio. Bande armate e provviste di machete, sostenute principalmente dalle milizie pro-Jakarta e con la sospetta collaborazione dell'esercito indonesiano, sfogavano aggressivamente il loro violento dissenso e il loro desiderio di vendetta. La rivolta era a senso unico, ronde di miliziani pattugliavano le strade senza controllo da parte delle autorità indonesiane, i sostenitori dell'indipendenza venivano rapiti e probabilmente assassinati, e le città erano in fiamme.

Le organizzazioni umanitarie con base in Australia, tra cui CARE, cominciarono a pianificare un intervento di emergenza, se e quando ce ne fosse stata la possibilità.

La Forza di Difesa Australiana organizzò l'evacuazione da Timor a Darwin di tutti i funzionari ONU e di molti timoresi in pericolo di vita. Sorse un'enorme tendopoli, e i motel e i campeggi della zona si riempirono di profughi; decine di operatori umanitari affluirono nella capitale del Nord per assistere le persone sfollate e traumatizzate.

Gli australiani hanno un rapporto molto stretto con la popolazione di Timor Est, che risale alla Seconda guerra mondiale quando i combattenti timoresi per la libertà appoggiarono le truppe australiane e alleate contro un invasione giapponese, pagando un prezzo molto alto insieme alle loro famiglie. Nel 1975, alcuni giornalisti, venuti dall'Australia per documentare l'invasione e l'occupazione di Timor Est da parte dell'Indonesia dopo il ritiro dei colonizzatori portoghesi, furono massacrati dalle forze indonesiane nella cittadina di Balibo. E un numero consistente di cittadini di Timor Est, che si erano pubblicamente opposti all'annessione all'Indonesia, si erano stabiliti in Australia ed erano conosciuti e apprezzati nel nostro Paese. Ora decine di migliaia di australiani scendevano in strada per chiedere al nostro governo di intervenire, di ripristinare l'ordine e di portare aiuti umanitari al nostro piccolo vicino.

Quando sbarcai a Dili, il caldo tropicale mi piombò addosso togliendomi il respiro. Nel giro di pochi secondi mi ritrovai zuppa di sudore e umidità. Era l'ottavo giorno della missione INTERFET, la Forza Internazionale di pace a Timor Est autorizzata dall'ONU. Un paio di capre e un cavallo vagavano sulla pista. Per un attimo tornai con la mente a quando vivevo in Malesia, e mi domandai come se la cavassero Shah e Iddin in quell'afa intensa e costante.

Un unico edificio in tutta la città aveva conservato i vetri alle finestre: la residenza del governatore indonesiano rimosso. Durante la ritirata, le forze indonesiane avevano frantumato ogni altro vetro e riempito le fognature di catrame e cemento per creare il massimo disagio. Le centrali elettriche erano distrutte, le scuole demolite e le fonti d'acqua avvelenate. La città era ridotta a palazzi carbonizzati, tetti sfondati e muri imbrattati da insulti diretti all'INTERFET e agli australiani. Persino i raccolti erano stati dati alle fiamme nell'orgia di vendetta.

Negli uffici di CARE a Darwin, Canberra e Melbourne, avevamo fatto piani e accumulato scorte per la distribuzione di aiuti umanitari e di materiali per la ricostruzione. Ora, a intervalli regolari, incrociavamo posti di blocco dell'INTERFET e pattuglie a piedi di soldati australiani con le armi spianate.

Tortuosi blocchi stradali proteggevano l'accesso al centro della città, il punto più sicuro della capitale. Diligenti soldati gurkha, compresi nella forza multinazionale, che avrebbe finito per coinvolgere militarmente ben ventidue nazioni, effettuavano controlli di identità a intervalli di poche centinaia di metri. I gurkha avevano una reputazione di fierezza leggendaria, ed erano stati loro a mettere in sicurezza molte postazioni vicine ai contingenti indonesiani rimasti, confinati nelle caserme fino alla loro definitiva, e si sperava pacifica, evacuazione.

Annoiati e arrabbiati, alcuni soldati indonesiani avevano trascinato delle tribune a gradini fino alla recinzione delle loro caserme. Coi berretti rossi calcati sulla testa, facevano mostra di affilare grossi coltelli da combattimento mentre noi passavamo, e mimavano il gesto di tagliarsi la gola con la lama. Era bello sapere che ormai erano meno numerosi dei nostri protettori, e che avrebbero dovuto superare almeno tre posti di blocco per poter raggiungere l'insediamento dell'ONU.

Alloggiata in quattro aule di una scuola bruciata accanto alla sede ONU, la base di CARE a Dili era per lo più priva di tetto e tappezzata di ceneri e terriccio per i violenti scontri che erano avvenuti fra le sue mura. Mucchi di mobili sfasciati giacevano mestamente lungo il perimetro. Non c'era elettricità né acqua corrente. In un'aula erano state erette sei tende a cupola con delle brandine da campo, due per cupola. Era un'idea intelligente, perché le zanzariere a cerniera tenevano a bada la maggior parte degli insetti durante la notte. Il caldo tropicale resisteva anche dopo il tramonto, quando piccoli gechi strisciavano sopra di noi dall'altra parte della rete, proiettando ombre eleganti alla luce della luna. Ogni mattina, al risveglio, una polvere sottile ricopriva tutte le nostre cose, e sarebbero passate sei settimane prima che un pallido funzionario per la Salute e la Sicurezza di INTERFET ci dicesse che avevamo dormito sotto strati instabili di amianto azzurro messi a nudo dalla distruzione dell'edificio, e che dovevamo trasferirci.

L'attrezzatura per la cucina era rudimentale: una stufa a cherosene con un unico fornello e un serbatoio da centocinquanta litri. Una bacinella di plastica per lavare i piatti e una dispensa piena di tonno, sardine, crackers e riso acquistato in loco. Dopo il tramonto usavamo le torce e una lanterna o due, ma dato che le temperature diurne e le condizioni in cui distribuivamo i viveri erano durissime, molti di noi andavano a dormire ben prima delle nove. Dovevamo alzarci appena prima dell'alba.

Una notte, con la torcia da minatore sulla testa, mi avviai verso la toilette esterna. Il nostro tecnico idraulico e sanitario era riuscito a costruire un servizio igienico in cortile, con un secchio d'acqua da usare come sciacquone. C'era persino una rudimentale doccia con un secchio d'acqua e una catena sospesi sopra un vecchio pallet da trasporto; la nostra fornitura idrica dipendeva da un serbatoio di INTERFET riempito da un pompiere.

Strizzando gli occhi per adattarli alla luce della luna, scorsi nel nostro insediamento le silhouette di tre o quattro uomini che bisbigliavano fra loro. Il lieve crepitio di una radio faceva capire che erano soldati. Una voce apparteneva al responsabile della sicurezza di CARE, Bob McPherson, appena distinguibile. Quando uno dei soldati si voltò leggermente, il profilo dei suoi occhiali per la visione notturna si stagliò contro il cielo scuro. Non fui allarmata dalla loro presenza: le truppe di INTERFET erano di pattuglia giorno e notte e si occupavano anche della nostra protezione.

Mentre andavano via, i soldati si accorsero di me e mi fecero un cenno col capo, poi sparirono silenziosamente nella notte immobile e senza vento. Bob mi spiegò che nell'edificio vicino erano stati catturati dei soldati indonesiani. Avevano tentato un'incursione. Non chiesi se fossero armati; a dire la verità, preferivo non saperlo.

Dato che parlavo bene l'indonesiano, ero entrata nella squadra come interprete, vicecoordinatore per gli alloggi temporanei e ambasciatrice speciale. L'altro mio compito primario era fare da tramite fra CARE International e il CMOC (Ufficio Civile Militare di Coordinamento) durante le riunioni quotidiane, in modo che fossimo informati sulle zone sicure da percorrere e sulle attività dell'esercito e della milizia.

A Dili c'era sempre da fare, data la grave carenza di personale, ed eravamo tutti incollati alle nostre postazioni, ma il lavoro era esaltante e la ricompensa consisteva nel vedere la gente nutrirsi, e le loro vite migliorare a poco a poco. Certe volte vedevo le facce degli sfollati illuminarsi perché eravamo riusciti a riunire la loro famiglia, e dovevo resistere alla tentazione di immaginare la mia stessa famiglia in quella situazione. Non c'era spazio per i pensieri personali, anche se non dimenticavo mai di essere geograficamente molto vicina a Iddin e a Shahirah. Avevo sperato che la notizia della mia presenza a Timor Est potesse giungere fino a loro in Malesia, dato che la crisi era un evento di primo piano nella regione, ma era come se mi trovassi sulla luna. Non c'era ancora alcun progresso nella mia ricerca di un contatto.

La strada costiera che stavo percorrendo al volante di un furgoncino carico di provviste era stretta e piena di sassi, con un ripido strapiombo sulle scogliere sottostanti. Stavamo andando nella provincia orientale di Bacau insieme a un convoglio protetto da INTERFET. Quella strada era stata il bersaglio di occasionali attacchi della milizia, e dunque era ritenuto poco sicuro percorrerla senza guardie armate. La nostra scorta militare voleva effettuare un'esercitazione mentre era con noi: una finta imboscata per mostrare al personale di CARE come comportarsi.

Quando le radio gracchiarono il segnale convenuto, frenai rapidamente e, seguendo le indicazioni dell'ufficiale al comando, saltai giù dal veicolo per dirigermi verso una posizione protetta. Cadendo sul suolo ghiaioso, sentii un rumore secco e un dolore accecante al ginocchio, sinistro che mi strapparono un grido di spavento, tuttavia mi rimisi in piedi e proseguii zoppicando. Finita l'esercitazione, mi trascinai fino al furgone e risalii. A fine giornata il dolore al ginocchio era peggiorato, probabilmente aggravato dalle tre ore di guida in entrambe le direzioni.

Quando tornai alla base, un medico dell'esercito americano fece un fischio vedendo il mio ginocchio gonfio, che ormai somigliava a un melone stramaturo. Mi fu applicato un impacco di liquido autorefrigerante, che io legai al ginocchio per buona misura. Avrei dovuto usare le stampelle per qualche giorno, perché mi ero stirata i legamenti crociati.

Ogni giorno era faticoso a Timor Est, l'umidità rendeva estenuante ogni movimento, e la mole di lavoro necessario per rimettere in moto la società era immensa. Il nostro staff nazionale viveva nelle stesse condizioni dei profughi, ed era esaltante ed emozionante essere circondati da colleghi così determinati ad andare avanti e a costruire una nuova nazione dalle rovine.

A poco a poco le condizioni miglioravano e arrivava nuovo personale. Steve Gwynne-Vaughan, un cooperante esperto che parlava portoghese, inglese e francese, era venuto dal Canada per dirigere la sede di CARE a Timor Est. Alto più di un metro e novanta, suscitava grande ilarità fra i nostri addetti locali, sui quali torreggiava. Dotato di un secco umorismo, andava subito al punto e aveva un approccio originale ai problemi, ma non sopportava gli stupidi.

Acquistammo anche un nuovo capo della sicurezza, Chris Allen, un maggiore dell'esercito in pensione ordinato e ben piantato, con un buffo sorriso sbieco e un umorismo tagliente. Aveva fatto parte del 3° Battaglione Paracadutisti dell'esercito australiano, un reparto d'élite, ed era stato assegnato alle forze aviotrasportate britanniche in Africa e in America Centrale. A seguito di alcune lesioni riportate nel battaglione di paracadutisti, aveva lasciato l'esercito per studiare all'università. Era stata la copertura mediatica su Timor Est a spingerlo a contattare CARE, e a fare domanda per quel ruolo a Dili. Nel periodo che passammo insieme a Timor Est avemmo un paio di scontri furibondi, ma evidentemente ciò non fece che fornire una solida base a un'amicizia che dura tutt'ora. Ho messo la mia vita nelle mani di Chris varie volte mentre ero in missione. Lui ha sostenuto alcune delle mie iniziative più sconsiderate e non mi ha mai trattato con condiscendenza o come se fossi di porcellana. Non so se mi consideri una donna, dato che mi chiama Peej. Chris insistette per spostare il suo bivacco oltre l'accesso a cielo aperto al nostro dormitorio, e vegliava su di noi tutta la notte. Personalmente sospettavo che fosse più uno stratagemma per evitare i sonori brontolii, i rutti e i meteorismi che una dieta a base di crackers e cibo in scatola produceva in tutti noi.

Come vicecoordinatore per gli alloggi temporanei, stavo seguendo la realizzazione di un campo per migliaia di profughi demoralizzati, molti dei quali erano in gravi condizioni dopo settimane trascorse nella giungla con poco cibo e senza cure. Il rifugio principale sarebbe stato ciò che restava di una scuola maschile cattolica, la Dom Bosco, che era stata al centro di una grande attività della milizia.

Sistemare gli edifici bruciati era un lavoro arduo: bisognava controllare le pareti piuttosto instabili e ripulire i pavimenti dai detriti. La protezione dalle intemperie con teloni cerati dell'UNHCR era essenziale, perché la stagione delle piogge era alle porte. Ideai una serie di tiranti riempiendo di terra vecchie bottiglie d'acqua per tenere fermi i nostri tetti rudimentali. I marinai canadesi della nave militare *Protecteur* e i marines americani mandati ad aiutarmi si dimostrarono preziosissimi, arrampicandosi su cornicioni precari per assicurare le travi dei tetti. Avrei preferito però che fossero disarmati, visto che un proiettile esploso accidentalmente dal fucile di un marinaio durante uno dei nostri momenti di pausa mi mancò per un pelo e andò a conficcarsi nel muro nel punto in cui poco prima c'era la mia testa! A parte questo, lavorammo di martello insieme per completare il lavoro il prima possibile, ridendo come matti.

Nella sala principale che stavamo ripulendo c'era una porta carbonizzata che non riuscivo a smuovere per quanto spingessi con tutte le mie forze, così chiamai un paio di robusti soldati delle Forze Speciali americane, noti come Berretti Verdi, ad aiutarmi. Il loro potente spintone fece saltare la porta dai cardini.

Entrando nella stanzetta adiacente con una pala e una scopa, calcolai quanto ci sarebbe voluto per eliminare il tetto crollato e cominciai a radunare i detriti con l'aiuto di uno dei sergenti. Lavoravamo da cinque minuti quando la mia pala smosse qualcosa. Erano i resti carbonizzati di una persona. Indietreggiai e mi rannicchiai sulla soglia, fissando il mucchietto annerito parzialmente ricoperto da ceneri e sporcizia. Sganciai la radio dalla cintola e chiamai il quartier generale di INTERFET, cercando di usare termini innocui dato che si trattava di una frequenza aperta. L'ultima cosa che volevamo era che la gente del luogo si accalcasse per identificare la macabra scoperta. Sarebbe stato troppo penoso per quelli che avevano dei parenti dispersi.

Cosa ci distingue da chi può togliere la vita a un altro essere umano senza rimorsi? Cosa spinge una persona a vibrare il primo colpo quando trionfa l'anarchia? Io credo che la mentalità del branco generi una malsana assoluzione dalla colpa collettiva, permettendo alla gente di compiere atti che normalmente non avrebbe la forza morale di compiere. È vigliaccheria all'ennesima potenza.

Quando arrivò l'unità investigativa, ci ritirammo mestamente in un'altra zona dell'edificio lasciandoli lavorare indisturbati. C'erano ancora dei dispersi fra i preti e le suore della zona, e quello era un posto in cui alcuni di loro avevano trovato rifugio. Personalmente, ero convinta che lì avesse avuto luogo un'esecuzione. Più tardi due cadaveri avvolti in sacchi di plastica uscirono dalla stanzetta. Non avrei mai saputo chi erano le persone di cui avevo rinvenuto la tomba, ma quel pomeriggio mi spinsi fino alla grande chiesa bianca nel centro di Dili e accesi quattro ceri. Uno a testa per i miei figli, e due per le anime disgraziate che erano morte in mezzo a tanta violenza e terrore. Quella volta pregai che i miei figli non vivessero mai la guerra in prima persona.

La palestra del Dom Bosco, aperta ai lati, diventò il punto iniziale di smistamento delle migliaia di sfollati che stavano per rientrare a Dili, e fu lì che nei mesi di ottobre, novembre e dicembre del 1999 decine di persone sbarcarono da ogni tipo di veicolo, compresa una flotta di camion della spazzatura di Timor in cui erano stati raggruppati gli anziani e i bambini.

Nel nostro primo giorno di attività come campo di transito, verso sera, scoppiò un tumulto. Di colpo si creò un assembramento disordinato di gente in mezzo al quale spuntavano due teste. La folla gridava, assetata di sangue. «Milizia, milizia!» strillavano rabbiosi.

Facendomi largo tra la ressa, vidi due uomini presi a calci e pugni vicino alla jeep di CARE.

Due soldati neozelandesi di INTERFET con cui stavo parlando qualche minuto prima irruppero sulla scena, e io li informai di quel che stava accadendo tentando di restare calma. Non avrei mai scoperto se quei tizi fossero davvero membri dell'odiata milizia, ma bisognava agire in fretta per sottrarli alla folla prima che li linciasse. I rinforzi erano ad almeno quindici minuti di distanza.

Salii sul predellino della jeep e cercai di placare la gente spiegando in indonesiano e in pessimo tetum, il dialetto locale, che INTERFET era lì e avrebbe portato i due accusati al quartier generale per interrogarli.

Mentre i soldati caricavano i due uomini sul retro del veicolo proteggendoli coraggiosamente col corpo e con le armi dalla folla inferocita, io pregai tutti quanti di non comportarsi come la milizia. Per fortuna, il rispetto che i timoresi nutrivano per INTERFET prevalse e la massa arretrò di qualche passo. Riuscii ad accendere il motore e mi avviai lentamente in mezzo alla calca bisbigliante, verso la sede della polizia militare.

A volte la semplice mole di un intervento umanitario può diventare quasi schiacciante e gli individui che stai cercando di aiutare finiscono per confondersi l'uno con l'altro.

In altri casi, invece, ti fai coinvolgere appassionatamente e personalmente da una particolare persona o famiglia. Magari, per qualche motivo, si è creato un legame a prima vista, oppure ti sei reso conto che in circostanze diverse quell'individuo potrebbe tranquillamente essere l'amico con cui vai a prendere il caffè in patria. Talvolta un singolo essere umano diventa per te l'incarnazione di tutto il dolore, l'infelicità, la violenza e l'ingiustizia di cui sei stato testimone su più vasta scala. In qualche modo decidi di aiutare questa singola persona, e smuovi mari e monti per riuscirci.

Questo mi capitò due volte a Timor Est, in entrambi i casi con una donna di nome Maria. La prima Maria la incontrai mentre passeggiavo sul molo fotografando gli alloggi di fortuna che i profughi avevano eretto sul litorale del porto di Dili. Maria aveva con sé due femminucce e un maschietto che per lo sguardo luminoso, il sorriso e la vivacità mi ricordarono Shahirah e Iddin. Cominciammo a parlare e Maria mi disse che era appena tornata da Timor Ovest. Suo marito era stato ucciso dalla milizia e ora tutto ciò che le rimaneva era contenuto in una borsa a righe con la cerniera rotta. Accanto a lei c'era il pacco standard che l'UNHCR forniva ai rimpatriati, con la confezione gialla della razione quotidiana, un secchio, un contenitore per l'acqua e una pentola per bollirla.

Maria e i suoi figli avevano bisogno di un passaggio per l'ultima tappa del loro viaggio verso casa, così li accompagnai col furgone di CARE per le vie secondarie di un quartiere non lontano dal cimitero. Una volta arrivati, Maria rimase sconvolta vedendo per la prima volta le rovine della propria casa, ma conservò un atteggiamento dignitoso, per non farsi vedere in lacrime dai figli.

Per la famiglia le prospettive erano davvero grame: Maria non poteva lasciare il bimbo che stava ancora allattando e gli altri figli piccoli per procurarsi da vivere, e non aveva un marito o un altro parente che la aiutasse.

La abbracciai e le dissi che sarei tornata presto. Al magazzino dell'UNHCR il responsabile mi conosceva e fece finta di non vedere mentre io prelevavo una tela cerata, un rotolo di corda e dei pezzi di plastica da usare come finestre. Nel mio bottino finirono anche due coperte. Caricato il tutto sul retro del veicolo, passai all'ufficio di coordinamento per chiedere due zanzariere. Rientrando nel furgone, udii un rumore sordo: sul pianale erano finite anche due brandine pieghevoli dell'esercito. Non ci fu bisogno di parole; dallo specchietto retrovisore colsi semplicemente un cenno del capo e una strizzatina d'occhio di un amichevole maggiore. Era bastato che andassi lì per avere ciò che mi serviva, dato che non avevo l'abitudine di chiedere favori. Poi, al contingente francese di INTERFET, raccolsi qualche altro pacco di razioni, due chili di riso, una forma di pane e un po' di frutta fresca, tra cui delle arance appena arrivate via mare da Darwin. Una scopa, una pentola di riserva per cucinare e un coltello affilato arrivarono dal contingente thailandese, e una saponetta, una torcia e uno spazzolino da denti nuovo dai marines statunitensi.

Quattro ragazzi delle Forze Speciali USA tornarono insieme a me da Maria con una scala e una cassetta degli attrezzi legate al loro Humvee. Erano passati solo novanta minuti. Sotto lo sguardo allibito di Maria, i Berretti Verdi si arrampicarono su quel che era rimasto del tetto e lo ripararono con la tela cerata. Poi si occuparono delle finestre e appesero le zanzariere alle travi annerite del soffitto. Una volta spazzato il pavimento, portarono dentro le brandine. Non contenti, quei ragazzoni si acquattarono accanto alle ruote del loro mezzo e, mentre i bimbi li osservavano rapiti, costruirono con filo spinato e acciaio una campana a vento che appendemmo molto in alto sopra la porta di ingresso, lontano da manine infantili. Non era molto, ma alla fine del lavoro Maria e i bambini erano al riparo dalle intemperie e avevano un minimo per ricominciare.

Ciò che avevo fatto era contro le regole. Ma non avevo sottratto nulla agli altri profughi, e ci sono dei casi in cui le regole vanno violate.

La seconda Maria cullava un fagottino fra le braccia in una stanzetta posteriore del Dom Bosco, dove un prete le aveva dato rifugio quand'era tornata da Timor Ovest. Sulla testa del neonato era drappeggiato un tovagliolino. Dopo averle chiesto il permesso, scostai la copertura e scoprii un bambino di sei mesi, fragile e poco reattivo, ma attaccato al seno della madre. La testa del piccolo era gravemente deformata e grossa come un pallone da basket. Era chiaro che i due avevano bisogno di aiuto, quindi contattai i medici di INTERFET che diagnosticarono al bimbo una grave forma di idrocefalia, ossia presenza di acqua nel cervello – un problema risolvibile in qualunque nazione del primo mondo con un intervento chirurgico e l'inserimento di tubicini per drenare il fluido. Il problema era che INTERFET non poteva semplicemente mettere un neonato su un aereo e farlo uscire da Timor senza una destinazione prestabilita e un'équipe di chirurgia pediatrica preallertata. Tutto ciò richiedeva denaro che non c'era, quindi dopo aver discusso le varie possibilità con Maria andai all'Hotel Turismo a cercare un giornalista di

News Limited cui offrire un'esclusiva in cambio di una campagna presso il pubblico australiano per coprire le spese mediche e di viaggio di Maria e del bambino. Il piano funzionò alla perfezione, e nel giro di tre giorni dalla pubblicazione dell'articolo in Australia un chirurgo pediatrico e la sua équipe si offrirono di intervenire, dopo un consulto coi medici di INTERFET. Il maggiore Mark McKay del CMOC ci aiutò a mettere insieme tutte le carte per ottenere dei documenti temporanei di viaggio. Alla fine della settimana Maria e il suo bambino erano in viaggio per Melbourne. Fu uno di quei momenti grandiosi in cui tutte le persone coinvolte si sentirono fiere di aver contribuito a qualcosa di veramente importante.

Ma la diagnosi al figlio di Maria era sbagliata. A Timor Est non erano disponibili strumenti appropriati, e in Australia si scoprì che il piccolo era in realtà anencefalo – era nato senza cervello. Il tronco encefalico controllava le funzioni corporee di base, ma non c'era la minima possibilità che sviluppasse un'attività cerebrale superiore. L'anencefalia è una malformazione presente alla nascita che spesso può essere evitata assumendo acido folico prima del concepimento e durante il primo trimestre di gravidanza.

L'assoluta dedizione materna di Maria era testimoniata dal fatto che aveva tenuto in vita suo figlio semplicemente tenendolo in braccio ininterrottamente e nutrendolo quando lo chiedeva. Di solito i neonati anencefali muoiono entro un paio di giorni dalla nascita. I medici di Melbourne non poterono far nulla e così, purtroppo, Maria e il bambino furono riportati a Timor Est per attendere l'inevitabile insieme alla famiglia.

Il mio piacere più grande durante il soggiorno a Timor Est era la nuotata mattutina. Io e Rob, un operatore umanitario olandese di CARE, prendemmo l'abitudine di alzarci un'ora prima di tutti gli altri e andare in macchina a una laguna d'acqua salata a est della città. Sguazzando nell'acqua bassa, vedevamo sorgere il sole mentre i pescatori gettavano le reti all'imboccatura della laguna. Era un piacere raro, che ci ritemprava prima che iniziasse la dura routine della giornata. Anche quando ci dissero che la laguna ospitava un enorme coccodrillo non ci facemmo scoraggiare – stupidamente, devo riconoscere, soprattutto perché entrambi ci vedevamo molto poco ed eravamo avvolti nella nebbia della miopia anche mentre ci guardavamo dal coccodrillo. Ma per quell'acqua fresca e la bellezza del posto ci sembrava valesse la pena rischiare.

Quando il campo di transito fu pronto e funzionò ragionevolmente bene, venne il momento di occuparsi delle aree extraurbane. Era fondamentale distribuire le sementi per i raccolti nelle zone rurali prima che iniziasse la stagione delle piogge e le strade diventassero impraticabili. Effettuai varie consegne fra le ripide montagne dell'isola, anche se i rifornimenti alimentari erano inaffidabili e spesso gli operatori umanitari, come i timoresi, esaurivano le scorte. Molti di noi persero peso rapidamente, a causa delle malattie e della povertà della dieta. Al mio arrivo a Dili pesavo 53 chili, e sarei tornata in Australia undici settimane dopo con 47 chili addosso e un'aria decisamente smunta.

I tropici infierirono su ognuno di noi più o meno allo stesso modo: uno dopo l'altro fummo colpiti da ogni sorta di malattie, dalla polmonite (la presi due volte, e mi lasciò col muscolo cardiaco indebolito) alla dissenteria, la febbre dengue e la malaria – tipici mali tropicali trasmessi dalle zanzare e favoriti dalle difficili condizioni di vita.

Alla fine mi rispedirono in Australia su un Hercules C130 rumorosissimo per riprendermi dal secondo attacco di polmonite. La pausa mi costrinse a fare il punto sugli anni appena trascorsi, guardando al futuro con un misto di trepidazione e voglia di cambiamento.

L'assenza dei miei figli durava ormai da due secoli.

24
LIBERTÀ DI AMARE

Venerdì 16 marzo 2001, 15.41

Due intensi occhi azzurri fissarono il mio volto, seri e concentrati, e una tenera boccuccia schiuse le labbra come un bocciolo di rosa, con aria vagamente perplessa. Davanti a quello sguardo ammaliante compresi finalmente che tutto sarebbe andato per il meglio. Il mondo si era raddrizzato e nulla sembrava più così minaccioso. Saremmo state bene, quella personcina e io.

Verity Isabelle, mia figlia, nacque con una testa piena di biondi capelli ondulati e con lunghe dita da pianista. Dopo mesi di paure e preoccupazioni, era perfettamente sana e pesava 3,71 chilogrammi; coi suoi 55 centimetri di statura, prometteva di diventare alta. Le sue ciglia mi affascinavano; lunghe e lucide, le sfioravano le guance e si agitavano nei suoi sogni infantili.

Girandosi verso il mio seno pochi attimi dopo avermi esaminato per la prima volta, cominciò a succhiare fiduciosa e con gusto.

«Vedi,» disse l'ostetrico, il professor Michael Bennett «te l'ho detto che ce l'avresti fatta. È la prima volta che faccio nascere un bambino sul pavimento, quindi benvenuta.»

Lo assicurai che la sua reputazione di temuto capo del Royal Hospital for Women non era stata minimamente intaccata! Michael mi era stato accanto durante una gravidanza molto difficile – ero stata ricoverata in ospedale varie volte per complicazioni e doglie anticipate, e avevo trascorso gli ultimi tre mesi della gestazione di Verity a letto, in cura per il problema di cuore che avevo sviluppato a Timor Est.

Nei primi mesi della mia gravidanza Paula ricominciò a chiamarmi; le sue parole, talvolta biascicate, erano piene di dolore. Subito dopo i suoi contatti si fecero più radi; erano telefonate molto tristi, ma sempre traboccanti d'amore per le figlie. Tragicamente, Paula sarebbe piombata in una spirale ancora più negativa e sarebbe stata trovata morta nel settembre del 2000, sembra per un'overdose accidentale. Il suo ex marito, Bob Geldof, mostrò profonde doti di amore e compassione assumendo la custodia legale di Tigerlily e crescendola insieme alle tre sorelle in un ambiente familiare sicuro e unito.

Una settimana dopo la morte di Paula mi arrivò un pacco: dentro c'era una scatola infiocchettata con un minuscolo pagliaccetto leopardato con scarpine assortite – un regalo di Paula per il bimbo che portavo in grembo.

Sarah Hicks, donna meravigliosa che mi era stata accanto durante il parto, aveva il volto rigato di lacrime. Fin da quando Judith ci aveva presentato mi era stata amica, e il nostro rapporto si era ampliato e rafforzato. Di tutta la mia cerchia di amici, è l'anima più generosa. Sarah mi aveva sostenuto mentre mettevo al mondo mia figlia. Anche le mie amiche Valery e Fiona erano presenti alla nascita di Verity, e anche loro adesso avevano gli occhi lucidi.

Tutte le mie paure di non riuscire ad amare senza riserve un altro figlio svanirono come nebbia al sole. La mia insicurezza e il trauma emotivo della gravidanza cessarono di esistere. Sentii dentro di me che il rapimento degli altri miei figli non mi aveva segnato irrimediabilmente come avevo temuto, e che ero ancora capace di un amore profondo e viscerale come quello che si prova per la propria creatura. Fu un sollievo e una rivelazione, perché razionalmente sapevo che gli aspetti pratici della maternità sarebbero stati una passeggiata, era sul piano emotivo che temevo di non essere all'altezza.

Ma Verity non è nata per curare il mio cuore ferito. E non l'ho mai considerata una sostituta del fratello e della sorella maggiori. I figli non sono intercambiabili, sono individui unici, non stupide appendici dell'ego dei genitori.

Dopo la nascita di Verity, gente senza cervello azzardò che avrebbe compensato la perdita dei suoi fratelli. Quanto poco capivano, e quanto poco sapevano della piccola, saggia, determinata Verity.

«Verity è se stessa» reagivo con forza, addolcendo le mie parole con un sorriso. Un bambino non prende il posto di un altro, e pur essendo innamorata della mia nuova figlia, suo fratello e sua sorella erano sempre nei miei pensieri, e nel mio cuore.

Avevo amato la mia Nocciolina (il nomignolo di Verity fino all'ultima fase della gravidanza) fin da quando, poche settimane dopo il concepimento, ero rimasta senza fiato vedendo l'apparecchiatura a ultrasuoni registrare il battito potente del suo cuore, mentre il mio partner di allora mi teneva la mano nello studio del medico. Pur essendo totalmente favorevole alla libera scelta, non avevo mai preso in considerazione un aborto, anche se la gravidanza fu una sorpresa vista la mia storia medica e i rischi che comportava. All'inizio i dottori dubitarono che potessi portare in grembo Verity per nove mesi, dato che avevo precedenti di un aborto a dieci settimane e un parto di un bambino morto a ventisei.

Ancora oggi dico a Verity che lei è stata un miracolo voluto da Dio e uno dei più grandi doni che ho ricevuto dalla vita. Fin da quand'era piccolissima, le ho sussurrato all'orecchio mentre le rimboccavo le lenzuola per la notte: «La mamma ha scelto di portarti nella sua pancia. Ti voglio bene come le foglie e gli alberi del mondo intero. Ti voglio bene con tutto il cuore e tutta l'anima e te ne vorrò sempre, qualunque cosa accada». E in seguito, quando lei ha conosciuto l'uomo che sarebbe diventato il suo vero padre, abbiamo inserito anche lui nella benedizione notturna. «E papà ha scelto di essere il tuo papà – il che ti rende ancora più preziosa – e ti vuole bene come dalla terra alla luna e ritorno, dieci milioni di miliardi di volte.»

Il fatto è che Verity non è figlia biologica di mio marito Bill, ma lui è suo padre e lei è in tutto e per tutto sua figlia. Le ha cambiato i pannolini da quando aveva pochi mesi, e l'ha ninnata quando faceva le vaccinazioni e aveva la febbre e piangeva per il dolore. L'ha portata in giro col marsupio e ha gonfiato il petto d'orgoglio quando gli facevano i complimenti per la bellezza di sua figlia. A volte ho il sospetto che si sia innamorato di Verity ben prima che la nostra amicizia si trasformasse in amore.

Quando Verity aveva undici mesi e due settimane e ci dissero che poteva avere la leucemia, solo otto giorni prima del nostro matrimonio, Bill cullò piangendo il suo corpicino riottoso mentre i dottori cercavano una vena da cui prelevare altro sangue. È stato presente nella buona e nella cattiva sorte, negli episodi di vomito notturno e nel trionfo dei primi passi e delle prime conquiste. Quindi, sotto tutti gli aspetti che contano per la pace e la sicurezza e l'autostima di un bambino, Bill è il padre di Verity.

Corro un rischio a scrivere questa equazione, poiché so che può scatenare voci e pettegolezzi, e l'unico motivo per cui lo faccio è che sono consapevole dell'interesse di determinati settori dei media per vicende sostanzialmente private. La nostra Verity è ancora molto piccola, e spero che chi legge questo libro rispetti il nostro diritto di scegliere tempo e modo per parlare alla nostra bambina di una questione così privata e delicata, e non la trasformi in un pettegolezzo salace o intrigante da dare in pasto ai media, cosa che di sicuro inciderebbe profondamente su di lei per il resto della sua vita.

Quando Verity fu concepita, avevo col suo padre biologico una relazione che credevo stabile e destinata a durare. Avevamo progettato di trasferirci a Washington dopo la sua nascita. Avevo riorganizzato la mia vita per stare con lui, su sua richiesta. Poi, dopo otto mesi e mezzo di gravidanza, lui decise di ridefinire i confini della nostra relazione.

Aveva riconsiderato il suo futuro, dichiarò. Stava a me scegliere, non a lui, disse schiettamente: dare nostra figlia in adozione alla nascita, o separarci.

Fu una decisione devastante, ma scelsi la seconda opzione e non ho mai avuto rimpianti. Amavo profondamente e incondizionatamente il padre di Verity, e nutrivo una fiducia senza riserve in quella che consideravo la sua integrità e la sua comprensione della mia storia personale. Amici molto protettivi e persone che rispettavo caldeggiavano questo rapporto, e furono tutti sconvolti dall'esito della vicenda e dalla fragilità di quell'uomo.

Quando gli chiesi cosa lo avesse spinto a mettersi con me, lui spiegò, in presenza di amici, che mi aveva visto come una "sfida" e mi aveva trovato "intrigante". Dopo di che uscì dalla mia vita per sempre. Non l'ho più visto da allora, né lui ha mai fatto richiesta di incontrare Verity.

È uno degli episodi più dolorosi e profondamente umilianti della mia vita, che ho cercato in tutti i modi di superare e lasciarmi alle spalle.

Ma in quella calda serata di marzo, mentre mi abbandonavo a un sonno esausto con Verity appena nata fra le braccia, non mi augurai altro che una vita meravigliosa e appagante per lei, e che un giorno potesse conoscere il fratello e la sorella maggiori.

25

SERENDIPITÀ E SALSA

Un rapido sonnellino sul comodo letto d'albergo, dopo una doccia e un dolcetto danese, fece sì che Bill fosse in ritardo sul suo programma. Per questo mancò l'appuntamento al ristorante dell'ultimo piano del World Trade Center.

Mi telefonò nel cuore della notte australiana.

«Dev'essere uno di quei voli per turisti che ho visto girare sopra la città.» Aveva appena finito di pronunciare queste parole quando un cameraman della tv inquadrò un altro aereo, un jet di linea, che penetrava nella seconda torre. Le immagini andavano in onda in diretta nelle due zone di fuso orario.

Le Torri Gemelle crollavano e il Pentagono bruciava.

Continuammo a parlare. Chiesi a Bill cosa stesse indossando. Avevo cominciato a reagire come un operatore umanitario prima di una guerra.

«Va' a segnalarti al consolato australiano; ti aiuteranno a lasciare il paese se sarà necessario. Lungo la strada ritira più contante che puoi agli sportelli bancomat, probabilmente cesseranno presto di funzionare, e compra delle bottiglie d'acqua potabile.» Cosa sarebbe successo ancora?

Confuso e preoccupato, Bill seguì le mie istruzioni,

andando verso il centro mentre una fiumana di esseri umani gli passava accanto muovendosi in direzione opposta. Newyorkesi coperti di cenere, polvere e detriti, completamente bianchi e in preda allo shock, si muovevano come un'orda migratoria mentre il profilo dei grattacieli alle loro spalle si oscurava e un odore acre soffocava la città.

Più tardi, rientrato in albergo, Bill riuscì a prendere la linea con l'Australia e questa volta risposi con Verity in braccio.

«Quando e se tornerò, ci sposeremo» decretò, e io non feci obiezioni.

Il 9 marzo 2002, in un pomeriggio di fine estate, di fronte a un gruppo di amici venuti da tutto il mondo, sposai Bill in un magnifico parco davanti a una rotonda ornata di chiffon e con il sottofondo di un quartetto d'archi. Verity, Bill e io facemmo il nostro primo ballo da famiglia ufficiale sulle note di *Someone Like You* di Van Morrison, il cui testo mi parve un po' paradossale per una che stava sposando il ragazzo della porta accanto.

Avevamo deciso di organizzare esattamente il matrimonio che volevamo. Per speciale concessione, il prete che aveva celebrato il funerale di mia nonna e il battesimo di Verity, l'arcidiacono Phillip Newman, accettò di sposarci ai Giardini Alexandra anziché in chiesa. La cerimonia fu strettamente privata, e anche divertente; uno dei tratti più amabili di Bill è il suo umorismo bonario e generoso.

Io indossavo un abito svasato senza spalline di satin rosa chiaro con gardenie fresche nei capelli, e portavo un bouquet di rose rosa David Austin in mano. Verity, la nostra damigella, era bellissima in un vestitino rosa chiaro e babbucce di satin. Solo quattro giorni prima avevamo saputo che non era malata di leucemia – avevamo davvero motivo di festeggiare. Il ricevimento, anch'esso nel parco, fu informale e rilassato, con vassoi di cibo a profusione. I nostri fantastici amici Jane Allen e Jason McLean avevano passato l'intera mattinata al parco per assicurarsi che la rotonda fosse ornata con metri di chiffon bianco e vasi di rose. Al calare della notte, centinaia di candele illuminarono i sentieri, grazie ai nostri infaticabili amici Dawn e Martyn Bradley. Allattai Verity sotto un albero mentre guardavo la nostra famiglia e gli amici dondolare e piroettare al ritmo del gruppo di salsa. Per gli amati genitori di Bill, Anton ed Elizabeth, inframezzammo i ritmi latini con musica greca che trascinò gli ospiti in scatenate versioni della danza di Zorba e fece svolazzare gonne, cravatte e gambe in una gioiosa confusione. Nonnine si aggrappavano a bei giovanotti, e grida di entusiasmo si alternavano a cori di «uupa!» mentre il cerchio di ballerini danzava alla luce della luna. Una combinazione di *Il mio grosso grasso matrimonio greco* e *A piedi nudi nel parco*. Mi chiesi cos'avrebbero pensato Iddin e Shahirah di quella giornata e dell'eclettico mix di gente e di musica. Avrei voluto condividere con loro tanta felicità; la giornata sarebbe stata semplicemente perfetta.

Era un evento privato da condividere solo con gli ospiti invitati. Avevamo rifiutato offerte in denaro dalle riviste per le foto del matrimonio.

Ma i giornalisti decisero di fare irruzione, spintonando un buon numero dei nostri invitati anziani mentre stavamo pronunciando i voti. Di conseguenza, molte delle nostre foto di nozze ci mostrano mentre inveiamo contro qualcuno che non è inquadrato. Alla fine i media furono espulsi con decisione e la bella giornata proseguì in modo molto più rilassato.

Qualche giorno dopo, scoprimmo che nessuno è più vendicativo di un reporter umiliato. Malignamente, la stampa mi mise alla berlina perché mi ero risposata, e scrisse erroneamente che indossavo un abito giallo limone. Le donne che leggono questo libro capiranno che fu un vero colpo basso, specie perché ho un'aria veramente spettrale in giallo! Su un'altra testata, un giornalista che non c'era nemmeno inventò una storia sulla cerimonia che la sua testata fu costretta a ritrattare pubblicamente, con tanto di scuse, dopo che intentammo un'azione legale. Bill è una persona estremamente riservata e trova abominevole l'interesse della stampa per la mia vita.

Per uno strano scherzo del destino, Bill e io avevamo frequentato lo stesso liceo di Melbourne, dove io ero un paio d'anni davanti a lui. Per anni avevamo vissuto a non più di un isolato di distanza e ci eravamo visti spesso per la strada e a vari eventi, dai concerti ai mercatini. Conoscevamo gli stessi posti e condividevamo molti gusti ed esperienze, ma soprattutto ridevamo tantissimo insieme.

Appena Patsy era venuta a sapere del nostro fidanzamento, aveva preteso di venire in Australia per sottoporre Bill a una severa ispezione, al termine della quale dichiarò che finalmente avevo trovato l'uomo giusto. Tutte le mie amiche meravigliosamente protettive sottoposero il povero Bill a ore di attenta valutazione, in genere senza dirmelo, e lui accettò di buon grado. Judith fu particolarmente insopportabile nel torturarlo. È un miracolo che lui non abbia detto a tutte quante di andare a quel paese!

Bill e io ci eravamo incontrati dopo la nascita di Verity. Mi ero resa conto che volevo stabilirmi definitivamente in Australia. Melbourne sembrava il posto migliore per crescere un bambino, e alcuni dei miei più cari amici abitavano lì. Verity non avrebbe potuto che trarre vantaggio dall'avere intorno un grande miscuglio di "zie" e "zii".

Dato che vivevo a Sidney, avevo scelto la casa in base a un annuncio sul giornale, a scatola chiusa. Sulla carta soddisfaceva tutti i miei criteri, e così, dopo avere incaricato alcune amiche di ispezionarla e dare la loro approvazione, concordai via e-mail un affitto per dodici mesi e feci una serie di telefonate al padrone di casa, che mi parve cordiale e professionale. Lui era nato nella casa che stavo per prendere in affitto e ora viveva in quella adiacente, che aveva acquistato in pessime condizioni e ristrutturato con le sue mani.

Il sole tentava disperatamente di spuntare dalle nubi il giorno in cui due camion dei traslochi e la mia macchina si fermarono davanti alla casa. Per noi due iniziava una nuova vita. Sciogliendo Verity dal seggiolino dell'auto, la presi in braccio e attraversai la strada, trovando ad accogliermi fuori dal cancello il padrone di casa, Bill.

«Benvenuta!» disse. «Ho preso la giornata libera in caso le servisse una tazza di tè o un posto tranquillo per cambiare la bambina.»

E così, nel corso dei mesi successivi, Bill diventò mio amico, passeggiando il pomeriggio con Verity e me, spingendo il passeggino mentre percorrevamo le vie familiari di Hawthorn.

Avevo deciso di non esporre Verity a relazioni passeggere. Pensavo che rimanere single fosse la cosa migliore per tutti. Ma ogni tanto sorprendevo Bill a guardarmi in un modo che mi innervosiva. Alla fine, un giorno gli dissi che non ero la persona giusta per lui e che non volevo perdere la sua amicizia per guadagnare un amante. Lo esortai quindi a partire per il viaggio oltreoceano di cui mi aveva parlato.

«Trovati una bella bionda svedese, o una sventolona nelle isole greche» gli dissi. «Hai bisogno di una ragazza senza bagaglio.»

Una settimana dopo, Bill partì per un viaggio di due mesi, abbracciando Verity e me con calore e un po' di tristezza. Quasi immediatamente capimmo che era un errore!

«Non dovrei essere qui da solo; tu e Verity dovreste essere con me» disse al telefono.

E il resto, come si dice, è storia.

26

TOC TOC, CHI SEI DAVVERO?

Non avevo mai basato la mia attività umanitaria su precetti religiosi; semmai avevo fatto di tutto per evitare di integrare i progetti che mettevo in piedi con associazioni confessionali, perché ritengo che la più malvagia delle azioni umane sia definire il valore di una persona in base alla sua fede. In Africa, nei Balcani e a Timor Est mi ero rifiutata di etichettare la gente secondo il suo credo e mi spaventava la prospettiva di un pianeta separato dal credo religioso.

Stavamo forse andando verso un mondo diviso fra noi e loro, musulmani e cristiani, e in tal caso, quale sarebbe stato il ponte?

E una riunificazione con Iddin e Shahirah era ora più lontana che mai?

Poi venne l'11 settembre. Non potei far altro che sperare che l'integralismo non avesse alcun ruolo nell'istruzione islamica che Shah e Iddin stavano ricevendo nella loro casa musulmana.

Natale venne e passò. Mi ero divertita ad addobbare l'albero di Natale, e a vedere gli occhi di Verity che brillavano di felicità ed eccitazione ogni volta che una palla o una decorazione veniva scartata con cautela e appesa al suo posto. In cima all'albero, come sempre, posai la fatina che avevo realizzato con Iddin e Shahirah tanti anni prima.

«Shasha» disse Verity, porgendomi una piccola cornice con la fotografia di Shahirah.

La fissai a un ramo, poi mi voltai di nuovo quando Verity mi tirò la gonna.

«Iddin» insistette imperiosamente, tendendomi fiduciosa la fotografia del fratello.

Verity sapeva bene chi erano: la casa era piena di immagini di Iddin e Shah e io le avevo raccontato fin dalla nascita storie della loro infanzia. In quel momento provai una fitta di amarezza; in quel periodo dell'anno sentivo particolarmente la mancanza dei ragazzi più grandi.

Chinandomi a prendere un altro ornamento, mugolai sentendo scalciare il bimbo che portavo in grembo. Accarezzai il piedino che spingeva contro il mio fianco. A sei mesi, era una gravidanza più facile di quella di Verity, ma dovevo ancora fare attenzione al cuore. Il bambino sarebbe nato alla fine di aprile ed era un sogno divenuto realtà per Bill e me. Avevamo deciso fin dall'inizio che non volevamo che Verity restasse "figlia unica"; i suoi fratelli in Malesia erano molto più grandi, e anche se fossero tornati l'indomani, logicamente non sarebbero stati dei compagni di gioco per lei.

Questa volta la maternità fu meravigliosa e sorprendente – anche se devo riconoscere che ero sempre esausta.

Mi accomodai sulla sedia davanti al computer e mi collegai a internet. Aprii la casella di posta della Rete delle Braccia Vuote, quella riservata al sostegno nei casi di rapimento di minori. L'account non riportava il mio nome come destinatario.

Nella casella c'era un'e-mail di un mittente che si definiva "l'amoreèunillusione", e recava come oggetto «Potete aiutarmi a trovare mia madre?». Un po' incuriosita, cliccai sul pulsante Apri, pensando che si trattasse della vittima di un rapimento, magari in un altro Paese.

Per poco non caddi rovesciando la sedia!

L'e-mail sosteneva di venire da mia figlia, Shahirah. Qualcosa in quel messaggio – niente di specifico, solo una sensazione – lo rendeva diverso dagli altri; il tono era rispettoso e sembrava non celare secondi fini.

Era solo l'ennesima truffa? Rilessi il messaggio, questa volta più lentamente:

> Mi chiamo Shahirah e sto cercando di contattare mia madre, Jacqueline. Vorrei parlare con lei e spero che voi siate in grado di aiutarmi. Mio fratello e io siamo stati rapiti dall'Australia molto tempo fa e ho avuto questo indirizzo e-mail da *********.
> Cordiali saluti
> Shahirah.

Per quanto cercassi di impedirmelo, ero sonvolta al pensiero che questa volta potesse davvero essere Shahirah. Cercai disperatamente di controllare le mie emozioni, e il bambino si agitò nella mia pancia, reagendo alla mia iniezione di adrenalina.

Chiamai Bill perché venisse a leggere l'e-mail. Molto più scettico di me, non era convinto, ma pensava che valesse la pena di fare ulteriori indagini, se credevo che potesse esserci una possibilità che fosse vera.

Tremante, telefonai immediatamente a Judith Curran, in Nuova Zelanda, e le dissi ciò che stava accadendo. Per semplice istinto di conservazione, dovevo rimanere scettica e pensare attentamente a come rispondere al messaggio, di chiunque fosse.

Judith si offrì di fare da intermediario tra questa nuova "Shahirah" e me. Stabilimmo che avrebbe mandato una spiegazione via e-mail a questa persona, e anche una lista di domande cui solo la vera Shahirah avrebbe saputo rispondere.

Mi misi subito a lavorare sulla lista, attenta a non includere nessuna domanda di cui avessi svelato la risposta durante le migliaia di interviste che avevo rilasciato dopo il rapimento di Iddin e Shahirah. Nessuna delle risposte esatte, inoltre, doveva essere contenuta nel mio primo libro.

Quando ebbi steso il mio elenco, lo controllai e ricontrollai per accertarmi che fosse inattaccabile. Queste furono le domande che scelsi:

– Qual era il colore della zanzariera di Shahirah?
– Come si chiamava la sua bambola reversibile? (In alternativa, descrivila.)
– Ricordi quale lingua studiava Shahirah a scuola in Australia?
– A Shahirah piaceva dormire nel suo letto? Puoi descriverlo?
– Shahirah ricorda la sua ultima festa di compleanno?

Col cuore in gola, richiamai Judith e le feci creare un nuovo account col nome "Cioccolatino" – sono cioccolato-dipendente, in fondo, e mi sembrava un nome fortunato – per inoltrare le mie domande a "l'amoreèunillusione".

Dio mio, mormorai tra me e me, se questa è Shahirah, cosa le è accaduto per spingerla ad adottare un'etichetta così cinica a soli diciassette anni?

Col fiato sospeso incrociai le dita di mani e piedi, non potevo incrociare le gambe, la gravidanza era troppo avanti. Passarono tre giorni. Fingevo di non essere agitata, ma in segreto lo ero, e ogni giorno consultavo continuamente la mia casella di posta.

Eravamo alla fine di gennaio, e si stava avvicinando il compleanno di Iddin. Mi chiesi se la mia cartolina di auguri e il mio regalo sarebbero arrivati, o se magari l'anniversario potesse indurre lui a contattare me. Mi resi conto che da tre ore non consultavo la mia posta elettronica. Ancora una volta, con trepidazione, mi sedetti davanti al computer. Judith mi aveva mandato un'e-mail.

Cara Jack,
ho ricevuto questa e-mail oggi pomeriggio tramite l'account Cioccolatino. Incrocio le dita sperando che sia positiva. Fammi sapere.
Baci Juju

Aprii l'allegato con dita tremanti e tanta segreta speranza, e ne scorsi il contenuto.

A Cioccolatino
La mia bambola preferita era una bambola che rovesciata diventava un dolcetto al profumo di fragola.

Quando lessi la frase iniziale cominciai a tremare e un enorme singhiozzo mi sfuggì dal cuore in tumulto: non riuscivo a leggere il seguito del messaggio per via delle lacrime. Nessun estraneo poteva sapere che a cinque anni Shah non andava da nessuna parte senza avere in tasca quella che io chiamavo la sua “bambola muffin”. Era una figurina lentigginosa con un’ampia gonna fatta di gomma che somigliava a una crinolina e quando Shahirah la capovolgeva, la bambola diventava un dolcetto. Profumava di frutta.

Versando lacrime sulla tastiera, passai alla risposta successiva.

> La mia zanzariera era coloratissima, di un rosa acceso, e me l’aveva cucita mia madre.

Avevo reagito con rassegnata ilarità quando nel negozio di stoffe Shahirah, quattro anni, aveva contestato la delicata sfumatura di rosa che avevo proposto. «No, mamma, voglio quella rosa shocking» aveva insistito la mia bambina innamorata del rosa. La zanzariera era così sgargiante che in famiglia dicevamo scherzando che ci volevano gli occhiali da sole per guardarla, e che quel colore avrebbe svegliato Shahirah nel cuore della notte!

> Credo di aver studiato l’italiano, ma non ne sono sicura.

Era proprio l’italiano! La situazione era surreale: stava davvero accadendo questo, undici anni e mezzo dopo che me l’avevano rapita?

> Il mio letto era molto alto, non era un letto a castello, ma aveva le gambe più alte di mia madre, e ci salivo con la scaletta.

Nessuno avrebbe saputo descrivere quel letto senza averlo visto. Iddin ne aveva uno uguale, ma sceglieva sempre di dormirci sotto, su un materasso, in modo che il nostro cane potesse accucciarsi accanto a lui di notte. Non era mai stata pubblicata una fotografia che mostrasse la sua strana configurazione, e anche se fosse accaduto, sarebbe stato scambiato per un letto a castello.

Quando arrivai alla domanda sulla sua ultima festa di compleanno, ero ormai convinta che fosse Shahirah!

> Andammo al Plaster Fun House a dipingere, credo che piovesse.

Rilessi l'e-mail un'infinità di volte, singhiozzando di felicità e di sollievo. Finalmente convinta che non stavo sognando, andai a cercare Bill e gli dissi tutto. Lui mi fece un serrato interrogatorio mentre piangevo. Ero sicura che nessun altro potesse conoscere le risposte? No, lo rassicurai, solo Shahirah e Iddin.

«È meraviglioso, tesoro, cosa vuoi fare adesso, e dove li metteremo?»

Scossi la testa, non ne avevo la minima idea; Shahirah non aveva fatto parola di voler tornare in Australia. Non sapeva nemmeno che fossi io. Ero un po' spaventata adesso; volevo fare una buona impressione: era come un appuntamento al buio con una figlia che non conoscevo più.

Decisi di mandarle una e-mail il mattino dopo. In quel momento dovevo preparare la cena a Verity e metterla a letto. Ma soprattutto, dovevo raccogliere i miei pensieri e ragionare su tutta la faccenda.

Quella notte feci un sonno sereno e profondo, anche se quando sognai Shahirah lei aveva uno spazio vuoto in corrispondenza del volto, e un corpo piuttosto informe. Ma sapevo che era lei: aveva in mano la sua bambola muffin ed era vestita di rosa acceso.

27

IL SOLE SPUNTÒ FUORI

La sigla di apertura del programma per bambini della ABC, *Play School*, filtrò attraverso la porta dello studio. Per mezz'ora almeno Verity era occupata; la babysitter elettronica era un dono del cielo dopo quella nottata.

La mia prima mossa fu creare un nuovo indirizzo e-mail col nome "cioccolato delizioso" da cui non si potesse risalire a me – mi rendevo conto che le e-mail di Shahirah potevano essere controllate e non volevo compromettere la sua sicurezza. Poi mi appoggiai allo schienale e fissai lo schermo del computer, scoraggiata.

Mezz'ora per scrivere una delle lettere più importanti della mia vita, a una figlia nata dal mio ventre di cui non sapevo quasi niente e che probabilmente era stata educata a odiarmi a tutti i livelli possibili e immaginabili. Undici anni di nostalgia, speranza e amore da incapsulare in un'unico messaggio elettronico.

Sapendo che quella poteva essere l'unica opportunità che avevo di comunicare con la mia figlia adolescente, feci un respiro per schiarirmi le idee, poi un altro. Quel continuo rimandare mi paralizzava. Quella era l'unica lettera che Shahirah *avrebbe* sicuramente ricevuto, dopo tanti anni di isolamento. Ma esisteva anche la possibilità che quella lettera, anche se non fosse stata intercettata, potesse comunque non essere del tutto privata, visto che non sapevo affatto se Shah si confidasse con suo padre. In un certo senso quello era un test, ma non avevo la più pallida idea se l'avrei superato.

Non c'è problema, sarà facilissimo, non ti innervosire; scrivi semplicemente la lettera migliore che tu abbia mai scritto e togliti il pensiero. Eppure esitavo. «Il sole spuntò fuori, la pioggia si asciugò, e il ragno sulla gronda a salir ricominciò» dicevano le parole della filastrocca infantile. Sentii Verity che batteva le mani felice in soggiorno. Questo mi scosse dal torpore generato dalla mia insicurezza. Avevo cantato quella stessa filastrocca a tutti e tre i miei figli, mimando sul mio braccio il ragno che risaliva la grondaia. Era mia figlia quella con cui stavo per mettermi in contatto; certo, poteva decidere di non rispondere, ma da qualche parte dentro di lei doveva esserci la bambina che guardava rapita sua madre mimare la pioggia che cadeva e il sole che splendeva, solo per farla ridere.

Mi feci forza e cominciai a scrivere, dicendole quanto l'amavo e quanta gioia avevo provato scoprendo che le risposte al test di Judith erano corrette. Sentivo la profonda necessità di farle sapere che non avevo mai smesso di provare a contattare lei e suo fratello, e che avevo una gran voglia di sentire la sua voce da adulta e sapere com'erano lei e Iddin.

Non era quello il momento di fare recriminazioni contro suo padre, quindi rimasi circospetta su quel fronte.

Cosa le piaceva fare, quali erano i suoi hobby, che musica ascoltava, il rosa era ancora il suo colore preferito? Iddin aveva ancora quella chiazza bionda dietro la testa? Le domande si susseguivano, una dopo l'altra.

E poi, detti sfogo alle mie emozioni.

> In ogni caso, non posso e non voglio fingere di essere altro che me stessa, tua madre, coi miei pregi e i miei difetti. Ti ho voluto bene e ho sofferto per la tua assenza con tutto il mio cuore e la mia anima per tanti anni... Ti voglio bene un milione, un miliardo, un'infinità di volte, e te ne vorrò sempre.

Aggiunsi che non volevo suscitare l'interesse della stampa e che temevo molto che la nostra comunicazione privata scatenasse un nuovo circo mediatico. Spiegai che da qualche tempo mi rifiutavo di concedere interviste su temi personali perché preferivo vivere in pace, e speravo che lei la pensasse allo stesso modo.

Poi proseguii descrivendo la villetta a schiera in cui vivevamo e il giardino.

Decisi di non accludere il mio numero di telefono perché non volevo fare pressione su Shahirah, mettendola in situazioni che potevano rivelarsi emotivamente troppo gravose per lei. Speravo solo con tutta me stessa di ricevere una risposta. Cliccando sul pulsante di invio, mi imposi di alzarmi dalla scrivania e di uscire dalla stanza con un rapido sguardo al computer alle mie spalle.

Nelle ventiquattr'ore successive feci del mio meglio per concentrarmi sulle faccende immediate e tenere la mia mente riottosa lontana dall'etere. La povera Verity avvertì la mia preoccupazione e pretese una razione addizionale di coccole.

Come se non bastasse, accusai delle contrazioni premature e nel cuore della notte andai al reparto maternità per controllare le condizioni del bambino. Esausta e con l'ordine tassativo di rimanere a letto – cosa ridicola per la mamma di una bambina vivace – non riuscii a controllare le mie e-mail fino al pomeriggio successivo, ancora una volta grazie a *Play School*.

Chiudendo gli occhi, soffocai le mie aspettative, ma nel mio cuore speravo in un miracolo. Mi dissi che Shah e Iddin vivevano in un contesto religioso e culturale tanto diverso dal mio. Forse Shahirah stava facendo un piccolo atto di ribellione, e avrei dovuto accontentarmi di quel contatto iniziale. Doveva essere già un bel salto per una ragazza allevata nella famiglia reale che avevo conosciuto e rifiutato. Forse la prima e-mail era solo una manifestazione di curiosità adolescenziale, che sarebbe crollata di fronte alla realtà di un contatto diretto.

Agitata da complesse e contraddittorie emozioni, spostai il cursore sullo schermo e aprii la casella della posta.

Le mie mani si misero a tremare. C'era una risposta alla mia e-mail a Shahirah:

> Adorata mamma, sì sono proprio io, la tua Shah, e ti voglio bene. Mi sei mancata TANTO...

Non c'ero più, mi ero sciolta in lacrime mentre cercavo di leggere il seguito di quella preziosa comunicazione. Il ferreo controllo cui avevo fatto ricorso così spesso nei dieci anni passati mi abbandonò, e non potei far altro che aggrapparmi al filo di speranza che mi trascinava verso il cielo. I muscoli del mio viso erano indolenziti per il largo sorriso ebete che avevo mentre piangevo. Mi aveva chiamato mamma e diceva che mi voleva bene e che le ero mancata, nessun messaggio avrebbe mai potuto eguagliare quelle righe iniziali per me. Mentre scrivo questo capitolo, mi rendo conto che il ricordo del giorno in cui ricevetti la prima risposta da Shahirah mi strappa ancora un sorriso di gioia – non posso farne a meno, gli anni svaniscono e io torno a quel momento.

Trovai Bill in giardino; non osai nemmeno informarlo sottovoce per timore che qualcuno origliasse. Lo trascinai in casa e piansi fra le sue braccia, poi lo misi davanti al computer e gli chiesi di leggere, senza riuscire a staccarmi da lui, tanto era intenso il mio bisogno di essere abbracciata in quel momento.

Solo dopo aver riletto varie volte l'e-mail di Shah mi accorsi che aveva allegato delle fotografie di se stessa e di Iddin. Sopraffatta dall'emozione, scoppiai di nuovo in lacrime vedendo i miei figli per la prima volta da undici anni. Fu un'esperienza sconvolgente: erano i miei bambini inseriti in corpi adulti e li trovai incredibilmente belli. Shahirah commentava ognuna di quelle immagini confuse. Ce n'era una in cui non portava il velo, in modo che potessi vedere il colore dei suoi capelli e com'erano cresciuti.

Ricordo che in qualche punto del testo lessi che ora il suo colore preferito era il verde. Il semplice fatto di conoscere questa predilezione mi riempì nuovamente gli occhi di lacrime. Provai una punta di irritazione per le mie reazioni, ma subito la scacciai per godermi semplicemente quel momento di felicità.

> Mi hanno detto in segreto che somiglio a te e che abbiamo lo stesso colore di capelli. Ti somiglio davvero? Spero proprio di sì!!

Una snella adolescente dagli occhi innocenti, con la luminosa bellezza della gioventù, mi guardava dallo schermo. Riconobbi tracce del mio viso in quella fotografia, ma Shah era Shah, e non aveva bisogno di paragoni con la sua mamma adorante.

Shahirah aveva anche acclusa un'immagine di suo fratello scattata appositamente da dietro: sì, aveva ancora quella chiazza bionda naturale, quella con cui era nato.

Quello fu un altro shock, perché, a vent'anni, Iddin si era trasformato nell'immagine di mio padre. Via le lunghe gambe ossute, le braccia e il corpo magri come stecchini; al posto del ragazzino goffo c'era un giovane uomo robusto, bello, un po' serio, e pienamente adulto. E aveva la barba!

Questo superava ogni mia speranza, perché anche se le cose fossero andate male e il contatto si fosse di nuovo interrotto, adesso avevo le fotografie, finalmente sapevo che aspetto avevano i miei amati figli, e a tutta evidenza erano entrambi più alti di me!

Iddin mi mandava il suo affetto, scriveva Shahirah, ma era un po' timido e diceva che avrebbe scritto presto. Potevo darle il mio numero di telefono in modo che lei potesse chiamarmi quando ne avesse avuto occasione?

«Ma certo» scrissi nella mia risposta, traboccante d'amore e di meraviglia. Con tutta la sensibilità di cui ero capace informai Shahirah dell'esistenza di Verity e del mio matrimonio con Bill. Inclusi notizie di persone che speravo ricordasse ancora, e aggiunsi una serie di dettagli per stimolare la sua memoria e alleviare il suo imbarazzo nel nostro rapporto.

Ma c'era ancora una piccola questione da affrontare.

«Tuo padre sa che mi hai contattato?» scrissi.

In fondo al mio cuore ne dubitavo fortemente, e temevo istintivamente la sua reazione se l'avesse scoperto.

Ma per quel momento e per quel giorno, mi concessi il lusso di sentirmi pienamente madre di due figli adulti e di una bambina. Abbracciai Verity piena di gioia finché lei non strillò e scappò via.

Che giornata straordinaria! In pochi minuti la mia vita era cambiata. Dopo tutti quegli anni, avevo informazioni concrete sugli individui che i miei figli perduti erano diventati.

28
TECNOLOGIA E GUARIGIONE

«Mamma!» mi disse una voce di donna su una linea molto disturbata. «Ciao mamma, sono io, la tua Shah.» Parlava con una cadenza musicale, lievemente incerta e interrogativa.

«Shah? Oh mio Dio, Shah! Sei proprio tu? Hai una voce così adulta, tesoro» fu tutto ciò che riuscii a balbettare prima che la diga cedesse e riuscissi solo a singhiozzare.

«Oh, non piangere, mamma, va tutto bene» mi consolò Shah. Di colpo ero invasa da mille pensieri assurdi e complicati: dispiacere perché non avevo riconosciuto la voce di mia figlia; sollievo perché uno dei miei ardenti desideri si stava realizzando; panico perché non sapevo cosa dire a quella sconosciuta.

Non c'era motivo di preoccuparsi. Quando ripresi il controllo, cominciammo semplicemente a parlare, con imbarazzo, certo, ma fu meraviglioso. Mi rendevo conto che dovevo affrontare quella prima telefonata con onestà, ma anche con tutta la disinvoltura che riuscivo a trovare dopo undici anni, sei mesi e quindici giorni che non vedevo mia figlia. Sta' calma, insisteva una vocina dentro di me. Maledizione!

Shah sembrava fantastica, intelligente e ingenua allo stesso tempo, perspicace, eccitata e turbata, tutto questo si sentiva in sottofondo nella sua voce. Undici anni di separazione da me, di decisioni prese per lei avevano lasciato il segno, c'era una certa fragilità nella nostra conversazione, come se lei e io dovessimo ancora venire a patti con la nuova realtà.

Razionalmente, sapevo di aver vissuto una vita completamente nuova dopo il rapimento, e lo stesso valeva per Shah. Non avevo più autorità su di lei; erano passati i giorni in cui lei aveva sei anni e io ero la sua mamma superimportante, dovevo tenere presente tutto questo mentre parlavamo e piangevamo e riprendevamo a parlare.

Cercai di mantenere un tono normale e fallii miseramente. Ma evidentemente qualcosa di buono lo feci, perché in qualche modo il nostro incerto rapporto sbocciò. Facemmo entrambe un atto di fede quel giorno, e ognuna di noi cominciò a occupare un posto, sia pure piccolo, nella vita quotidiana dell'altra. Per me la presenza di Shahirah era una costante – lo era stata fin dal giorno della sua nascita – ma dovevo continuare a ripetermi che per lei probabilmente io non ero altro che un piccolo segreto in una zona intima dei suoi pensieri.

Per anni, in privato, ero stata convinta che i miei figli sarebbero tornati a trovarmi una volta adulti, ma non mi aspettavo niente prima che raggiungessero più o meno l'età di ventisette anni. Avevo dovuto ragionare calcolando freddamente gli anni di scuola e aggiungendo il tempo perché avviassero una carriera o un matrimonio, trovassero la propria voce e si liberassero della presenza e del controllo pervasivo del padre. Sì, avevo pensato, ventisette anni sarebbe stata un'età giusta per realizzarsi nella famiglia reale di Terengganu.

Ora capivo che avevo sottovalutato le prospettive aperte da internet, e avevo doppiamente sottovalutato l'audacia di Shahirah. A tutta evidenza era proprio mia figlia, dopo tutto, una fonte di seccature per suo padre e per le matrigne che lui aveva appioppato ai miei figli. Ammetto che provai una punta di soddisfazione da questa constatazione.

Quale straordinaria nuova dimensione la tecnologia ha dato al mondo! Ero stata cancellata dalla loro vita, e loro dalla mia, ma, navigando su Google, Shah era riuscita a trovarmi da sola. Aveva saputo del mio lavoro umanitario e delle altre attività. E ora, con la privacy del suo nuovo cellulare personale con tessera prepagata, che non poteva essere rintracciato o controllato da altri, si apriva per noi un'intera gamma di possibilità.

Privacy e segretezza erano le mie principali preoccupazioni. Ero costretta a mantenere il silenzio col mondo esterno su quello sviluppo così felice. Shah era ancora ben lontana dall'essere considerata un'adulta in Malesia. Lì si diventava maggiorenni a ventun anni, e anche allora i margini di manovra di un membro della casa reale islamica erano estremamente limitati. Anche Iddin non era ancora adulto per la legge. Dio solo sapeva cos'avrebbe fatto il padre se avesse saputo di questo contatto, visto che durante la mia conversazione con Shah riuscii a capire che sarebbe stata una vera catastrofe. La mia paura maggiore era che Shah fosse costretta a sposarsi e scomparisse nel grande abisso della famiglia reale.

Dopo la mia prima telefonata con lei, stesi un elenco delle persone che sentivo di potere informare in tutta sicurezza. Non che non mi fidassi dell'ampia cerchia dei miei amici, ma tutti quelli a cui ne avessi parlato avrebbero potuto lasciarsi sfuggire nel loro entusiasmo questo meraviglioso sviluppo per la mia famiglia... e alla fine la notizia sarebbe potuta arrivare alla stampa per gioia ed eccitazione, non per malafede.

Sue McArthur fu la prima della lista. Era madrina di Shah. Ero ancora addolorata dalla morte improvvisa di suo marito Rob, padrino di Shah e Iddin, e dal fatto che ciò fosse accaduto durante la guerra in Kosovo impedendomi di assistere al suo funerale. Sue conosceva Shah fin dalla nascita e amava lei e Iddin sinceramente e incondizionatamente. Scoppiò in singhiozzi di gioia quando le diedi la buona notizia, ammonendola subito dopo: «Non dirlo a nessuno, sarebbe troppo pericoloso per Shah». La mia cara amica comprese i potenziali rischi così bene che nascose la novità ai suoi due figli, Nick e Ben, giovani uomini che erano praticamente cresciuti coi miei figli e si consideravano loro cugini.

La seconda fu Patsy, che per fortuna abitava in Belgio. Sapevo che avrebbe compreso la mia emozione, e non avrei avuto bisogno di molte parole con lei, avrebbe riempito i vuoti da sola. Poi Barry Goodman, il mio caro amico che era tornato a vivere a Londra. Tony Williams ci aveva presentato a un pranzo, sospettando che saremmo andati perfettamente d'accordo. Il risultato fu che Barry e io condividemmo libri, chiacchierate e fiducia reciproca. Barry è dotato di uno straordinario buonsenso e di un istinto infallibile per tagliar corto sulle stupidaggini. Fu lui a portare per la prima volta Verity al ristorante e in una galleria d'arte quando aveva solo otto giorni, con me al seguito. Era un magnifico padrino per Verity e avrebbe fatto da padrino anche al nuovo nato. Naturalmente sussurrai la notizia a Deb Gribble, un'altra sorella per me; mi aveva sostenuto nelle ore e nei giorni bui dopo il rapimento e voleva molto bene a Shah – anche lei pianse. Quando chiamai Judith Curran in Nuova Zelanda per aggiornarla, lei era in procinto di prendere un aereo per girare un documentario in qualche posto esotico, e crollò di colpo sulla sedia, sciogliendosi in un misto di lacrime e risa. Sempre concreta, la prima cosa che mi disse una volta ripreso il controllo fu: «Vuoi che vada laggiù oggi stesso e ti aiuti a portarla a casa? C'è qualcos'altro che posso fare?».

I miei amati padrini, zia Connie e zio Kevin, che sono stati più una madre e un padre per me, risposero al telefono nella cucina della villetta a schiera in cui si erano trasferiti dopo aver venduto la loro fattoria. «Che splendida notizia, mia cara» disse zia Connie. «Abbi cura anche di te, non solo dei tuoi figli. Vi vogliamo bene.»

L'alta ed elegante Heather Brown scoppiò in lacrime davanti all'acquaio della cucina quando la misi al corrente. «Accidenti,» singhiozzò «non posso crederci! Non possiamo dirlo a nessuno; ho vissuto in Malesia, conosco i vostri problemi. Oh, è meraviglioso, non riesco a smettere di piangere.»

Avrei voluto che il mio caro agente, Tony Williams, fosse ancora vivo per confidarmi con lui, ma una forma aggressiva di cancro se l'era portato via all'improvviso solo tre mesi prima. Mi sembrava di sentire la sua voce roca e strascicata nell'apprendere la notizia: «Va' fino in fondo, mia cara, va' fino in fondo. Hai forse altra scelta?».

Esausta al termine di una giornata molto emozionante, andai a letto con Verity che dormiva fra le mie braccia e caddi in un sonno profondo di beata e assoluta felicità. Verso l'alba, però, il soffio gelido della paura si insinuò nella mia stanza. Mi drizzai a sedere accanto a Bill e sciolsi Verity dal mio abbraccio.

Avrei dovuto dissimulare, d'ora in poi. Avrei dovuto aggirare la verità di fronte all'inevitabile domanda: «Hai parlato coi tuoi figli?».

Come potevo sottrarmi a questo interrogativo innocente ma insidioso?

Fu allora che elaborai la mia strategia, la tattica che mi avrebbe tolto dagli impicci, una risposta standard che avrebbe soddisfatto i curiosi. Ogni volta che mi fosse stata posta quella domanda, avrei abilmente cambiato argomento, proprio come fanno i politici e i diplomatici di tutto il mondo.

«Vorrei poterli abbracciare, ecco tutto. Dopo tutti questi anni, non posso che immaginare come sarebbe bello abbracciarli. Preferisco non parlarne in questo momento perché scoppierei a piangere. Sono certa che capirai.» A conclusione del mio discorso avrei posato la mano sul braccio del mio interlocutore in segno di ringraziamento, mettendo fine all'interrogatorio e cambiando subito argomento.

Non era una vera e propria bugia, mi dissi con voce tremante; significava dire la verità evitando di rispondere alla domanda. Ma soprattutto, e questa doveva essere la mia preoccupazione principale, era un modo di proteggere i miei figli. Loro dovevano venire prima di tutto, prima di tutti i miei scrupoli, della stampa e dell'interesse del pubblico.

Scoprii però che era tutt'altro che facile, e quindi Bill e io cominciammo a limitare i nostri impegni sociali alle occasioni importanti, come battesimi o matrimoni, o a piccole riunioni con gente informata sui fatti. Fu un'enorme fatica mantenere quell'immenso segreto, ma ne valeva la pena per il bene dei miei figli e i passi incerti che stavano compiendo.

All'inizio il mio contatto con Iddin fu molto più complicato di quello con sua sorella. In qualche modo, con Shah era stato facile abbandonarsi a chiacchiere femminili.

Per fortuna sapevo che molti giovani uomini e molti adolescenti trovano difficoltà a tradurre in parole le loro emozioni, e avevo motivo di credere che, nel caso di mio figlio, la situazione fosse ancora più grave. Pur essendo nell'età in cui la maggior parte dei giovani nella società occidentale lotta per liberarsi dalle pastoie dei genitori, Iddin era stretto nella sfera di influenza del mio ex marito.

Piuttosto timido da piccolo, Iddin era stato inoltre un bambino cauto, che raramente si lanciava in un'attività senza prima calcolare le sue possibilità di portare a termine il compito con qualche successo. Era sempre stato un tipo riflessivo, che ruminava a lungo sui problemi e sulle loro soluzioni, quindi potevo ben immaginare quale massa di complicazioni avrebbe scatenato la mia presenza nella sua vita così stabile. Volevo conoscere e capire il giovane uomo che era diventato, e mi rendevo conto che qualunque contatto avessi stabilito con lui avrei dovuto mettere bene in chiaro che lo consideravo un adulto.

Io, più di chiunque altro, gli dovevo rispetto, poiché

sospettavo fortemente che suo padre, con la sua abilità di regista e burattinaio, stesse ancora cercando di controllare ogni aspetto dell'esistenza del nostro figlio maggiore. Crescendo, un giovane intelligente ha bisogno di sapere che i genitori lo rispettano e lo considerano su un piano di parità. Senza la loro fiducia nel suo carattere e nel suo buonsenso, un figlio non può sviluppare autostima e sicurezza.

Prendendo il toro per le corna, telefonai a Iddin spronata da Shah – fu lei a darmi il numero. Sapevo che Iddin aveva avuto dei problemi con la parola scritta quand'era bambino, dato che gli era stata diagnosticata una leggera forma di dislessia. Quindi una rapidissima telefonata poteva essere il modo migliore per cominciare. E poi stava per compiere vent'anni, e non potevo perdermi un altro dei suoi compleanni.

Composi il numero del suo cellulare tre volte, chiudendo prima ancora che cominciasse a squillare, finché con lo stomaco sottosopra lasciai che prendesse la linea.

Velocità, precisione e amore erano i miei obiettivi. Avrei mai avuto un'altra possibilità?

Una voce rispose.

«Ciao Iddin, sono la mamma. Mi spiace disturbarti e non voglio assolutamente metterti in imbarazzo, ma volevo tanto sentire la tua voce. Ti voglio bene, mi manchi e mi dispiace tanto di non essere riuscita a riportarti a casa; ci ho provato, davvero, ma è stato impossibile.»

(Piccola pausa per prendere fiato.)

«Ti ho mandato regali e cartoline e lettere e non so se tu li abbia mai ricevuti. Volevo solo che tu sapessi che sono davvero fiera di averti come figlio e che ti vorrò sempre bene qualunque cosa tu scelga di fare nella vita.»

(Respiro affannoso e singhiozzo da parte mia.)

«Ok, ora chiudo, scusami per l'intrusione. Ti voglio tanto bene...»

«No, mamma, non chiudere! Mi spiace tanto di non averti scritto o telefonato dopo che Shah ha avuto il numero ma, mamma, non sapevo cosa dire o come scriverlo. Ho paura, mamma, e ti voglio bene anch'io!»

Fu la telefonata più goffa, disperata e confusa che abbia mai fatto. Un'ondata di pace profonda mi invase quando sentii dire da mio figlio che ero amata e ricordata. Per il momento bastava.

29

LYSANDER IL MAGNIFICO

Scoprire chi fossero individualmente i miei figli da adulti era della massima importanza per me. Dato che erano stati rapiti in coppia, era fin troppo facile considerarli insieme. Dovevo fare uno sforzo consapevole per concedere a ognuno una vera individualità. Le loro esperienze negli anni trascorsi, in relazione al loro sesso, ai risultati scolastici, all'obbedienza e all'adattabilità, dovevano essere state enormemente diverse. A poco a poco, attraverso le e-mail e le telefonate, avrei scoperto di più su ognuno di loro.

E nel frattempo vedevo Verity crescere e sbocciare, diventando una buffa personcina tutta sorrisi privi di imbarazzo, sicura del mio amore e di quello di Bill. Prese l'abitudine di fare il bagno alla bambola che le avevamo comprato per farle prendere confidenza con l'idea di un fratellino, e premeva la bocca contro la mia pancia parlando al bambino di colori, di cibo e di qualunque altra cosa le passasse per la testa. Aveva visto il video di un parto insieme a me e non ne era stata minimamente turbata; anzi, era eccitata da tutta la faccenda. Era contenta di sapere che si era formata nel mio ventre, e ricordava addirittura di quando la allattavo.

Anche Shah, da lontano, era affascinata dalle descrizioni dei movimenti del bambino dentro di me, e dalle fotografie del mio pancione e di Verity che le avevo spedito via e-mail. La mia gravidanza stimolò lunghe chiacchierate sui miei sentimenti per lei, sulla sua nascita e su com'era da bambina. A tutta evidenza era importante per lei sentire l'amore materno nella mia voce. Verity e Shah cominciarono addirittura a sviluppare un rapporto tutto loro. Facevano brevi conversazioni al telefono e Shah prese a chiamarla "V", il suo nomignolo speciale per la sorellina.

Il dolore si diffondeva in cerchi concentrici dalle mie reni. Abbandonando gli avambracci oltre il bordo del letto, mi dondolai mentre Bill mi massaggiava la schiena e Sue leggeva ad alta voce un articolo da un quotidiano. Era il 21 aprile 2003, un lunedì, e io ero in travaglio per la nascita del mio quarto figlio.

Verity era al sicuro dai nonni, la mamma e il papà di Bill, e sarebbe rimasta con loro fino alla nascita del fratellino. L'avrebbero viziata terribilmente, lo sapevo, perché erano follemente innamorati della loro nipotina, la prima della famiglia. Bill si lagnava ridendo che tutta la severità greca con cui era stato allevato lui svaniva completamente quando si trattava di Verity.

Passavano le ore e io camminavo e mi dondolavo, cercando di affrettare il parto. Poi telefonai a Shah in Malesia.

«Mamma! Hai già avuto il bambino?» strillò lei prima ancora che riuscissi a dire "pronto". Era completamente assorbita da quel momento e voleva una descrizione di come mi sentivo. Che situazione incredibile bisbigliare in segreto a mia figlia, mentre lei mi esortava a sbrigarmi a far nascere il suo fratellino!

Non sempre le cose vanno secondo i piani coi neonati, e così fu con la nascita di Lysander. D'istinto sapevo che c'era qualcosa che non andava: anche se le doglie crescevano pian piano di intensità, erano decisamente troppo poco dolorose. Dopo dodici ore di travaglio, le contrazioni erano a intervalli di 90 secondi e io riuscivo ancora parlare e scherzare e andare a spasso. A quest'ora avrei dovuto ritrovarmi quasi ammutolita dal dolore e avrei dovuto sentire l'impulso di spingere, ma il peso sul bacino non mi sembrava normale.

Il medico fece un'altro esame alla pelvi, e l'esito non fu buono. Il bambino aveva la testa piegata all'indietro e incastrata appena sopra il canale della nascita. Il suo battito cardiaco era ancora forte, ma il mio cuore mostrava segni di affaticamento. Partorire normalmente senza rischi con la testa che si presentava in quel modo era impossibile, data la debolezza del mio muscolo cardiaco. Bisognava praticare un taglio cesareo d'emergenza, la cosa che più mi faceva paura del parto.

Meno di venti minuti dopo mi trovai stesa supina su un tavolo operatorio, anestetizzata dalla vita in giù e dondolata e tirata mentre il dottore estraeva nostro figlio dall'incisione al mio ventre. Bill era alla mia sinistra, con la fronte sudata. Sapevo che temeva di svenire alla vista di tutto quel sangue. Ma poi fu travolto dall'emozione nell'attimo in cui Lysander Antonio spuntò dal telo chirurgico che mi copriva la pancia. Erano le 21.21 del 21 aprile.

Bill tagliò il cordone ombelicale e io ebbi il tempo di dare un bacio sulla fronte al piccolo Lysander mentre lui emetteva un robusto vagito.

Contenta e sollevata, scoppiai a piangere nel vago intontimento creato dai sedativi. Ma poi, di colpo, le cose si misero al peggio: ebbi un'emorragia.

Bill fu accompagnato fuori insieme a Lysander prima che avessi avuto il tempo di guardarlo bene, e l'équipe chirurgica si rimise al lavoro.

Due ore dopo, tutta suturata e imbottita di morfina, presi in braccio Lysander per la prima volta e lo ispezionai, con Bill in piedi al bordo del letto perché non potevo reggere il bambino senza aiuto. Era straordinariamente bello, ed enorme!

Lysander era il più grosso dei miei figli alla nascita, ben 3,9 chilogrammi e 62 centimetri di statura: avremmo dovuto cominciare a risparmiare per comprargli le scarpe, pensai. La circonferenza della testa era 37,5 centimetri e di colpo mi rallegrai di aver fatto un taglio cesareo.

Il bimbo aveva luminosi occhi azzurri e capelli biondi e le dita delle mani e dei piedi incredibilmente lunghe. Si attaccò al mio seno con gusto, emettendo piccoli grugniti di soddisfazione, prima di addormentarsi.

Bill mi porse il telefono: era Shah, che lui aveva chiamato per dare la notizia. Fu una conversazione emozionante; i sedativi stavano facendo effetto e io ero così felice che non riuscivo a far altro che piangere. A migliaia di chilometri di distanza mia figlia piangeva con me, e io rammentai la meraviglia provata alla nascita di tutti i miei splendidi figli, sperando di poterli presto presentare l'uno all'altro.

30

IMPENNATE E MONTAGNE RUSSE

La mia vita era all'insegna della leggerezza mentre mi tuffavo nella gioia immensa di fare da madre ai miei due figli più piccoli. Verity e Zan si volevano un bene dell'anima, quando non litigavano, come fanno i fratelli.

Verity aveva cominciato l'asilo ed era molto eccitata, e Lysander era un esserino felice e rilassato con riccioli biondi e occhi azzurri scintillanti. Se avesse potuto, Verity avrebbe disegnato o dipinto per tutto il giorno ed entrambi mi avrebbero costretto a leggere libri e fiabe in continuazione.

A volte non potevo impedirmi di pensare che tutto il mio mondo aveva iniziato a rimettersi in sesto da quando avevo vissuto la meravigliosa esperienza di essere di nuovo madre. Finalmente la mia vita era piena d'amore e di pace.

Man mano che i bimbi crescevano, cominciai a collaborare con qualche giornale e a prestare regolari consulenze ai corsi di addestramento per il personale consolare organizzati dal ministero degli Affari Esteri e del Commercio. Insegnavo ai diplomatici a trattare con sensibilità persone disperate come i genitori abbandonati che potevano contattarli per chiedere assistenza e guida. Curiosamente, avevo già svolto quel lavoro molti anni prima a Washington, per un governo straniero. I meccanismi del cambiamento spesso sono lenti in Australia, anche se in questo caso, lavorando col ministero, mi resi conto che un vento nuovo stava spazzando via tutta la grettezza e l'intrattabilità del vecchio. Ero orgogliosa della mia collaborazione col ministero e di quei cambiamenti.

Ormai lavoravo solo occasionalmente sul fronte del rapimento di minori da parte di un genitore – avevo rischiato un esaurimento nervoso per questo – ma con mia immensa soddisfazione, nel corso degli anni, alcune delle mie raccomandazioni erano state adottate dall'Unione Europea, dal ministero della Giustizia australiano, dal dipartimento del Lord Cancelliere in Gran Bretagna, dall'Associazione avvocati di famiglia a Hong Kong, da un gruppo di giudici americani specializzati in diritto familiare e, più di recente, dal ministero degli Affari Esteri australiano.

Anche Bill aveva fatto un cambiamento epocale, abbandonando la sua carriera di alto dirigente in una multinazionale delle telecomunicazioni. Pur avendo già una laurea scientifica, era tornato all'università per proseguire i suoi studi, appagando contemporaneamente la sua passione per l'edilizia e le costruzioni con la costituzione di una società in proprio. Aveva anche continuato a occuparsi di tecnologia facendo consulenze a grandi aziende interessate alla sua professionalità.

Avevamo deciso che ci serviva più spazio per la famiglia che cresceva e per dare a Shah e a Iddin la possibilità di venirci a trovare, se avessero voluto. Così Bill si mise a ristrutturare e ampliare la casa adiacente, di nostra proprietà, sostanzialmente costruendo una casa sopra la casa e trasformando abilmente una villetta vittoriana a un piano solo in una luminosa casa moderna con quattro camere da letto. Fece tutto da solo nel corso del 2005, con una squadra di operai, mentre io preparavo un pasto caldo per tutti ogni giorno. Anche Anton, il mio straordinario suocero, pur avendo superato la settantina insistette per lavorare al cantiere tutti i giorni. I suoi nipotini, Verity e Lysander, adorano il loro *Papoo* e godevano della sua presenza.

L'attività umanitaria mi mancava, ma partire all'improvviso per una zona di guerra o colpita da una catastrofe naturale quando hai una famiglia, e specialmente dei bambini piccoli, è impensabile. Dopo lo tsunami nel Sud-Est asiatico nel 2004, collaborai alla raccolta fondi per CARE, e fui contenta di poter contribuire nel mio piccolo alle attività di soccorso. Probabilmente avrò sempre un sussulto vedendo posti e persone che potrei aiutare se lavorassi ancora sul campo, e credo che questa parte della mia vita mi rimarrà sempre nel sangue. Né vorrei che fosse diversamente, perché spero che i miei figli ne trarranno insegnamento e saranno fieri di me per questo.

I contatti con Shah e Iddin diventarono sempre più frequenti, più ricchi e più intimi. Facevamo ogni sforzo per mantenere il segreto. Tenere per me questa magnifica notizia di fronte a persone in buonafede che chiedevano informazioni sulla nostra famiglia era una fatica quotidiana; io continuavo a ripetermi che i figli venivano prima di tutto, e mi mordevo la lingua.

A poco a poco, ebbi la soddisfazione di sapere che stavo diventando confidente di Shah e amica di Iddin.

Fu una grande emozione ricevere un sms da mio figlio che mi faceva gli auguri per la festa della mamma e mi diceva che ero la madre migliore del mondo. Un augurio di Natale o un semplice saluto era una benedizione. La pura gioia di un messaggino o di una telefonata per il mio compleanno dopo tanti anni era il mondo intero. Per tanto tempo avevo dovuto fingere di non provare fitte di invidia quando tutti intorno a me ricevevano queste testimonianze di normalità e di amore. Ora che mi erano state restituite, giurai di non dare mai più per scontato l'amore dei miei figli.

Shah aveva cominciato a studiare architettura all'università. Quel corso di studi non la appassionava, e mi dispiacque che non fosse incoraggiata a seguire la sua vera ambizione, o almeno le fosse concesso di scoprirla. Ma certe cose, come il velo e gli studi, erano evidentemente soggette alla volontà di suo padre.

Shah e io ci eravamo ormai trovate dei nomignoli l'una per l'altra. Shah adorava *Piccole Donne* di Louisa May Alcott, e anch'io avevo versato lacrime su quel libro tanto tempo prima. Parlavamo spesso della famiglia March, e io finii col diventare la sua "Marmee" e lei la mia "Jo".

Iddin, nel frattempo, era un giovane uomo che cercava di trovare la sua dimensione e la sua strada nel mondo. Fui molto orgogliosa di lui quando, verso la fine del 2005, trovò finalmente la sua voce e la sua passione – la fotografia – e decise di seguire il suo cuore invece che i dettami di suo padre. Ci voleva un bel coraggio per andare contro le aspettative della famiglia reale.

31

IL RAGNO SULLA GRONDA

«Mamma, devo andare a Londra e a Parigi con Abah [il padre] e gli altri ragazzi fra un paio di settimane, cosa faccio? Cinque di loro saranno affidati a me, perché le loro madri non vengono.» Shah si riferiva ai suoi fratellastri, i figli delle numerose mogli di suo padre.

"Buon Dio, cos'avrà voluto intendere con questa dichiarazione?" mi domandai.

I rapporti di Shahirah con suo padre erano molto variabili; non era sempre la figlia docile che lui pretendeva. I miei figli non avevano mai potuto viaggiare in modo indipendente; quella del passaporto era certamente una questione scottante, e tuttavia ora Bahrin stava proponendo a Shah un viaggio all'estero, sia pure in pieno inverno e agli antipodi rispetto al Paese dove viveva sua madre. A tutta evidenza Bahrin evitava accuratamente di fare il mio nome coi suoi figli, che non avevano mai potuto ricevere una lettera o un regalo da me in tutto quel lungo periodo; probabilmente era convinto che i suoi anni di indottrinamento e di ferrea disciplina mi avessero cancellato dalle loro menti. Non sapeva ancora che Shah e Iddin erano in contatto con me; se l'avesse saputo, gli sarebbe venuto un colpo. Dopo tutto, era l'uomo che pretendeva di scegliere gli abiti per mogli e figli in modo che si armonizzassero ai suoi!

Questa proposta a Shah era senza precedenti, e dentro di me formulai varie ipotesi. Forse Bahrin sperava di distrarla perché sospettava che fosse sempre più scontenta della sua vita angusta e irregimentata?

Shah e Iddin avevano entrambi dichiarato di voler tornare in Australia, ma per loro psicologicamente la rottura definitiva si stava dimostrando più dura di quanto tutti noi avessimo previsto. Venire a trovarmi significava ribellarsi apertamente al padre e a tutti i suoi insegnamenti. In una cultura basata sulla pietà filiale e sull'obbedienza incondizionata, sarebbe stata vista come una mancanza di rispetto, che avrebbe fatto perdere la faccia a Bahrin davanti ai suoi pari e anche al grande pubblico.

E poi, pensare di lasciare la Malesia era un incredibile atto di fede per Shah e Iddin: tutta la loro vita da adulti ruotava intorno a quel Paese.

Finanziariamente non ero ricca, e non potevo permettermi di aprire semplicemente il libretto degli assegni per garantire a Iddin e Shah una nuova vita. Potevo dar loro i soldi del biglietto, questo sì; vitto e alloggio, naturalmente; e infinito amore e accettazione senza riserve, ma non lo stile di vita e gli svaghi cui erano abituati. Nessuno dei due aveva mai lavorato; nella famiglia reale non si va a raggranellare qualche soldo da McDonald's dopo la scuola. Shah aveva dato qualche lezione per pagarsi piccole spese, ma non era quella la realtà della vita studentesca in Australia. Entrambi erano abituati a ricevere generose paghette da Bahrin, sia pure a certe condizioni. Come se la sarebbero cavati tornando in Australia?

Erano passati due anni dalla prima e-mail di Shah e, a volte, uno dei due si era sentito pronto a fare il salto verso la libertà e l'Australia, ma purtroppo mai entrambi nello stesso momento! Facevamo qualche passo in quella direzione, e poi l'uno non voleva partire senza l'altro e non era mai il momento giusto.

Con tono fintamente disinvolto, provai a dire a Shah che, se voleva, potevo aiutarla a tornare a casa da Parigi o da Londra, non doveva far altro che andare all'ambasciata australiana e loro le avrebbero dato assistenza. Per la legge australiana, le ricordai, lei era adulta e poteva fare quel che voleva. «Se vuoi che non mi metta in mezzo, non c'è problema» le garantii.

Incerta, lei cominciò a chiedere cos'avrebbe dovuto fare. Temeva di non essere capace di orientarsi a Parigi o a Londra da sola, quindi le diedi i numeri di telefono dei miei amici Patsy e Barry. Entrambi erano assolutamente affidabili, e se li avesse contattati avrebbero lasciato tutto per prenderla sotto la loro protezione. Barry viveva nel centro di Londra, e Patsy sarebbe corsa a Parigi in un batter d'occhio per aiutarla.

In due giorni di intense telefonate, Shah e io mettemmo a punto un piano. Se se la fosse sentita, dopo aver chiamato Patsy o Barry avrebbe tentato di lasciare l'albergo di Londra o di Parigi da sola, senza che suo padre se ne accorgesse. Oppure si sarebbe semplicemente nascosta in un camerino da Harrods o Printemps, dileguandosi.

Il mio passo successivo fu chiamare il ministero degli Esteri. Grazie al mio lavoro di consulenza, potei parlare direttamente col funzionario responsabile degli affari diplomatici. Loro entrarono in azione, avvertendo le varie rappresentanze oltreoceano e spianando la via.

Barry e Patsy furono informati e messi sul chi vive. Io incrociavo le dita e pregavo per un miracolo, ma tenevo a bada il mio entusiasmo e fingevo che non stesse accadendo niente di speciale.

Durante il viaggio di Shah in Europa ci trasferimmo nella casa appena ristrutturata. Era tutto a posto tranne la cucina e dovetti limitarmi a grandi grigliate più qualche frittura cucinata, pensate un po', sul barbecue. Per fortuna era estate.

Addobbando l'albero di Natale con Zan e Verity, appuntai la nostra fatina malconcia sulla punta e mi domandai se Shah sarebbe riuscita a vederla a Capodanno.

Natale si avvicinava. Barry mi chiamò due giorni prima delle vacanze, ero senza fiato per l'impazienza. Sì, Shah lo aveva chiamato col cellulare varie volte, ma poi era piombato il silenzio. Mi limitai a piangere per soli dieci minuti, chiusa in bagno. Davanti allo specchio, mi dissi, scherzando, che avevo avuto anni di delusioni. Era venuto il momento di rifarci l'abitudine. Anche se Shah aveva ancora la possibilità di mettere in atto il piano, sentivo istintivamente che non era ancora venuto il momento in cui avrei riabbracciato uno dei miei figli più grandi. Così tornai a occuparmi dei bambini, che stavano pasticciando con carte di Natale e nastro adesivo quando Barry, il loro padrino, aveva telefonato.

In seguito Shah mi spiegò che non se l'era sentita di lasciare le sue sorelline senza accompagnatrice, sole e disperate in un grande magazzino sconosciuto, e che era troppo spaventata per fare il grande salto. La rassicurai che era tutto a posto, che stava a lei decidere – non ero arrabbiata, le dissi. Le volevo bene comunque, da vicino e da lontano, senza se e senza ma, e non aveva importanza che comparisse o meno nel mio salotto. L'avrei vista se e quando fosse stato il momento giusto per lei.

32
VENNE LA PIOGGIA

Il 14 febbraio 2006, un martedì, iniziò in modo abbastanza normale. Da qualche giorno, Verity frequentava la scuola elementare, la stessa di Bill, appena svoltato l'angolo. Era un punto d'onore per lei seguire le orme di suo padre, come dichiarava volentieri a tutti quanti. Io non riuscivo ancora a capacitarmi di come passasse in fretta il tempo! Ormai Verity aveva quasi cinque anni e di colpo era una scolaretta.

Lysander non era esuberante come al solito, dato che qualche giorno prima si era sottoposto a un'anestesia generale e a tre ore di intervento chirurgico alla bocca e alla mascella per un problema ai denti. Un cd dei Wiggles riuscì a strappargli un sorriso e un po' di partecipazione, ma insisteva per guardare un dvd di *Thunderbirds*, dicendomi che aveva ancora troppa "bua" alla bocca per andare a giocare in giardino nella morbida luce del pomeriggio. Be', ci hai provato, pensai sorridendo tra me e me. Stavo cercando di convincerlo a giocare col suo trenino invece di guardare la televisione quando squillò il telefono.

«Mamma,» esclamò una voce tra i singhiozzi «voglio tornare a casa subito! Subito, mamma, ne ho abbastanza. Non ne posso più.»

«Shah, cos'è successo, tesoro? Cosa c'è? Stai male?» Ero in preda al panico.

«No, mamma, è solo che non posso continuare a fare architettura, non la sopporto, voglio tornare a casa e vederti, *adesso*!»

A poco a poco la calmai e cominciammo a ragionare su come potesse tornare a casa.

«Shah, hai ancora il passaporto malese che hai usato per il viaggio in Europa?»

«Ce l'ho, mamma, ma che succede se Abah lo ha fatto mettere sotto controllo e vengo fermata quando cerco di lasciare il Paese?» Suo padre poteva farlo, dato che Shah non era ancora maggiorenne per la legge malese.

Cercai di trovare le parole giuste, ma tutto quel che mi venne in mente fu: «Piccola, se vuoi venire a casa, faremo in modo che accada».

Era ancora turbata, ma sicura che questo era ciò che voleva; ora si trattava solo di elaborare un piano.

«Dammi tempo fino a domani mattina per organizzare le cose, ma comincia a prepararti fin da ora. Se non vogliamo che tuo padre scopra quello che stai facendo...»

«Non posso dirglielo» piagnucolò lei. «Sicuramente mi bloccherebbe e mi rimanderebbe a Terengganu, e non potrei più vederti e nemmeno parlarti. Lui non capisce» proseguì. «Non sono felice qui, e non posso fare architettura solo perché Abah vuole che io sia come lui. Devo vederti, mamma» disse ansimando, la voce rotta dai singhiozzi «voglio tornare a casa. Voglio essere me stessa.»

«Ok, tesoro» la consolai. «Per prima cosa devi capire che il modo migliore per andartene, se davvero credi che Abah possa aver messo sotto controllo il tuo passaporto, è passare dal Causeway.»

Il Causeway è il ponte che collega la penisola malese con la Repubblica di Singapore. Era a poche ore di macchina da dove viveva Shah. Decine di autobus e di automobili passavano il confine ogni giorno in quel punto, portando lavoro a buon mercato dalla Malesia alla ricca Singapore. Per Shahirah sarebbe stato più facile passare da lì che da qualsiasi altro posto. Era normale per i malesi andare in macchina a Singapore per una giornata di shopping; Shah avrebbe dato l'impressione di volere semplicemente far compere. Nel caso fosse stata scoperta, la cosa avrebbe suscitato meno sospetti se lei fosse stata senza bagagli: sarebbe sembrata solo una ragazza un po' disobbediente che voleva comprarsi qualche stupidaggine senza il permesso del padre. Il fatto che avesse ancora bisogno del suo permesso all'età di vent'anni mi mandava su tutte le furie. Era un'adulta; nemmeno io avrei dovuto controllarla.

«Dovrai attraversare il ponte nelle prime ore del mattino» dissi a Shah. «Hai ancora una guardia del corpo che ti segue?»

«No, non più, o al meno non mi sembra, non da quando vado all'università, ma Abah ha chiesto a un sacco di gente di tenermi d'occhio.»

«Ok, dovrai essere molto coraggiosa e organizzata e fare esattamente quel che ti dico, Jo. Non potrai dire a nessuno dove stai andando e non potrai portarti dietro nulla tranne uno zainetto, come se volessi passare la giornata fuori.»

«La mia amica sostiene che dovrei dire ad Abah che

voglio lasciare l'università. Dice che vuole accompagnarmi, ma io ho paura.»

«Credi che sia una buona idea, tesoro? Cosa pensi che accadrebbe se lo dicessi a tuo padre?» Maledii quell'amica ingenua con cui Shah si era già confidata, poi pensai che forse quell'amica sapeva cos'era meglio per loro.

«Non voglio parlare con Abah, ma voglio spiegare i miei piani a Iddin per vedere se vuole venire anche lui.»

«Ok, sta a te decidere, ma fallo in fretta, chiamerò anch'io tuo fratello.»

Prendendo fiato, le illustrai ulteriori dettagli del piano che andavo elaborando nella mia mente.

«Dovrai procurarti gli orari dei pullman da Kuala Lumpur a Johore o Singapore e dirmi quale pensi di riuscire a prendere. Hai dei soldi?»

«Credo di potermi pagare il biglietto dell'autobus, ma non di più, Marmee.» Cominciava a sembrare più calma, il che mi tranquillizzò un po'.

«Lascia perdere tutto il resto, procurerò io i biglietti da Singapore a Melbourne» la rassicurai. «Contatterò le autorità australiane e vedrò cosa possono fare per aiutarci.»

Riflettendo sui diversi fusi orari, calcolai rapidamente chi avrei dovuto chiamare prima.

«Ora devo andare. Tieni acceso il cellulare, ti chiamo dopo.»

Seguì un profluvio di telefonate al ministero degli Esteri a Canberra, e alcune intense conversazioni, fino alla fine della giornata lavorativa. Per fortuna avevo a che fare con Tracey Wunder agli Affari Diplomatici, e lei fece l'impossibile per aiutarmi. Partirono telegrammi per la nostra rappresentanza a Singapore, anche se io mi premurai di spiegare che tutto poteva saltare da un momento all'altro e che Shah era una persona molto emotiva.

Nel giro di poche ore fui in grado di richiamare mia figlia con un solido piano e un numero da contattare al consolato australiano di Singapore. Parlando a lungo col console, Ross Tysoe, fui colpita dalla sua calma e intelligenza, oltre che dalla sua umanità.

Per fortuna, secondo Shah, il mio ex marito era a Dubai per lavoro e quindi il rischio che si opponesse e le impedisse fisicamente di partire sembrava minore di quanto avessi temuto.

«Mamma, la mia amica vuole portarmi in macchina a Singapore per salutarmi» annunciò Shah, e ancora una volta soffocai la mia irritazione nei confronti di quella persona. In ogni caso, stava a lei decidere, e avrei accettato qualunque cosa pur di vederla attraversare sana e salva il ponte e arrivare al suo appuntamento a Singapore.

Era stato deciso che la cosa migliore fosse passare all'alba. Il personale dell'Alto Commissariato australiano era stato allertato, e la Qantas era stata avvertita che forse nei giorni seguenti avrebbe avuto un passeggero speciale su uno dei suoi voli per l'Australia. Avevamo specificato che qualunque volo per l'Australia sarebbe andato bene; l'importante era portare mia figlia fuori dalla regione. Se non ci fossero stati posti disponibili, Shah avrebbe viaggiato nella cabina di pilotaggio, dato che quello era considerato territorio australiano e non soggetto alle leggi di un altro Paese.

«Niente più chiamate al cellulare sul "pacco", signora Pascarl» disse il mio ultimo contatto ufficiale con un tono da agente segreto. «C'è sempre molto interesse su questa faccenda» aggiunse cripticamente.

«Sei ancora convinta, cara?» chiesi a Shah nella nostra telefonata successiva, trattenendo il respiro in attesa della sua risposta.

«Sì, mamma» fece lei senza esitazione. «Devo tornare a casa. Voglio essere libera.»

«Ok, se ne sei sicura. Ora voglio che tu compri una carta SIM prepagata per dopo. Una volta uscita senza problemi da Kuala Lumpur, devi estrarre la vecchia SIM dal tuo telefono e buttarla via.»

Avevamo ripassato tutte le istruzioni?

Non chiusi occhio quella notte: solo poche ore per sapere se il piano avrebbe funzionato, cancellando quattordici anni di lontananza.

L'indomani, il 15 febbraio, era il ventitreesimo compleanno di Iddin. Stabilii di chiamarlo nella seconda parte della giornata, quando sapevo che probabilmente sarebbe stato solo. Temevo di metterlo nella condizione di sapere troppo, in caso non fosse venuto anche lui. L'ultima cosa che volevo era che fosse incolpato della partenza di Shah. Secondo le regole di Bahrin, non denunciare era altrettanto grave che mentire apertamente. Le aree grigie del comportamento erano riservate solo a lui.

Quel giorno, Shah e io ci telefonammo ogni tre ore a partire dalle 11, ora legale di Melbourne. La Malesia era tre ore indietro rispetto a noi, e per tutta quella lunga giornata non riuscii a fare quasi niente, fissando l'orologio che scandiva i minuti e le ore. Bill tenne occupati Verity e Lysander, lasciandomi libera di concentrarmi.

Sobbalzando ogni volta che squillava il telefono, rimasi davanti al computer mettendo a punto i dettagli finali col ministero degli Esteri.

Ogni volta che parlavo con Shahirah, lei oscillava tra un'assoluta determinazione e un'ansia nervosa. Cercai di calmarla quando cominciò a farsi prendere dal panico: «Jo, tesoro, andrà tutto bene, devi solo essere molto coraggiosa e ricordarti le cose da fare. Andrà tutto bene, amore. Sei una donna adulta e intelligente, e devi prendere una decisione da adulta. Ti voglio bene, tesoro, e anche Verity e Zan, non vedono l'ora di vederti. Tieni duro, piccola, e presto potremo abbracciarci forte. Puoi farcela, tesoro, devi solo avere coraggio».

Alla fine misi a letto i piccoli e placai l'ansia che mi rodeva leggendo loro una fiaba dietro l'altra. Stesa fra i due, ascoltando il loro placido respiro e qualche occasionale sospiro, cominciai ad abbassare la guardia e a domandarmi come sarebbe stato se Shahirah fosse arrivata a Melbourne la sera del giorno dopo. Mi chiesi come sarebbe stato stringerla in un abbraccio, o se lei sarebbe stata troppo timida per volerlo. Sognai di posare le palme delle mani sul suo viso e imparare a riconoscerlo.

Alzatami dal letto, scesi al pianterreno per telefonare a Iddin in occasione del suo compleanno, e parlargli molto seriamente.

Iddin disse che non si sentiva ancora pronto a tornare a casa. Era anche molto preoccupato per la partenza di Shah.

«Abah andrà su tutte le furie, mamma. Non voglio che se la prenda con me.»

Cosa potevo dirgli? Riuscii soltanto a chiedergli di non ostacolare i progetti di sua sorella.

«Ti voglio bene, mamma. Grazie per gli auguri di compleanno, mi spiace tanto di non poter venire adesso, ma accadrà presto, te lo prometto.»

Qualche ora dopo avevo lo stomaco in subbuglio come se fossi su un ottovolante, e i nervi a fior di pelle. L'ora di partenza era fissata: mezzanotte ora malese, le tre del mattino ora di Melbourne.

L'ultima telefonata di Shah era arrivata un'ora prima, alle 10.30 di sera, e cominciavo a preoccuparmi. L'amica che avrebbe dovuto accompagnarla in macchina a Singapore stava cercando di convincerla a dire addio ai suoi familiari, con cui Shah era in buoni rapporti. Era destino che degli estranei continuassero a impicciarsi dei nostri affari di famiglia!

All'una di notte squillò il telefono. Era Shah ed era completamente sconvolta. Si stava perdendo d'animo, perché la sua amica l'aveva convinta che era sbagliato andarsene senza dirlo al padre, si era rifiutata di accompagnarla a Singapore e aveva colto l'occasione per farle un predicozzo. Ero furibonda! Sentivo che quella sedicente amica stava pensando solo a se stessa, ignorando i desideri di Shah. Per tanti anni mia figlia si era sentita dire quel che doveva fare, e anche questa volta non era padrona della propria vita e delle proprie opinioni.

Nel bel mezzo di una discussione drammatica, il cellulare di Shah squillò.

«È Abah» si mise a strillare lei, istericamente. «Sta venendo da me! Non posso più farlo, lui è tornato in anticipo e ora non posso più farlo, è troppo tardi, mamma. Oh, mamma, perdonami, mi spiace tanto, ti voglio bene, ma non posso venire da te adesso.»

Sentii bussare forte a una porta, delle voci in sottofondo, un tramestio.

«Scusami, mamma, se ho aspettato troppo, ti vo...» e la linea cadde.

Sconvolta dalla paura e dalla preoccupazione, composi e ricomposi il numero di Shah singhiozzando, senza ottenere risposta. Ignara di ciò che era successo a mia figlia, cercai di ricordare esattamente ciò che avevo udito in sottofondo durante la chiamata. Qualcuno doveva avere avvertito suo padre di quello che stava accadendo e lui si era precipitato a casa dal Golfo Persico. Avevo i miei sospetti, ma era troppo tardi per fare qualcosa. Shah era stata bloccata, sfiancata e manipolata, finché non era scaduto il tempo.

Svuotata, rimasi con gli occhi fissi nel buio in attesa che spuntasse il sole. Era quasi come se me l'avessero rapita un'altra volta, e il fatto che fossimo arrivati a un passo dalla soluzione non mi consolava affatto.

Cominciavo a non poterne più di dovere aspettare e poi ogni volta tirarmi su e andare avanti. Ce l'avevo a morte con la potenza celeste, quale che fosse, che stava tirando i fili della mia vita.

33

APPESA A UN FILO

Erano le due del mattino in Belgio, e Patsy aveva una voce affranta. Il suo meraviglioso, straordinario marito, Walter, era crollato a terra improvvisamente, morendo senza riprendere conoscenza. Aveva da poco superato i quarant'anni ed era forte come un toro. Patsy disse piangendo che era appena tornato da un'escursione quel fine settimana. Era stato vittima di un virus letale che aveva attaccato gran parte dei suoi organi.

Avrei voluto saltare sul primo volo per il Belgio, ma Patsy non volle.

«Vieni più avanti, quando sarò veramente sola. Sei la prima persona cui l'ho detto: so che tu e io ci capiamo. Sono appena tornata dall'ospedale, e presto tutti saranno qui. Dopo il funerale, quando saranno andati via, puoi venire ad Ambly.»

Bill e io avevamo parlato con Walter qualche settimana prima. Ora, nell'apprendere la notizia, Bill sbiancò: lui e Walter avevano sviluppato un'amicizia via internet. Avevano un carattere simile e scherzavano fra loro continuamente.

Melbourne era in preda a una febbre sportiva: i Giochi del Commonwealth erano arrivati in città, portando con sé atleti di primo piano da varie parti del mondo e un festival delle arti che era un tripudio di attività e di colori. La città era sfolgorante sotto il sole di inizio autunno e il tempo teneva, spingendo la colonnina di mercurio a 35° e invitando la gente al fiume e sulla spiaggia e, in mezzo, in tutti i luoghi che Melbourne poteva offrire.

Così mi riscossi dalla mia inerzia portando Verity e Lysander alle attività ludiche organizzate per le vacanze scolastiche in occasione dei Giochi del Commowealth.

La folla cittadina era chiassosa in quella magnifica giornata; le voci di menestrelli erranti e le note di una jazz band facevano concorrenza alle risa e alle grida dei bambini che costruivano castelli di sabbia sulla spiaggia artificiale creata fuori dalla galleria d'arte. Il cielo era azzurro e senza nuvole, il sole caldo e luminoso.

Eravamo in giro insieme a Lavinia, la migliore amica di Verity, alla sua sorella maggiore e alla madre di entrambe, Andrae Talarico. Lysander e le bambine stavano scavando felici nella sabbia, mentre Andrae e io ci godevamo lo spettacolo. Le due bimbe avevano passato due anni insieme all'asilo e adesso frequentavano la stessa scuola.

Sentii una strana vibrazione nella tasca dei pantaloni, e ci volle un attimo perché mi rendessi conto che era il mio cellulare. Lo estrassi un po' maldestramente e vidi il numero di Shah comparire sullo schermo.

I nostri contatti erano stati molto limitati successivamente alla mancata fuga a Singapore. Solo parecchi giorni dopo avevo saputo che stava bene, ma era molto scossa. Ormai erano passate settimane e avevo ritrovato un minimo di tranquillità psicologica.

In qualche modo Shahirah era riuscita a nascondere tutta la verità a suo padre, e lui continuava a ignorare che lei e Iddin avevano sviluppato in segreto un rapporto con me. Per questo le recriminazioni erano state limitate. Bahrin considerava il progetto di "fare shopping" a Singapore un capriccio, la fantasia di una ragazza sciocca e ribelle. Non aveva la minima idea di chi fosse nostra figlia e di cosa avesse bisogno. Mi chiedevo se l'avesse mai guardata veramente, vedendo qualcosa di diverso dalla sua stessa immagine.

«Ciao, mamma! Quando festeggiano il compleanno Verity e Lysander? E anche Pasqua, quand'è?» domandò Shah senza preamboli.

Mi alzai, feci cenno ad Andrae che dovevo cercare un luogo più silenzioso per ascoltare quella telefonata e mi spostai in un ingresso laterale deserto della galleria.

Dopo averle fornito le date richieste, voltandomi a guardare Zan e Verity, le chiesi come stesse.

«Sto benissimo, Marmee! Vengo a trovarti sabato prossimo, Abah mi compra il biglietto!»

Era mercoledì. Allacciati la cintura, mi dissi, ci risiamo.

«Mamma, sei ancora lì? Vengo davvero questa volta. Ho detto ad Abah che voglio vederti e lui mi ha dato il permesso di venire per una breve vacanza.»

Avrei voluto urlare sentendola pronunciare la parola condiscendente "permesso": Shah aveva vent'anni. Non aveva bisogno di permessi, specie per andare a trovare una madre cui era stata sottratta. La visita, ammesso che ci fosse, avrebbe avuto luogo solo tre mesi prima del suo ventunesimo compleanno, ossia la maggiore età anche per la legge malese.

Riuscii in qualche modo a esprimere una parvenza di entusiasmo per non deludere Shah, che sembrava così felice, ma avevo molti dubbi su quel nuovo capitolo della vicenda, era semplicemente troppo bello per essere vero, a meno che Bahrin non progettasse di arrivare fino all'ultimo momento e poi affossare l'intero piano. «Sei contenta? Sarò lì per la festa di compleanno di Verity!» ripeté Shah.

«Certamente, tesoro, ma come è successo? Quanto sa tuo padre di noi?»

«Non molto. Crede che ti abbia parlato solo nell'ultimo paio di settimane.»

«Bene, è una notizia fantastica, cara, ringrazia tuo padre da parte mia!» E dopo qualche altro minuto di questa conversazione sconvolgente, Shah chiuse la comunicazione.

Non potei fare a meno di notare che quel sabato sarebbe stato il 1° aprile – Bahrin pensava forse di giocare uno scherzo crudele?

Il giorno dopo ricominciai con la trafila dei contatti al ministero degli Esteri e di mettere insieme un piano con la valida assistenza di Tracey Wunder, una donna cordiale con molto umorismo e una forte dose di buonsenso. Temendo che anche questo si rivelasse un falso allarme, spiegai il groviglio di problemi e chiesi scusa in anticipo, per ogni evenienza.

Se Shah fosse davvero arrivata nel giro di due giorni, l'ultima cosa che volevamo era scatenare i media. L'ufficio immigrazione fu allertato e garantì che Shah non avrebbe dovuto passare i controlli nella sala arrivi. Il direttore dell'aeroporto di Melbourne fu coinvolto e prese disposizioni perché potessi parcheggiare sul retro del terminal, lontano da occhi indiscreti. Avrei aspettato Shah nella sala VIP del governo, dove difficilmente mi sarei imbattuta in qualcuno che capisse quel che stava succedendo. I funzionari della dogana avrebbero scortato mia figlia fuori dall'aereo e direttamente da me. Per evitare che qualcuno mi vedesse, sarei arrivata due ore prima del volo di Shah barricandomi nella saletta VIP ad aspettare.

Sarei uscita di casa alle 4.30 di mattina per andare all'aeroporto, e decidemmo che non avrei svegliato Verity e Zan. Bill sarebbe rimasto con loro, e il nostro amico Peter Wallace sarebbe venuto con me. Era meglio che i piccoli ignorassero il possibile arrivo di Shah. Sabato Verity avrebbe compiuto cinque anni, e una levataccia sarebbe stata troppo per lei in una giornata così piena ed emozionante. E poi, se Shah non fosse venuta, Verity ne avrebbe sofferto enormemente e questo avrebbe rovinato il suo compleanno, quindi facemmo di tutto perché l'approssimarsi del grande giorno fosse il più normale possibile.

Gli amici di famiglia sarebbero arrivati alla festa in anticipo, votati al segreto, e ai successivi invitati Shah sarebbe stata presentata come una ragazza straniera che non parlava inglese, venuta per uno scambio di studenti. Con ventiquattr'ore davanti e un rinfresco per venticinque bambini da allestire, mi rimboccai le maniche e mi misi a cucinare alacremente. Se davvero Shah fosse scesa da quell'aereo, non avrei avuto più tempo per i preparativi della festa ed era essenziale che il grande giorno di Verity procedesse secondo i piani. Non doveva collegare la cancellazione della sua festa di compleanno a una sorella maggiore che non aveva mai conosciuto, e che tuttavia prometteva di mutare le dinamiche familiari per sempre. Meno rivalità si creavano fra sorelle, meglio era.

Venerdì sera riuscii faticosamente a mettere a letto Verity e Zan, entrambi eccitati. Poi telefonai a Shah. Erano le 7.30 di sera. Per poco non scoppiai a piangere quando mi disse che aveva il biglietto in mano.

Alle 7.45 le autorità australiane per l'immigrazione confermarono che Shah aveva un visto valido per il viaggio nella loro giurisdizione.

Alle 8.30 riparlai con Shah: stava ancora facendo le valigie e non riusciva a decidere cosa portare.

Alle 8.45 i nostri amici cominciarono a telefonare. Heather chiamò per sapere se avevamo notizie: disse che non sarebbe riuscita a prendere sonno finché non avesse saputo che Shah era sull'aereo, e mi fece promettere di aggiornarla prima di andare a letto.

Alle 8.50 Sue telefonò per sapere se c'erano stati cambiamenti di programma.

Alle 9 Judith mi chiamò dalla Nuova Zelanda, era in ansia e voleva sollevarmi di qualche proccupazione.

Alle 9.10 Deb volle sapere se Shah fosse già in aeroporto. Risposi di no, c'era ancora da aspettare.

Con un risolino nervoso pensai che era quasi come quando sei incinta e tutti i tuoi amici conoscono la data prevista: ognuno chiama per sapere se Madre Natura sta agendo secondo il programma. In questo caso eravamo tutti ostaggi del padre di Shah, e del fatto che all'ultimo momento le permettesse o meno di salire sull'aereo e di partire.

Alle 9.30 Shah aveva finito di fare i bagagli e stava per andare in aeroporto. Le dissi che non l'avrei più chiamata fino alle 11, ora australiana.

Alle 9.47 parlai con Iddin: «Non preoccuparti, mamma, Shah partirà stasera. Ti voglio tanto bene, mamma, presto verrò anch'io, te lo prometto».

Alle 10 telefonò il responsabile della dogana aeroportuale per ribadire gli ultimi dettagli in materia di sicurezza e sulla sistemazione della mia automobile. Era incredibilmente disponibile ed emozionato per noi.

Mi misi al computer e cominciai a spedire messaggi di ringraziamento a tutti coloro che stavano collaborando alla consegna del "pacco". Volevo informarli che ero molto grata della loro premurosa assistenza, indipendentemente dal risultato.

Una e-mail che mandai a Barry quella sera dice tutto.

> Bene, potrebbe essere per sabato... Non lo saprò fino a mezzanotte ora di Melbourne. La prova definitiva l'avremo alle otto di mattina di sabato!!!!!!!!!!! Passo dalla nausea a un'eccitazione che mi paralizza.
> Nel frattempo sto preparando il rinfresco per la festa del quinto compleanno di Verity, lo stesso giorno alle due di pomeriggio – stasera sono immersa fino al collo in dolcetti al miele e biscotti ai cornflakes! Devo anche preparare una torta a forma di sirena!
> Ti terrò informato.
> Baci
>
> Jack

Avevo una gran confusione nella mente e nel cuore. Continuavo a dire a Bill: «Non verrà, vedrai, non la lascerà salire sull'aereo». Per far fronte alla situazione avevo attivato i miei meccanismi di autodifesa.

Bill si manteneva molto cauto, ma parlò di Walter. «Ho sempre pensato che quando fosse arrivato questo momento e i ragazzi fossero tornati a casa, avrei chiesto a lui cosa fare, era l'unica persona di mia conoscenza che avesse avuto un'esperienza di questo genere.»

Quando l'avevo chiamata, Patsy aveva detto che Walter da "lassù" vegliava su di noi, preparando un lieto fine. Ciononostante, continuavo a ripetermi ossessivamente: «Non verrà, non sarà su quell'aereo».

L'orologio segnava le 11.30 quando azzardai un'altra telefonata a Shah.

«Ciao mamma, ho appena fatto il check-in! Sta accadendo davvero!»

«Svelta» dissi, «dammi il numero del tuo posto. Devo comunicarlo ai responsabili dell'aeroporto. Resta sull'aereo e non scendere finché un funzionario della dogana non viene a prenderti. Ok, tesoro?» Mi segnai il numero del posto e le dissi che le volevo tanto bene.

«Ti voglio bene anch'io» rispose lei in tono allegro. «Presto sarò con te, mamma cara, domattina ti vedrò! Verity non lo sa, vero? Voglio che sia una sorpresa per il suo compleanno!»

La rassicurai, e al termine della telefonata mi accorsi che stavo tremando. Per Zan e Verity sarebbe stata una sorpresa, ma il mio cuore agitato ce l'avrebbe fatta ad arrivare al mattino?

Chiamai il numero speciale che mi era stato fornito dal ministero degli Esteri. «Il pacco è al sedile 7C e aspetterà di essere ritirato.» Chiusi la comunicazione dopo una conferma da parte di una voce sconosciuta.

Bill e io ci sedemmo a guardare un film, ma visto che non riuscivo a rilassarmi, mi misi in testa assurdamente di fare una ceretta alle gambe. Mi appollaiai sul bancone della cucina spalmando cera bollente e strappandola via, mentre Bill sussultava alle mie grida di dolore. Nel frattempo mormoravo tra me e me: «Non sarà sull'aereo, non verrà, lui la trascinerà via all'ultimo momento».

Poco dopo mezzanotte, ricevetti un messaggio sul cellulare:

Ci vediamo domattina, baci Jo.

Bill e io ci trascinammo stancamente al piano di sopra; l'indomani sarebbe stato un giorno molto bello, o molto brutto. In entrambi i casi, ci aspettava una festa di compleanno con bambini di cinque anni in giro per tutta la casa. Sarebbe stata una giornata molto intensa, comunque andasse.

Baciando sulla fronte Verity e Zan, rimboccai loro le coperte e chiusi silenziosamente la porta. Se il mattino dopo fosse andato tutto bene, anche le loro vite sarebbero cambiate per sempre. Le dinamiche familiari sarebbero mutate – tutti noi avremmo dovuto fare degli aggiustamenti e assorbire le novità amandoci e aiutandoci reciprocamente. Pregai in silenzio di avere finalmente l'occasione di raccogliere la sfida.

Ma per il momento, come un bimbo la vigilia di Natale, dovevo cercare di dormire un po' prima di sapere cosa mi avrebbe portato Gesù Bambino al mattino.

34
E IL RAGNO SULLA GRONDA A SALIR RICOMINCIÒ

Un colpo secco, e la porta della sala VIP si spalancò, Erano due ispettori in divisa dell'Ufficio dogana e immigrazione, e dietro di loro, sollecito e protettivo, c'era Bernie Monaghan, il responsabile dei servizi doganali.

«Buongiorno, Jacqueline, io mi chiamo Paul e questo è Mick» disse il più alto dei due funzionari. «Tu non te ne ricorderai, ma andavi alle elementari con mio fratello.»

«Certo che mi ricordo di tuo fratello; come sta?» risposi con un sorriso nervoso. In quel momento facevo fatica a ricordare persino il mio nome.

«Volevo solo dirti» continuò Paul, «che seguo la tua storia da anni e sono molto vicino a te e ai tuoi figli. Vale per tutti e due,» fece accennando col capo al compagno «speriamo davvero che vada tutto bene stamattina. Volevo solo comunicarti che il volo è atterrato, andremo all'uscita e lì si vedrà. Incrociamo le dita, eh?» concluse con un sorriso di incoraggiamento.

Annuii tremante, e li ringraziai dal profondo del cuore. Finché non avessi visto Shah coi miei occhi, non ci avrei creduto. C'era ancora la possibilità che fosse un altro scherzo crudele.

La porta si chiuse e Peter e io ci sedemmo uno accanto all'altra in silenzio. Mi venne in mente all'improvviso che era una buona cosa che Peter fosse un traumatologo, se il mio cuore si fosse fermato per il dolore o per la gioia, avrebbe saputo cosa fare.

«Sta' serena,» disse Peter «fra poco sapremo.» Mi abbracciò forte, poi si voltò a guardare il monitor degli arrivi. «Dice che stanno sbarcando» aggiunse. Peter era mio amico da quando avevo quattordici anni, aveva conosciuto Bahrin e visto crescere Iddin e Shahirah negli anni prima del rapimento.

«A proposito, come mai così in ghingheri?» domandò, indicando la mia acconciatura e il trucco. «Ci siamo messi eleganti, eh?»

«Be', non capita tutti i giorni di rivedere una figlia dopo tanto tempo e volevo fare una buona impressione» spiegai con un sorriso teso e imbarazzato.

I minuti non passavano mai. Sentivo il ticchettio costante dell'orologio sulla parete di fronte. Ero torturata dall'impazienza e dal nervosismo. «Non è su quel volo, non ci è salita» continuavo a ripetermi. E poi, un colpo robusto alla porta. Peter e io balzammo in piedi.

Ero a metà della stanza quando la porta si aprì e una macchia marrone indistinta volò tra le mie braccia spalancate.

Un gemito immenso riempì la sala, come una fitta di dolore. Poi un grido disperato: «Maaammmaaa!».

Non vidi nemmeno la sua faccia, sentii solo le sue braccia intorno alla vita mentre un singhiozzo sfuggiva a entrambe nello stesso preciso momento. In qualche modo ci eravamo spostate barcollando verso la soglia, bloccando l'ingresso. Peter ci spinse dolcemente indietro e chiuse la porta, lasciandoci sole.

Fu un abbraccio ostinato; non riuscivamo a staccarci l'una dall'altra, dopo quattordici anni di lacrime. Qualcuno in lontananza si lamentava sfogando un lungo dolore represso, e mi resi conto che eravamo Shah e io a farlo. Gemevamo come spiriti inquieti; non avrei mai creduto che due persone potessero dar voce a una tale ondata di emozioni e di dolore e sopravvivere.

Non dicevamo una parola, tranne il suo continuo «Mamma!» e la mia risposta: «Shah, Shah!».

La gola stretta da singhiozzi e lacrime, restavamo appiccicate l'una all'altra senza muovere un muscolo. Shah aveva affondato il capo sul lato destro del mio collo e io la stringevo a me ferocemente, incapace di lasciarla andare.

Avevamo adottato una sorta di movimento ondeggiante, una danza di consolazione, dolore e poi ancora consolazione. Ero di nuovo sua madre, e lei la mia bimba da cullare e ninnare.

Piangevamo tanto da non avere più lacrime, eppure le lacrime non finivano mai.

«Mi fa male il collo, cambia lato» dissi un po' ridendo un po' piangendo, e variammo la disposizione sempre senza parlare e senza staccarci.

Qualcuno socchiuse la porta e la richiuse rapidamente.

«Non so nemmeno come sei fatta» mormorai alla fine quando i gemiti cessarono e ci limitammo a singhiozzare e tirare su col naso. «Al tre ci guardiamo» proposi.

«No, no, non ancora» protestò Shah. «Aspetta solo un pochino.»

Così seguitai a cullarla. Aveva le spalle scosse dai singhiozzi, i capelli saturi delle mie lacrime.

«Uno-due-tre» contai, e mi scostai per guardare mia figlia, la bambina che avevo partorito tanti anni prima.

Era meravigliosa.

Era bella.

Occhi a mandorla castano scuro, arrossati dal pianto, mi guardavano. Lineamenti fini e delicati, polsi sottili. Una massa di capelli scarmigliati castano scuro e un sorriso timido.

Le presi il viso tra le mani e lo baciai dappertutto, estasiata. Passai le dita fra i suoi capelli e li tirai indietro sopra le orecchie, le stesse piccole orecchie con cui giocavo mentre lei dormiva, quand'era bambina.

Sistemandosi la chioma, lei mi spiegò che si era tolta il velo tradizionale sull'aereo. Volevo sapere di più, ma questo tipo di domande poteva aspettare.

La porta si riaprì. Peter si affacciò per dire che era meglio andare. Aveva già messo la valigia di Shah in macchina. Ci abbracciammo ancora una volta e ci avviammo sottobraccio. Nel corridoio i due funzionari della dogana, Paul e Mick, ci sorrisero con le lacrime agli occhi. Abbracciai anche loro, subito imitata da Shah. Dal terminal arrivammo alla macchina, sorvegliata da un cordone di gente. Shah, avviluppata nel mio enorme cappotto scozzese, era isolata dal freddo. Io tenevo la testa bassa e camminavo in fretta. Peter ci fece salire sul sedile posteriore e partimmo, protette dai finestrini oscurati. Nessuno ci vide; la strada che prendemmo era deserta.

Nel tragitto verso casa, Shah e io ci rannicchiammo una accanto all'altra tenendoci per mano. Lei estrasse immediatamente una pila di fotografie dalla borsetta per darmi una testimonianza di alcuni degli anni perduti. Sorridevamo continuamente e mi resi conto che cominciavo ad avere la faccia indolenzita.

Faticavo ancora ad accettare la realtà della sua presenza.

«Sei proprio qui» continuavo a dire stupidamente. «Quanto mi sei mancata!»

Poi mi ricordai di avvertire Shah degli invitati alla festa di compleanno di quel pomeriggio.

Shah scoppiò a ridere all'idea di fingersi una studentessa che non parlava inglese, poi spostò la sua attenzione allo scenario che ci scorreva accanto.

«Questo sì che è quello giusto, il colore degli alberi e del cielo; la Malesia mi è sempre sembrata strana. È proprio questo il ricordo che avevo di casa mia.»

Sapevo cosa intendeva. Quand'ero in Malesia, trovavo soffocante e opprimente il rigoglio della vegetazione; sospetto che molti viaggiatori abbiano la stessa sensazione e non riescano a capire perché. Probabilmente è per questo che quelli che vanno a lavorare oltreoceano finiscono per tornare a casa. Il cielo e gli alberi sono diversi, qui in Australia.

Quando ci fermammo fuori dal cancello, Shah mi lanciò un'occhiata nervosa e incerta. I miei figli stavano per conoscersi.

Si nascose dietro al pilastro della recinzione, mentre io suonavo il campanello.

«Mamma!» fu il grido eccitato al citofono. Poi Shah e io udimmo la voce di Bill che si rivolgeva ai bambini.

«La mamma ha una sorpresa per voi. Perché non andate a vedere?» suggerì.

Il cancello si spalancò e Verity e Lysander mi corsero incontro pieni di aspettativa.

«Dov'è la sorpresa?» domandarono, mentre Shah saltava fuori, accoccolandosi per salutarli.

«Ciao, Verity! Ciao, Zan! Sono io, Shah-shah, sono venuta per la festa di compleanno.»

«Evviva!» strillò Verity, gettandosi fra le sue braccia col rischio di buttarla a terra. «Mi hai portato anche un regalo?»

«Ta-ta» disse Zan. Si fece avanti e le prese la mano.

«Ciao, Shah. Benvenuta» la salutò Bill. «Ce n'è voluto di tempo!» concluse con un rapido abbraccio.

Ci precipitammo in casa, in una chiassosa confusione di bambini e bagagli. Facemmo appena in tempo a mostrare a Shah la sua stanza prima che i piccoli la trascinassero via per mostrarle tutte le loro cose preferite.

Esausta ed emozionata, mi abbandonai fra le braccia di Bill con un sospiro di sollievo. «Do loro cinque minuti, poi vado a salvare Shah» gli dissi.

Alla fine sottrassi Shahirah a Verity e Lysander e la barricai in camera sua, dopo un rapido giro della casa. Non aveva dormito in aereo, quindi dopo l'ennesimo abbraccio le consegnai la comoda vestaglia verde che avevo comprato per lei e la camicia da notte.

«Hai solo un paio d'ore per riposare prima che arrivino i tuoi padrini.»

Quando si fu cambiata, la coprii col soffice piumino bianco perché facesse un pisolino. Mentre le baciavo la fronte e le accarezzavo la guancia, assaporai quel momento ancora incredula sulla sua realtà. Con le lacrime agli occhi, sussurrai al suo orecchio la buonanotte della sua infanzia per la prima volta da quattordici anni.

«Sogni d'oro, Dio ti benedica. Ti voglio bene un milione, un miliardo, un'infinità di volte.»

Il resto del giorno trascorse in una nuvola di allegra felicità: lunghi abbracci; palloncini; “zie” e amici con gli occhi rossi; la gioia di Shah nello scoprire che il rinfresco comprendeva dolcetti al miele e biscotti ai cornflakes, i preferiti delle sue feste di compleanno; Lysander che tentava con aria seria di scattare fotografie con la sorella grande acquattata accanto a lui; i sospiri estatici di Verity quando estrasse dalla carta l’abito da fatina e gli accessori rosa che Shah le aveva regalato; una torta di compleanno a forma di sirena.

Ci furono anche pace e soddisfazione. Tra un nugolo di bambini di cinque anni che correvano e saltavano, una Shah intimidita osservava raggiante me, il fratellino e la sorellina, e tutti i suoi amici.

Zio Eric, ottantatré anni, padrino di Shah, scoppiò a piangere nel vederla apparire a sorpresa, e il suo caloroso abbraccio parve non finire mai. Sue scambiò qualche parola discreta in privato con lei, ed ebbe gli occhi lucidi per tutto il pomeriggio; l’apparente controllo di Heather si sciolse in un lungo abbraccio punteggiato da altre lacrime. I fazzoletti furono ricercatissimi a casa nostra quel giorno.

Io avevo la sensazione di galleggiare fuori dal mio corpo, osservando e godendo di quella festa.

Alcuni amici che non avevo avuto modo di avvertire mi presero da parte interrogandomi con aria scettica. «Quella tua studentessa giapponese ti somiglia un sacco» dissero cominciando a capire, mentre un sorriso di gioia illuminava il loro viso.

«Non possiamo affrontare la stampa» continuavo a ripetere, ma soprattutto sentivo istintivamente che malgrado l’allegra spavalderia di Shahirah, in realtà avevo tra le mani una ragazza con traumi profondi. Avere tempo e spazio per conoscerci a vicenda, e perché la famiglia e i bambini elaborassero le proprie dinamiche, era essenziale. Un circo mediatico avrebbe ostacolato e reso molto più difficile questo sviluppo naturale.

Avevo già cominciato mentalmente a fare il conto alla rovescia dei ventotto giorni che Shahirah avrebbe trascorso da noi, come avrei fatto a lasciarla andare?

Decisi di relegare quella scadenza in un angolo del mio cervello e di godermi semplicemente i giorni a venire. Avremmo varcato quella soglia quando fosse arrivato il momento.

Gli ospiti se n'erano andati tutti, il grande giorno di Verity era stato un successo, la casa era stata riordinata ed era venuto il momento di andare a letto.

Lysander si infilò nel lettone di Verity insieme a lei per la fiaba serale. Io mi stesi in mezzo a loro, e Shahirah si raggomitolò ai miei piedi al capo opposto del letto, avvolta in una coperta. Lessi *La magia degli opossum*, un libro che aveva fatto parte dell'infanzia di Shah e ora di quella del fratellino e della sorellina.

Quando i piccoli furono addormentati, Shah e io uscimmo in punta di piedi. Scendendo le scale, lei azzardò una domanda.

«Mamma, posso fare un vero e proprio bagno? Non abbiamo acqua calda laggiù, e mi sono mancati tanto i bagni.»

«Ma certo, tesoro, questa è casa tua» replicai.

E allora, molto timidamente, lei avanzò un'altra domanda più diretta. «Mamma» disse chinando la testa, «faresti un bagno con me?»

Soffocando il panico alla prospettiva di esporre il mio corpo di ultraquarantenne a una "sconosciuta", risposi di sì. Non che avessi dei problemi a mostrarmi nuda, i bambini facevano bagni e docce con me continuamente, ed era stato lo stesso con Shahirah e Iddin tanti anni prima. Ero solo un po' sorpresa che Shah si sentisse abbastanza a suo agio da proporlo, considerando la sua recente educazione religiosa. Dentro di me, temevo anche di deluderla o addirittura spaventarla col mio corpo. Fosse cresciuta con me, si sarebbe abituata a vederlo invecchiare, perdendo un po' della sua elasticità giovanile e sfiorendo, com'era naturale. Da esso Shah avrebbe avuto qualche indicazione sulla sua stessa fisicità e immagine corporea. Mi ero già accorta che avevamo un fisico quasi identico, semplicemente la mia "carrozzeria" era di venti centimetri più larga o più bassa di una volta. Dopo tutto, avevo allattato quattro figli. Ma se Shahirah voleva fare il bagno con me, sarebbe stata accontentata.

Accesi delle candele e tirai fuori i miei bagnoschiuma più profumati. Aprendo al massimo il rubinetto, preparai per entrambe un bagno bollente, ringraziando il cielo che la vasca fosse enorme e lussuosa.

Entrammo nell'acqua e ci adagiammo fra le bolle di schiuma. Dopo un po' che eravamo immerse, Shah cominciò ad aprirmi il suo cuore. Riempì le lacune di quegli anni rubati, raccontando il trattamento subìto dalla sua prima matrigna, Norela. Per annientare una bambina, nel corso degli anni Norela aveva sistematicamente colto ogni occasione per dire alla mia bella figlia che era brutta, deforme e inutile. La mia bimba era stata strappata a un altro Paese e alla sua vera madre;

perché Norela non aveva saputo dare a Shah un po' di compassione e di amore in una terra sconosciuta? Sfiorammo il tema del rapimento, del quale Shahirah era restia a parlare, tanto era stata traumatizzata quattordici anni prima. Parlammo della sua vita in Malesia. Suo padre, pur essendosi dato la pena di rapire lei e suo fratello, aveva lasciato ad altri il compito di crescere i figli: Shahirah e Iddin non vivevano nemmeno con lui in casa sua, ma erano stati sistemati nelle stanze degli ospiti dalla nonna, nell'edificio accanto.

Quando seppi qual era la disciplina adottata da Bahrin per i suoi figli, rimasi sconvolta. Shah fece un racconto agghiacciante della punizione che riceveva quando rispondeva alla matrigna. Bahrin la caricava in macchina nel cuore della notte, la portava al cimitero, la faceva scendere e la lasciava lì da sola in quel luogo deserto, immerso nelle tenebre. Iddin era sfuggito a questo castigo, ma veniva regolarmente bastonato.

«A volte,» mi disse Shah in tono piatto «cercavo di corrergli dietro, e ricordo che mi aggrappavo alle ruote quando lui ripartiva.»

Ciò che mi ferì di più fu una breve osservazione di Shah al termine di quel racconto. «Probabilmente me lo meritavo perché mi ero opposta a Norela» disse. La mia povera figlia non si rendeva conto che nessun bambino, specie se già traumatizzato da un rapimento, merita di essere lasciato al buio in un cimitero. Era un fatto gravissimo, che nella maggior parte dei Paesi avrebbe mandato un genitore in galera.

Shahirah poteva contare sulle dita di una mano le persone che erano state buone e affettuose con lei nel tempo che aveva trascorso in Malesia. Solo tre avevano detto qualcosa di positivo su di me, e comunque parlando sottovoce per non farsi sentire da Bahrin.

Non mi ero sbagliata: il rapimento era stato solo un atto di possesso, non d'amore. Soddisfazione inutile, avrei preferito di gran lunga cancellare con una bacchetta magica tutti gli anni di sofferenza che i miei figli avevano patito.

Man mano che l'acqua del bagno si raffreddava continuammo a reintegrarla, passando quasi tre ore nel suo tepore, al punto che quando ne uscimmo sembravamo delle prugne avvizzite. Per Shahirah e me, quel bagno fu una sorta di rinascita. Ridiventammo madre e figlia; ma diventammo anche donne legate da qualcosa di più della genetica e del caso.

«Resta con me, mamma, sono troppo spaventata per dormire da sola» implorò Shah. Avevamo parlato per ore appoggiate a una montagna di cuscini nel suo letto, e seguitammo a parlare finché rimasi senza voce e dovetti implorarla di lasciarmi dormire.

Nelle prime ore del mattino, con la testa posata accanto a quella di Shahirah addormentata, mi tornarono in mente le parole della filastrocca infantile:

Il ragno risaliva la grondaia del giardino.
Venne la pioggia e a terra lo spinse, poverino.
Il sole spuntò fuori, la pioggia si asciugò,
e il ragno sulla gronda a salir ricominciò.

Questo dimostra semplicemente, pensai, che se tieni duro abbastanza a lungo, verrà fuori il sole e la pioggia cesserà.

35

UN'ORDA CHIASSOSA

I due giorni successivi furono meravigliosamente normali in modo stranamente anormale. La lista dei desideri di Shah non aveva nulla a che fare con gli itinerari turistici, visto che lei non si considerava una turista. Voleva riprendere contatto con luoghi e cose che le erano familiari. Così prendemmo la macchina e andammo alle nostre vecchie case, alla sua scuola e al suo asilo; ogni volta che aveva la sensazione di riconoscere qualcosa ci fermavamo, e Shah guardava assorta ciò che aveva colpito la sua attenzione cercando di ricordare perché. Io dovetti estrarre un episodio dopo l'altro dal cassetto della mia memoria per illuminare gli eventi e i posti che lei rammentava.

Un pomeriggio ci spingemmo fino ai Royal Botanical Gardens per dar da mangiare alle anatre e ai cigni, con grande gioia dei bambini. Questa era un'attività impressa profondamente nella memoria di Shah, perché avevamo trascorso tanti pomeriggi lì quand'era piccola.

Stesa sull'erba, mi sembrava di avere di nuovo davanti una bambina di sei anni vedendo Shah che si crogiolava al sole tiepido negli ampi spazi aperti. Cigni e anatre nuotavano verso i miei figli e si facevano nutrire senza timore da tutti e tre.

Lunedì trovammo il tempo per una spedizione femminile dalla mia parrucchiera, Nicky Reid, che conoscevo da più di dodici anni e che lavorava in casa. Quando le presentai Shahirah, si aprirono le cateratte e non fu più possibile chiuderle. Era più di quanto mi aspettassi: Nicky singhiozzò e pianse per un'ora intera alla notizia che Shah e io ci eravamo ritrovate.

Ma la nostra pace non era destinata a durare a lungo. Quando Shah telefonò a suo padre lunedì, Bahrin si lasciò sfuggire che forse aveva parlato alla stampa del viaggio di Shahirah a Melbourne. Un paio d'ore dopo, un'amica chiamò per dire che alla radio si stava ipotizzando un possibile ritorno di Shah.

Il telefono prese a suonare finché lo squillo non divenne continuo. Molti media erano già fuori tempo massimo per pubblicare o trasmettere la notizia, ma io sapevo cosa significava. Presi da parte Bill e gli dissi che era meglio fare le valigie e lasciare la nostra casa prima che la situazione esplodesse, ma lui fu irremovibile, dovevamo restare nel nostro ambiente familiare.

«Non hai idea di cosa sarà» obiettai, ma lui non cambiò idea e io mi rassegnai a fare buon viso a un pessimo gioco. Temevo soprattutto per i miei due figli più piccoli. Shah aveva certamente qualche esperienza mediatica, ma per i bambini trovarsi barricati in casa non era una cosa molto salutare, fisicamente o mentalmente.

Andammo a letto con la suoneria del telefono abbassata.

Ma alle sette del mattino dopo, la portata dell'interesse della stampa divenne evidente. Il nostro campanello fu preso d'assalto – così come quelli dei nostri vicini – da reporter a caccia di informazioni e pettegolezzi. Spiarono nella casa accanto e il nostro telefono non smise un attimo di squillare, sia pure silenziosamente; in un'ora la segreteria fu piena. Noi tenemmo tutte le tende abbassate e restammo nascosti.

Inorridita, Shah scoppiò in lacrime e si ritirò nella sua stanza, stesa sul letto a guardare il soffitto. Aveva sofferto moltissimo negli anni dopo il rapimento, e ora questa attenzione dei media la traumatizzava.

Automobili e troupe televisive intasarono la strada e alle 9.30 era quasi impossibile per passanti e residenti entrare o uscire, a piedi o con un mezzo. Fu chiamata la polizia che cominciò a multare tutti quanti, ma inutilmente: reporter e fotografi sapevano che i datori di lavoro avrebbero pagato e si rifiutarono di muoversi.

L'unica cosa divertente era che tutte le troupe televisive erano piazzate fuori dalla casa vuota accanto alla nostra, con i teleobiettivi puntati nella direzione sbagliata. Ma la cosa non durò a lungo, perché un agente di polizia suonò al campanello e fummo costretti ad aprire la porta.

Fu allora che seppi con certezza che Bahrin aveva divulgato la notizia di proposito. Era l'unico ad avere il numero civico sbagliato. Appena prima che Shah partisse le aveva chiesto il mio indirizzo e lei inavvertitamente gli aveva dato il numero errato.

Per quattro giorni, centinaia di chiamate intasarono anche le linee della mia agente letteraria, Deborah Callaghan; il resto del suo lavoro subì un'interruzione. E poi, in assenza di commenti da parte nostra, i media cominciarono a sollecitare e trasmettere interviste a Bahrin. Shah gli telefonò e gli chiese di smettere, descrivendo il chiassoso assedio fuori da casa nostra, ma lui continuò a soffiare sul fuoco.

Credo che Bahrin volesse rovinare la visita di Shah in Australia, dare l'impressione che io cercassi pubblicità e volessi approfittare di lei.

Disperati, chiedemmo di nuovo aiuto alla polizia e loro cercarono di sgombrare la strada. Ciononostante, Verity fu costretta ad andare a scuola con una coperta sulla testa, e anche Lysander.

Di notte i paparazzi mostravano un'incredibile perseveranza. Protetti da passamontagna, gettavano sassolini contro le nostre finestre nella speranza di indurci ad aprire le tende e guardare fuori, concedendo loro un'immagine sfuocata. I miei figli più piccoli erano terrorizzati da questo comportamento, e facevo molta fatica a metterli a letto. Gli amici che venivano a trovarci la sera dovevano affrontare la barriera di fotografi per portarci da mangiare, visto che non potevamo uscire a fare la spesa.

Shahirah era distrutta e io mi stavo rapidamente trasformando in una madre inferocita e isterica.

Lysander era così spaventato che lo trovai ad appiccicare cerotti su tutta la porta della sua stanza per "tenere lontani i cattivi".

Verity era confusa e a disagio; voleva semplicemente tornare alla sua vita normale. La scuola aveva dovuto mettere delle guardie alla porta, poiché i reporter cercavano spunti per un articolo anche lì.

Bisognava porre un freno. Era evidente che la stampa non ci avrebbe lasciato in pace finché non le avessimo dato una parte di ciò che voleva. Io capivo che non c'era cattiveria in tutto ciò, e che quasi tutti erano contentissimi della nostra felicità, ma volevano a tutti i costi una foto.

Nel bel mezzo di questa follia, Judith prese un aereo dalla Nuova Zelanda per incontrare Shah e condividere la nostra gioia. Fu come se si fosse accesa una luce.

Decidemmo di riprendere in mano la situazione e di permettere la diffusione di riprese video e di una fotografia di Shahirah e me insieme. Non eravamo interessati a esclusive o compensi in denaro, anche se le somme che furono sbandierate ci lasciarono per un attimo senza fiato. Ma alla fine decidemmo che la cosa migliore era distribuire le immagini a tutti i media australiani e a tutti i mezzi di informazione internazionali interessati. Per più di quattordici anni la gente ci aveva dato affetto e sostegno, e questo era un modo per la nostra famiglia di dire grazie.

Uscimmo di casa per la prima volta dopo cinque giorni.

Un paio di paparazzi tentarono di rubarci una foto. Ma in generale, finalmente, fummo lasciati in pace.

Una cosa che ci commosse davvero fu la bontà mostrata dalla gente che ci riconosceva. Sconosciuti attraversavano di corsa la strada per abbracciarci e scoppiavano in lacrime. Quando andavamo a fare compere, raccoglievamo abbracci e congratulazioni in continuazione.

Molti genitori della scuola e dell'asilo del quartiere, che avevo giudicato freddi in passato, manifestarono la loro felicità per noi, e spiegarono che per tanti anni avevano evitato di parlarmi semplicemente perché non sapevano cosa dire o come comportarsi di fronte alla nostra tragedia.

Era un comportamento che Shah non aveva mai sperimentato prima. In generale, spiegò, i malesi l'avevano trattata come un'anomalia nella famiglia reale, e nel corso degli anni si erano mostrati piuttosto sgarbati con le loro domande indiscrete e prive di sensibilità. La gentilezza fu una tale rivelazione per Shahirah che mi fece venir voglia di piangere di nuovo.

Riuscimmo a trascorrere una meravigliosa vacanza pasquale in famiglia nascondendoci in una baita di legno ai piedi dei nevai del Victoria e organizzando una fantastica caccia alle uova di Pasqua coi nostri amici Heather e Graham Brown nel loro pub. I bambini si sfogavano correndo come matti mentre noi andavamo in barca nel fiume divertendoci un mondo. Quando qualcuno ci riconosceva, si limitava a farci le congratulazioni e ci lasciava in pace.

Malgrado i sedici anni di differenza, a volte le mie due figlie manifestavano una gelosia tra sorelle. Era difficile per entrambe venire a patti con l'esistenza dell'altra; a livello affettivo non avevano problemi, ma quando si trattava di attirare la mia attenzione erano rivali. In queste baruffe io cercavo di dissipare ogni gelosia e di dar loro gli strumenti per uscirne da sole. Dovevano ancora imparare che il mio amore è elastico, adattabile, poroso, e grande abbastanza per tutti e quattro. È sempre molto difficile per un figlio inserirsi in una famiglia appena formata.

Alla fine la vita trovò un buon ritmo, e io vidi Shah acquistare sicurezza e cominciare a sbocciare. Fu bellissimo.

La normalità delle nostre attività quotidiane era così esaltante che mi rifiutai di inquadrare quel tempo prezioso attraverso la lente di una macchina fotografica, e scattai pochissime immagini. Se avessi passato tutto il tempo con una macchina fotografica in mano, non avrei mai goduto di quei piccoli e intensi momenti d'amore che tengono insieme una famiglia.

Una sera, verso la fine dei suoi ventotto giorni di visita, Shah, Bill e io stavamo guardando un film d'azione alla TV. Durante una scena in cui uno dei protagonisti sparava con una pistola, Shah osservò in tono disinvolto: «È come quella che uso io», accennando all'arma sullo schermo.

«Che vuoi dire?» Ero allibita.

Shah spiegò che lei e Iddin avevano imparato a sparare pochi giorni dopo il rapimento. Quando arrivarono in Indonesia, nel loro viaggio verso la Malesia, ricevettero dei fucili e furono addestrati a sparare ai barattoli, con la motivazione che dovevano imparare a proteggersi nel caso in cui fossi andata a prenderli. In seguito Bahrin aveva preteso che si esercitassero con le pistole, nell'eventualità che mi fossi fatta viva. Iddin e Shah andavano ancora di tanto in tanto al poligono, per rilassarsi.

"Grandioso," pensai "non solo i miei figli fanno uso di armi, ma gli hanno insegnato a sparare alla propria madre!"

Era terribile sapere che Shahirah aveva un rapporto così naturale con le armi da fuoco.

«Abah porta sempre la pistola, e anche tutte le nostre guardie del corpo» ci disse.

Avevo voglia di sbattere la testa contro il sofà. Cos'altro avrei scoperto negli anni sull'educazione dei miei figli in Malesia?

Il giorno della partenza di Shahirah si avvicinò e finalmente arrivò.

«Mamma, ti prego di credermi, *tornerò* presto» disse mentre io cercavo di sorridere.

Verity e Lysander si aggrapparono alle gambe di Shah, seduta sul pavimento della sala VIP con la testa posata sul mio grembo.

Sì, doveva partire; aveva dato la sua parola a Bahrin, e Iddin ne avrebbe patito le conseguenze se non fosse tornata. Ma la chiamata del suo volo suonò lo stesso terribilmente definitiva.

«Ci rivedremo presto tutti quanti, vi voglio tanto bene!» esclamò Shah sighiozzando. Poi il responsabile della dogana, David George, la accompagnò al cancello di imbarco.

Provai un profondo senso di vuoto e scoppiai a piangere quando scomparve alla mia vista. Bill e i bambini fecero del loro meglio per confortarmi, e insieme tornammo a casa.

36

NON MOLLARE

Otto giorni dopo la partenza di Shah, squillò il telefono. «Mamma, questo posto non fa per me. Ora lo so. Voglio tornare a casa per sempre. Puoi farmi uscire?»

E così, ventiquattr'ore dopo, Shahirah scese di nuovo da quell'aereo, per cominciare una nuova vita in Australia. Era appena in tempo per la festa della mamma.

La decisione su dove vivere e cosa fare spettava a lei: è un'adulta e ha il diritto di farsi la sua vita. Deve scoprire cosa vuole dare al mondo e come può riuscirci da sola. Deve scoprire i suoi gusti e le sue passioni, senza ricatti morali, senza manipolazioni. Deve semplicemente vivere, circondata dal nostro amore e dal nostro incoraggiamento. Fare i suoi errori e trarne insegnamento, sapendo che le vorremo bene comunque.

Abbiamo avuto il grande privilegio di festeggiare il ventunesimo compleanno di Shahirah nella nostra casa, con una torta scelta da lei e preparata e decorata da me! Era la torta di compleanno tradizionale della nostra famiglia: doppio cioccolato, caffè e rum. I suoi desideri esprimevano scarsa brama di possesso e davano qualche indicazione dei suoi interessi: ha chiesto lezioni di piano e di chitarra, convinta di dover recuperare molte cose che in genere i ragazzi australiani hanno già sperimentato alla sua età. Sta cercando di capire esattamente chi è e come può nutrire e arricchire la sua anima.

Mi viene sempre da sorridere quando la sento cantare nella sua stanza, perché per lei la musica è stata una passione solo parzialmente esplorata finora.

Come madre di una donna adulta, anch'io sto imparando: imparando a combattere i miei istinti di protezione e a non anticipare le sue mosse troppo spesso. Stiamo tutti trovando la nostra strada in questa nuova famiglia, compresi i più piccoli.

È un vero spettacolo vedere Verity e Shahirah rovistare nel mio guardaroba sbavando per la mia collezione di scarpe e borsette da sera o per particolari capi di abbigliamento, contendendosi il diritto di aggiudicarsene alcuni subito o quando, nel caso di Verity, sarà cresciuta. A volte litigano per paillettes e scarpe di Manolo, ma mi divertono questi episodi "normali" fra una madre e le sue figlie. Sono anche riuscita a svolgere il mio compito di mamma nei confronti di Shah almeno in una cosa fondamentale: le ho insegnato a camminare sicura coi tacchi a spillo senza barcollare continuamente. Un episodio minimo e banale per la maggior parte delle persone – un momento di assoluta, stupida vanità – ma un piccolo trionfo materno per me che ne ho persi tanti.

A volte è frustrante avere una vera principessa in casa: c'è un'evidente mancanza di sapere domestico in Shahirah. Abbiamo dovuto cominciare da zero in tema di lavori casalinghi, perché Shah non aveva mai dovuto preoccuparsi delle questioni triviali dell'esistenza, o di noiose faccende di casa. Ma sono incredibilmente fiera del fatto che ci si sia tuffata a capofitto, mettendosi alla prova in piccoli lavori come cameriera o addetta alla reception nel tentativo di trovarsi una nicchia tutta sua. Sono convinta che quando scoprirà la sua strada, si getterà anima e corpo nell'impresa, col mio appoggio.

Al piano di sotto era scoppiato un putiferio. Io ero quasi pronta, ma rischiavamo seriamente di far tardi quel mattino. Era ora di uscire per il breve tragitto a piedi fino alla scuola di Verity. Quel martedì 22 agosto 2006 si sarebbe rivelato un giorno convulso.

I piccoli stavano strillando pieni di eccitazione. Mi precipitai fuori dalla stanza e vidi una figura robusta che mi veniva incontro sulle scale.

Dietro di lui c'erano Verity che ballava, Lysander che saltava, e Shah.

«Mamma» mi disse l'uomo.

«Iddin!» gridai, e lui mi sorresse mentre barcollavo in cima ai gradini.

Scoppiai a piangere e crollai a terra, mentre lui mi baciava e mi stringeva in un abbraccio formidabile.

Sconvolta, scioccata, completamente incapace di dire qualcosa di sensato, non riuscivo a smettere di toccare il suo viso e stringere le sue dita fra le mie.

Iddin tentava a sua volta di frenare le lacrime, ripetendo in continuazione: «Va tutto bene, mamma, sono qui ora, sono a casa. Sono proprio io, mamma, sono a casa. Non piangere, mamma, andrà tutto bene, sono a casa, sono davvero a casa.»

Mi rannicchiai fra le braccia di quell'uomo adulto come una bambina, rovesciando i ruoli.

Decine di domande mi rimbalzavano nella mente, ma riuscii solo a balbettare: «Come? Quando?».

«Shah mi ha dato una mano, mamma. Volevo farti una sorpresa, ci sono riuscito?» chiese con tono speranzoso. La risposta doveva essere evidente nella mia faccia allibita.

Bill apparve in quel momento, uscendo dalla doccia. E non batté ciglio, tese la mano e disse «Benvenuto», ridendo e scuotendo la testa.

Verity offrì al fratello maggiore un disegno nuovo di zecca, confezionato per l'occasione.

«Questo è per te, Iddin» disse timidamente, e si sedette a osservarlo.

«BENVENUTO A CASA IDDIN» diceva la didascalia, e il disegno mostrava suo fratello e la nostra casa e il sole che splendeva su tutti noi.

Zan si limitò a guardare Iddin con soggezione; probabilmente pensava che suo fratello avesse la dimensione di una fotografia, e invece portava la barba. Da quel momento, il mio figlio minore si attaccò al maggiore seguendolo ovunque con occhi adoranti.

Mentre lo guardavo, Iddin rise e confessò: «Ho intenzione di tagliarmi la barba, mamma, ma volevo che tu la vedessi.»

Mi piacque l'idea, un torello che mostrava alla madre di essere un uomo.

Dopo un po', Iddin disse: «Mamma, se arrivano i giornalisti, diamogli quel che vogliono immediatamente; non voglio perdere nemmeno un minuto del mio tempo con te.»

Era triste che Iddin avesse sviluppato una mentalità così pragmatica. Mi consolai con un altro vigoroso abbraccio.

Come diavolo aveva potuto il mio fisico minuto produrre un simile marcantonio? Era veramente incredibile, straordinario. A quel punto scrollai tutti quanti: «Su, coraggio, per una volta voglio andare a scuola con *tutti* i miei figli intorno».

E così, in quella luminosa mattina di primavera, accompagnammo Verity a scuola tenendoci per mano, Bill, Zan, Verity, Iddin, Shah e io. Fu davvero grandioso, più di qualunque sogno a occhi aperti avessi mai concepito.

Nel giro di poche ore si fece viva la prima agenzia giornalistica. Per fortuna questa volta avevamo un PR esperto pronto ad aiutarci e un piano d'azione che i mezzi di comunicazione accettarono e rispettarono. Le vacanze universitarie di Iddin erano così brevi, solo dieci giorni, che non volevamo perdere nemmeno un secondo del nostro tempo insieme.

Bahrin aveva indetto una conferenza stampa per annunciare che aveva magnanimamente concesso ai suoi figli di venirmi a trovare per un breve periodo. Era un patetico tentativo di salvare la faccia, ma la sua mancanza di rispetto per la loro indipendenza indispettì enormemente Shah.

Stabilimmo che i due ragazzi grandi e io ci saremmo mostrati al cancello il giorno dopo per una seduta fotografica e un breve commento. Ed effettivamente poi i media ci lasciarono in pace, non prima che avessimo respinto qualunque richiesta di ulteriori interviste.

Parlammo tantissimo, riempiendo ancora una volta una parte dei buchi degli anni perduti, ma Iddin era interessato soprattutto a vivere il presente anziché il passato. Non aveva alcun dubbio sul fatto che non avessi mai rinunciato a lottare per lui e sua sorella; gli sforzi di suo padre per cancellarmi dalle loro menti non avevano fatto che confermare il mio attaccamento, mi disse.

Iddin aveva una lista di desideri per il suo soggiorno a Melbourne. Voleva che gli cucinassi i suoi piatti preferiti, di cui aveva conservato il ricordo, e ci teneva moltissimo a ricontattare i suoi vecchi compagni di scuola. Voleva anche cercare delle mute da surf Quiksilver e, come Shah, rivedere vecchi luoghi familiari.

Il momento non era molto propizio perché il venerdì avevo in programma un piccolo intervento chirurgico, ma riuscimmo a concederci uno shopping favoloso da Quiksilver il giorno prima che entrassi in ospedale. Fu una fantastica esperienza per Iddin grazie a una donna deliziosa, la signora Geraldine Law della famiglia Quiksilver, che concordò col responsabile del negozio un orario speciale per noi. A quattordici anni di distanza, fu davvero emozionante poter fare un regalo al mio figlio maggiore, dopo tanti compleanni e Natali perduti.

Iddin e io passammo anche tanti momenti tranquilli insieme mentre tutti gli altri dormivano. Raggomitolati sul divano, parlammo del suo amore per la fotografia e le immersioni subacquee. Guardando il suo volto acceso di entusiasmo, ringraziai il cielo che avesse scoperto le sue passioni. Era deciso a completare il suo corso di fotografia e voleva specializzarsi in immagini subacquee, in modo da sposare i suoi due interessi.

Il giorno prima della sua partenza, organizzai per Iddin un'immersione nella vasca degli squali all'Acquario di Melbourne. Lysander e Verity furono affascinati dalla vista del fratellone che nuotava con pastinache e squali nell'enorme vasca di vetro. Fui colpita dal linguaggio corporeo di Iddin: si piazzò sul fondo della vasca, coi pesci colorati che gli giravano intorno succhiando le bolle che sfuggivano al suo boccaglio, del tutto rilassato come un Budda subacqueo.

Da tipico maschio, Iddin attese l'ultimo momento per svelarmi le sue emozioni. Quattro ore prima dell'orario previsto per il suo volo, sembrò rendersi conto all'improvviso di tutto ciò che non aveva ancora detto. Prendendomi la mano, si assicurò di avere la mia attenzione prima di iniziare.

«Mamma, ti voglio tanto bene, voglio che tu lo sappia. Intendo terminare il mio corso e poi tornare a vivere qui, ma voglio anche essere in grado di mantenermi e lavorare. *Tornerò*» ripeté con enfasi. «Mamma, devi sapere che sono molto fiero di tutto il lavoro che hai svolto all'estero, aiutando la gente. Sono fiero di averti come madre. E ti voglio bene. So che non hai mai rinunciato a noi, mamma, non hai mai mollato. So che hai tentato di tutto per riportarci indietro.»

«È così, è così» dissi fra le lacrime che cominciavano a salirmi agli occhi.

«Mamma, prometti che mi credi quando dico che tornerò, che ci vedremo alle prossime vacanze. Non hai nessuna colpa per quello che ci è capitato, mamma, e io lo so, ok? Nessuna colpa, e ti voglio bene, mamma.»

Ci stringemmo in un forte abbraccio, continuavo a sentirmi stranamente piccola fra le braccia di mio figlio. Quanto lo amavo, e quanto avrei voluto chiedergli di restare! Ma più tardi, vedendolo varcare il cancello d'imbarco, fui orgogliosa di non averlo fatto.

Ora ero la madre di due figli adulti, e una parte di me doveva abituarsi a lasciarli andare, a permettere a Iddin e Shah di prendere la loro strada, in modo che potessero tornare indietro di loro spontanea volontà.

Il mio più grande desiderio era stato quello di riuscire un giorno a presentare i miei figli gli uni agli altri, di potere allungare una mano e sfiorare le loro guance senza che scomparissero in una nuvola di fumo come accadeva nei miei sogni. Per fortuna, quel giorno era arrivato, ed era meraviglioso.

Quanto a ciò che voglio ora, non è molto. Vorrei che mi fosse concessa la grazia di allevare Verity e Lysander, di vederli crescere e aiutarli a sbocciare. Il mio sogno più grande si è avverato quando nella mia cucina ho visto tutti e quattro i miei incredibili, unici, splendidi e inimitabili figli seduti insieme al tavolo da pranzo, a ridere e scherzare in attesa che servissi loro il pasto che avevo appena preparato. Nulla può superare quello che considero il più grande e il più straordinario dono della vita: i miei figli.

Iddin e Shah meritavano di avere la presenza costante di entrambi i genitori nella loro vita. Sì, ho sofferto nel corso degli anni, ma la mia prima preoccupazione è sempre stata per i miei figli rapiti, e come se la cavavano. Il loro rapporto col padre è complesso, ma non provo invidia per l'affetto o la devozione che hanno nei suoi confronti. E per quanto mi costi, per quanto sgradevole possa trovarlo, il mio ruolo è quello di accettare e rispettare i loro sentimenti. Bahrin è il loro papà, proprio come io sono e sarò sempre la loro mamma. In quanto adulti, sono loro a dover stabilire parametri e limiti, e noi, come genitori, dobbiamo accettare le loro scelte, anche se talvolta possiamo non essere d'accordo. Per me è sempre stata una questione di amore, non di potere.

In futuro dirò a ogni genitore che verrà da me dopo il rapimento di suo figlio che se ha sempre considerato quel bambino un individuo, non una proprietà, e lo ha amato rispettando le *sue* necessità e non le proprie, allora un giorno l'amore supererà confini, pregiudizi e indottrinamenti, e il figlio tornerà.

Bisogna sempre vivere nella speranza.

Epilogo

Spero che questo libro e quello che l'ha preceduto, *La principessa schiava*, stimolino i genitori che stanno vivendo una crisi del loro rapporto, o un periodo difficile con l'ex partner, a rendersi conto che la vendetta, la rabbia e la rappresaglia sono atti inutili e dannosi. Usare i figli come arma contro il partner li distruggerà, ma non distruggerà il loro rapporto col genitore abbandonato. A tanti anni di distanza, so che avevo ragione: i bambini rubati tornano sempre a casa quando possono. Ma il rapporto che avranno col genitore che li ha rapiti, una volta diventati adulti maturi e informati, rifletterà ciò che è stato fatto loro quand'erano bambini.

Rabbia e vendetta sono motivazioni che ci consumano e oscurano ogni possibile felicità all'orizzonte.

Il diritto di famiglia è un campo minato, complesso e sensibile; può segnare la vita di una persona e dei suoi figli per decenni. Una reazione impulsiva a certe situazioni non è sempre il metodo più razionale o il piano migliore a lungo termine, quando si tratta di una famiglia o di un rapporto, persino un rapporto che si è trasformato in qualcosa di estraneo e penoso. Dignità e solidarietà sono fermi principi che aiutano a gettare le fondamenta di una nuova vita dopo il divorzio o la separazione.

Il controllo fisico su un figlio dura solo finché è piccolo. Il modo in cui ti comporti come genitore nel presente deciderà se sarai un "peso" da sopportare o una presenza gradita nei momenti fondamentali della sua vita adulta.

La mia storia mi ha aperto infinite porte in tutto il mondo. Alcune ho scelto di varcarle, altre no, e in alcune sono entrata urlando e scalciando. Per quanto possa sembrare assurdo, mi sono sentita ugualmente a mio agio bevendo il tè in una capanna di fango e sterco nella terra dei masai e sedendomi al bar della Camera dei Lords a Londra. Ho chiacchierato con stelle del cinema in zone di guerra e diviso spaghetti precotti con altri operatori umanitari in un campo di profughi kosovari, mentre sopra di noi sibilavano missili teleguidati; ho viaggiato per tutto il globo decine di volte sperimentando ogni mezzo di trasporto, dai lussuosi voli in prima classe ai mezzi militari corazzati, da rombanti motociclette ai camion della spazzatura a Timor Est. Ho fatto il bagno in una laguna infestata di coccodrilli e mi sono crogiolata in una vasca d'acqua calda a Hollywood. Ho pranzato in ambasciate e nei chioschetti del Belgio: ogni volta è stata un'avventura e ogni esperienza mi ha aiutato a comprendere il cuore umano.

Nei quattordici lunghi anni in cui sono stata senza Iddin e Shahirah, ho scoperto il meglio e il peggio delle persone ma, soprattutto, ho trovato un'umanità comune in tutto il mondo, il che mi fa sperare che la nostra normalità sarà la nostra salvezza. In questo mondo turbolento, c'è un luogo tranquillo in ognuno di noi che – indipendentemente dalla razza, dalla religione o dalla nazionalità – accoglie i nostri sogni, le nostre speranze e le aspettative per i nostri figli e i figli dei nostri figli. Sono convinta che nel profondo di ogni essere umano ci sia un desiderio fondamentale di coltivare e apprezzare le cose semplici della vita, e che grazie a questo buonsenso collettivo sia possibile enfatizzare le nostre somiglianze, e non le nostre differenze.

Ho appreso molte lezioni importanti durante i quattordici anni passati a resistere, a reinventarmi, a combattere e a fare pressioni, ma tre hanno una particolare importanza. Primo, non dobbiamo mai dare per scontato niente e nessuno, specie i nostri figli. Non possiamo contare sul domani per dire «ti voglio bene». Secondo, ho imparato a non arrendermi mai e, terzo, ora so sempre trasformare il negativo in positivo.

La vita è semplicemente un lavoro in continua evoluzione; il segreto sta nell'impegnarsi a farlo bene.

Contatti utili

Jacqueline Pascarl
www.jacquelinepascarl.com
Email: info@jacquelinepascarl.com
PO Box 282
Hawthorn Vic 3122
Australia

International Parental Child Abduction Australia
Nicholes Family Lawyers
Specialisti di casi riguardanti la sottrazione di minori da parte di un genitore e della Convenzione dell'Aja
Level 3, 224 Queen Street
Melbourne
Vic 3000, Australia
Tel: +61 (0)3 9670 4122
www.nicholeslaw.com.au
Email:sally@nicholeslaw.com.au

Attorney General's Department
Canberra, Australia
Tel: +61 (0)2 6250 6666
www.ag.gov.au

Department of Foreign Affairs and Trade
Canberra
Australia
1300 555 135
(24 ore su 24)
www.dfat.gov.au

Belgio
Missing Children International Network
Tel: +32 (02) 534 5631
o +32 84 211 461
Fax: +21 84 221 1394

Canada
Missing Children Society of Canada
Suite 219, 3501-23 NE
Calgary
Alberta T2E 6V8
Canada
Tel: +1 (403) 291 0705
Fax: +1 (403) 291 9728
www.mcsc.ca
Email: rmorgan@mcsc.ca

Francia
Collectif de Solidarité aux Mères d'Enfants Enlevés
9, Rue des Chaillot 92190
Meudon
France
Tel: +33 (1) 4534 4910
Fax: +33 (1) 4623 1164
Email: csmee@wanadoo.fr

Regno Unito
Reunite – International Child Abduction Centre
PO Box 7124
Leicester LE1 7 XX
United Kingdom
Sportello telefonico:
+44 (0) 116 2556 234
Informazioni generali:
Tel: +44 (0) 116 2555 345
Fax: +44 (0) 116 2556 370
www.reunite.org
Email: reunite@dircon.co.uk

PACT – Parents and Abducted Children Together
PO Box 31389
London SW11 4WY
United Kingdom
Tel/fax: +44 (0) 20 7627 3699
www.pact-online.org
Email: support@pact-online.org

Stati Uniti d'America
The National Center for Missing and Exploited Children (Autorità Centrale per i casi di minori portati negli USA)
Charles B Wang International Children's Building
699 Prince Street
Alexandria
VA 22314-3175
USA
Tel: +1 703 274 3900
(24 ore su 24)
Fax: +1 703 274 2200
www.missingkids.com

Unione Europea
Child Focus – European Centre for Missing and Sexually Exploited Children
Tel: +32 2 475 44 99
(24 ore su 24)
www.childfocus.org

Qualcuno può dare una mano a rintracciare Audrey Leinoff? È stata rapita nel 1988, a quattro anni.
www.audreyleinoff.com

Aiuti Umanitari e Progetti di Sviluppo
CARE International
www.careinternational.org
Cliccate sul sito della nazione che vi interessa.

Ringraziamenti

Nel corso degli anni ho avuto la fortuna di acquisire una straordinaria cerchia di amici senza i quali questo libro non sarebbe stato possibile. Negli anni in cui i miei figli Iddin e Shahirah erano lontani da me, sono stati i miei amici a farmi andare avanti. A loro va la mia gratitudine e il mio affetto dal più profondo del cuore.

Gratitudine e affetto vanno anche ai miei figli maggiori Shahirah e Iddin, che hanno fatto un atto di fede credendo nel mio amore per loro e nei nostri ricordi.

Verity, tu sei il sole della mia vita e sei stata così paziente da lasciarmi scrivere questo nuovo libro, la mamma ti ringrazia con tutto il suo amore appiccicoso.

Lysander, anche se non hai ancora quattro anni, hai negli occhi una profonda saggezza e ti voglio tanto bene.

Bill, sei stato la luce in fondo al tunnel; non posso entrare in dettaglio dato che non vuoi pubblicità: grazie!

In ordine sparso, tutti coloro che elenco di seguito mi sono stati vicini in questo difficile cammino: Sue MacArthur, Deb Gribble, zia Connie e zio Kevin Coverdale, Gavin McDougall, Dean White, Heather Brown, Sally Nicholes, Mike Fudge, Barry Goodman, Patsy Heymans, Judith Curran, Chris "Geeb" Allen, Sarah Beard, Andrew e Caroline Blackman, Charles Tapp, Dawn e Martyn Bradley,

Jane Allen (ora McLean) e Jason McLean, Valerie Hardy, Maria Balinska e John Udorovic (che ha sempre sostenuto che il sole sarebbe tornato a splendere).

Un ringraziamento speciale alla mia straordinaria amica e agente letteraria Deborah Callaghan, per aver ripetuto «Posso farcela, posso farcela» quando ero in dirittura d'arrivo.

Il mio apprezzamento e la mia gratitudine a James Fraser, Sonny Metha, Jackie Collins, Tracey Chapman, John Judge, Shakira Caine, Steven Candries, zio Eric Waller, Richard e Joanne Waller, Ingrid Butters, Sonia Patterson, Anthony Blair, Martin Grant, Jocelyn Mitchell, Drewe Balmain, Jane Hill, Sophie Daou e Neil Milne. Grazie a Rove McManus per avermi fatto sentire la musica di Belinda Emmett, che mi ha motivato e mi ha ricordato di essere schietta e non troppo perfetta. Alla nostra cara Marianne "Mim" Henneveldt, che mi ha aiutato a badare a Lysander mentre scrivevo gran parte di questo libro, e a Elizabeth Lew che mi ha sostenuto per sedici anni. Rob e Janine Goldstein, Lyn e Harold Jossel e tutto il vostro clan, quand'era necessario siete stati il mio gruppo di sostegno in Sudafrica.

Sono grata a Fiona Brownlee e Bill Campbell della Mainstream Publishing per il meraviglioso apporto e l'impegno costante che mi hanno dimostrato, e a Deborah Warner, il mio editor, per il suo lavoro superbo.

Devo molto al personale di CARE International, passato e presente: Antony Blair, Chloe Bayram, Stephen Gwynne-Vaughan, Guy Toussignant e Geoffrey Dennis.

Verso coloro che ho avuto il privilegio di incontrare grazie al mio lavoro umanitario, alla mia attività di scrittura e ai miei viaggi, ho un debito che non potrò mai ripagare fino in fondo. Mi avete permesso di conoscere i vostri pensieri e trascrivere le vostre storie, ricordando ai miei lettori che la vita va ben oltre il nostro salotto e il bagliore dello schermo televisivo in un angolo.

Vorrei anche ringraziare sinceramente quelle persone che hanno augurato ogni bene alla mia famiglia e si sono preoccupate dell'esito di questa terribile esperienza. La vostra incessante generosità mi ha permesso di andare avanti.

Grazie, *merci, danku, hvala, tack, thank you, obrigado, danke, assantisana, pakka per fyrir, falemnderit.*

Stampa: Mondadori Printing S.p.A. - Stabilimento NSM - Cles (Trento)